Studien zur
internationalen Schulbuchforschung
Band 94

STUDIEN ZUR
INTERNATIONALEN SCHULBUCHFORSCHUNG

Schriftenreihe des Georg-Eckert-Instituts

Herausgegeben von
Prof. Dr. Ursula A. J. Becher
Direktorin des Georg-Eckert-Instituts
für internationale Schulbuchforschung
in Braunschweig

Band 94

Robert Maier (Hrsg.)

Tschechen, Deutsche und der Zweite Weltkrieg

Von der Schwere geschichtlicher Erfahrung und der Schwierigkeit ihrer Aufarbeitung

VERLAG HAHNSCHE BUCHHANDLUNG

Hannover 1997

Die Deutsche Bibliothek – CIP-Einheitsaufnahme

Tschechen, Deutsche und der Zweite Weltkrieg : von der Schwere geschichtlicher Erfahrung und der Schwierigkeit ihrer Aufarbeitung / Robert Maier (Hrsg.). - Hannover : Hahn, 1997
  (Studien zur internationalen Schulbuchforschung ; Bd. 94)
  ISBN 3-88304-294-3

Verlag Hahnsche Buchhandlung
Postfach 24 60 · 30024 Hannover
Leinstraße 32 · 30159 Hannover
Telefon (05 11) 32 22 94 · Telefax (05 11) 36 36 98
© 1997 Georg-Eckert-Institut für internationale Schulbuchforschung
Celler Straße 3, 38114 Braunschweig, Telefon (05 31) 5 90 99-0
Herstellung: poppdruck, 30851 Langenhagen
ISBN 3-88 304-294-3

Inhalt

Vorwort 7

Jan Křen:
Tschechen, Deutsche, Vertreibung - Übereinstimmungen und Streitigkeiten 9

Ralf Gebel:
Die tschechische Gesellschaft unter deutscher Besatzungsherrschaft im Protektorat Böhmen und Mähren 23

Miroslav Kárný:
Der Holocaust und die Juden in Böhmen und Mähren 39

Václav Kural:
Kollaboration und der tschechische Widerstand im Protektorat 57

Detlev Brandes:
Kollaboration und Widerstand im Protektorat Böhmen und Mähren ... 67

Zdeněk Radvanovský:
Die Vertreibung der Deutschen 1945-1948 79

Manfred Alexander:
Kriegsfolgen und die Aussiedlung der Deutschen 95

Diskussionsverlauf I 105

Lehrpläne, Schulbücher, Unterrichtspraxis

Zdeněk Beneš:
Das Bild des Zweiten Weltkriegs in tschechoslowakischen und tschechischen Geschichtsschulbüchern 123

Heidrun Dolezel:
Die Tschechoslowakei während des Zweiten Weltkriegs in der Darstellung tschechischer Schulbücher nach 1989 145

Thomas Berger-v.d. Heide:
Vom Münchner Abkommen bis zum Ende des Zweiten Weltkrieges.
Ein Blick in neuere Geschichtsschulbücher der Sek. I und II 161

Jaroslava Capmerová, Lenka Dvořáková, Marie Kuttová, Milena Sedlmayerová, Jana Vačkářová, Marie Vránová:
Tschechische und deutsche Geschichtslehrbücher in der Praxis 183

Diskussionsverlauf II 199

Autorenverzeichnis 213

Vorwort

Wenn die Zeit - wie man es ihr nachsagt - Wunden heilen kann, so ist das eine schöne Sache. Im individuellen Fall kann man sich leider nicht immer darauf verlassen. Manche zerstörerischen Akte zeitigen Ergebnisse, die zeitlebens eine Anklage darstellen. Sie sperren sich gegen jegliche Einkehr einer neuen Normalität. Aber viele Individuen können „vergessen" und empfinden dies als entlastend. Anders steht es um die Wunden, die sich Völker zugefügt haben. Sie leben - sobald die Generation der Zeitzeugen durch neue Generationen abgelöst worden ist - im kollektiven Gedächtnis fort. Dieses Gedächtnis ist nicht biologisch gesteuert, sondern Resultat der Tradition von Geschichte. Die Geschichtswissenschaft, die diese Aufgabe wahrnimmt, ist als forschende Disziplin per se bestrebt, möglichst alles dem Vergessen zu entreißen - darunter eben auch die Verwundungen. Erst als Geschichtsdidaktik kann sie bewußt und gezielt Einfluß nehmen auf die Formung des kollektiven Gedächtnisses. Sie ist es, die - richtig angewandt - die „Heilkraft der Zeit" ersetzen kann, und zwar gerade nicht, indem sie Vorkommnisse dem Vergessen anheim stellt, sondern indem sie im jeweiligen Wirkungsbereich durch Aufdecken und Bekennen Mißtrauen abträgt und Versöhnung ermöglicht. Schulbuchinhalte haben einen großen Einfluß auf das, was im kollektiven Gedächtnis von Völkern weiterlebt. Sich ihnen zuzuwenden ist eine vorrangige Aufgabe, wenn eine belastende Vergangenheit Völker trennt.

Daß die gegenseitigen Erfahrungen während der Zeit des Zweiten Weltkrieges Tschechen und Deutschen „im Wege stehen", mußte in den letzten Jahren immer wieder festgestellt werden. Im deutschen und tschechischen historischen Bewußtsein existieren sehr konträre Bilder dieser Periode. Schulbuchdarstellungen sind dafür Indiz wie auch Ursache. Sie können befragt werden in bezug auf Fehler, Einseitigkeiten, Auslassungen, Stereotypenhaftigkeit, und - sie können verbessert werden. Es gibt keinen Grund, weshalb Schulbücher in strittigen Fragen deutsch-tschechischer Geschichte weniger Annäherung und gegenseitiges Verständnis herbeiführen können, als die Vertreter der Historikerzünfte beider Länder in ihrem gemeinsamen Bemühen bereits erzielt haben. Die Gemeinsame deutsch-tschechische Historikerkommission hat im vorigen Jahr eine thesenartige Zusammenfassung ihrer Arbeit vorgelegt (siehe S. 216), die das Erreichte prägnant und vorzüglich wiedergibt. Dieser Text hat Grundlagencharakter für Schulbuchautoren.

Während die Darstellung der Gemeinsamen Historikerkommission ein gemeinsam verantwortetes Ergebnis repräsentiert, führt der vorliegende Band, bei dem es sich um die Publikation der 5. deutsch-tschechischen Schulbuchkonferenz handelt, den Prozeß des Überwindens nationaler Gräben im gemeinsamen historiographischen Diskurs vor Augen. Es wird erkennbar, wie unterschiedlich die Ausgangspunkte sind. Es wird nachvollziehbar, wie im

Falle von Dissenz jeder Schritt historischer Urteilsbildung, angefangen von der Quellenerschließung bis hin zur Frage der Gewichtung und Wertung auf den Prüfstand gesetzt wird. Es wird deutlich, wo und inwieweit „feste" Standpunkte „verflüssigt" werden konnten und wo zum gegenwärtigen Zeitpunkt Vorbehalte und unterschiedliche Akzentsetzungen weiterexistieren. Schließlich wird der Handlungsbedarf auf der Ebene des Schulbuchs ersichtlich. Ohne reflektiertes Wissen über das, was sich zwischen 1939 und 1945 auf tschechischem Boden zugetragen hat, kann z.B. ein Prag-Besuch einer deutschen Schulklasse zwar „schön" verlaufen, aber beim Durchstoßen der Oberflächlichkeit von Begegnung oder unbedachtem Verhalten unversehens zu einem beidseitig befremdenden Negativerlebnis werden. Umgekehrt kann ein tschechischer Jugendlicher, der niemals mit einer multiperspektivischen Darstellung der Vertreibung der Sudetendeutschen konfrontiert worden ist, eine diesbezügliche Vorwurfshaltung nicht anders denn als Bösartigkeit begreifen.

Die hier publizierten Beiträge entsprechen im wesentlichen den Vorträgen, wie sie auf der 5. deutsch-tschechischen Schulbuchkonferenz zwischen dem 15. und 18. Mai 1995 in Prag gehalten wurden. Der Aufsatz von Ralf Gebel wurde ersatzweise (für Jan Gebhart), die Schulbuchanalyse von Heidrun Dolezel zusätzlich in den Band aufgenommen. Auch wenn im Titel neben Tschechen und Deutschen nicht eigens erwähnt, wurde den Juden und ihrem Schicksal ein besonderes Kapitel gewidmet. Auch die Diskussion und eine Schulbuchanalyse wandte sich dieser Bevölkerungsgruppe zu.

Die Wiedergabe des Diskussionsverlaufs ist selektiv. Redaktionelle Gründe geboten eine gestraffte Form des Abdrucks einer Aussprache, die sich - unterbrochen durch die Referate - immerhin über drei Tage erstreckte. Da die Diskussion - angeregt durch den allgemeinen Einführungsvortrag und dann erneut duch die verschiedenen Fachvorträge - gleiche Themen nicht selten zweimal ansprach, wurden die Beiträge nach sachlichen Gesichtspunkten in vier ausgewiesene Themenfelder gruppiert. Technische Schwierigkeiten beim Mitschnitt bewirkten nicht unbeträchtliche Verluste. Organisatorische Gründe führten dazu, daß der Redaktion von den Redebeiträgen der tschechischen Teilnehmer, die - ebenso wie die der deutschen - meist in der Muttersprache gehalten waren, nur eine vom tschechischen Teil der gemeinsamen Schulbuchkommission erstellte Auswahl bzw. Zusammenfassung vorlag. Die in diesem Band abgedruckten Sequenzen der Aussprache suggerieren infolge dessen ein Übergewicht der deutschen Seite innerhalb der Diskussion. Ein solcher Eindruck widerspricht dem tatsächlichen Konferenzablauf. Ihn zu erwecken lag nicht in der Absicht der Redaktion, die das Ungleichgewicht bedauert, aber die Vertretbarkeit des Arbeitsaufwandes im Auge behalten mußte. Eine Parität durch eine entsprechende Kürzung der deutschen Beiträge herbeizuführen, hätte der Sache insgesamt geschadet.

Braunschweig, im Dezember 1997   Robert Maier

Jan Křen

Tschechen, Deutsche, Vertreibung – Übereinstimmungen und Streitigkeiten

Die folgenden wenigen Bemerkungen zur tschechischen und deutschen Historiographie der neuen und neuesten Zeit – zu mehr reicht hier weder Zeit noch Raum – möchte ich mit einem Hinweis auf die große Annäherung zwischen den beiden historischen Gemeinden, der tschechischen und der deutschen, einleiten. Es hat sie in der Vergangenheit in dieser Form und Intensität nie gegeben. In der Zeit der I. Republik gab es auch unter demokratisch gesinnten tschechischen und deutschen Historikern nicht nur keine enge Zusammenarbeit, sondern eher eine Isolierung, wenn nicht sogar Ignoranz. Es mag ausreichen, an den bekannten Streit über die sog. Kontinuität der germanischen Besiedlung der böhmischen Länder, oder – ideologisch gesagt – um das Erstgeburtsrecht zu erinnern. Obwohl der Streit auch aufgrund der Forschungsbefunde in der Sache gelöst wurde, artikulierten tschechische und deutsche Historiker die übereinstimmenden Meinungen getrennt.

Nach dem Krieg, als sich Deutsche und Tschechen völlig getrennt hatten, begann sich diese historische Konstellation auf bemerkenswerte Art zu ändern: in Deutschland entstand eigentlich nun erst die Geschichtsbohemistik, und zwar aufgrund der Initiative und auf Anlaß sudetendeutscher Historiker.

Es erschienen zuerst bei Deutschen und kurz darauf auch bei Tschechen erste Risse in den alten Traditionen der gegenseitigen Isolation und Ignoranz. Obwohl die Existenz von zwei Blöcken die gegenseitige Trennung petrifizierte und vertiefte, begann sich paradoxerweise sogar eine gewiße Meinungsannäherung abzuzeichnen. Zwischen der damaligen marxistischen („nichtdogmatischen") und der westlichen (deutschen) Sozialhistoriographie lag bei weitem nicht eine solche Kluft, wie es uns scheinen könnte. Irgendwo hier – sowie im Kontakt der tschechoslowakischen Historiographie und der Geschichtsschreibung der damaligen DDR – wurden die Grundlagen für die Annäherung gelegt. Es war, als ob nur auf die politische Lockerung gewartet worden wäre, die dann mit einer definitiven Geltung 1989 einsetzte.

Die Entwicklung erfolgte ab dieser Zeit mit einer Geschwindigkeit, die noch ein paar Jahre davor unvorstellbar gewesen war. Die Meinungsannäherung zeigt sich heute auch bei den ehedem umstrittensten Fragen. Als ein Beispiel für alle anderen will ich einen besonders delikaten Fall herausnehmen: die Interpretation der Geschichte der Sudetendeutschen Partei Konrad Henleins. Das deutsche historische Plenum, in diesem Fall die Versammlung des Münchner Collegium Carolinum, akzeptiert die Bezeichnung dieser Partei als „fünfte Kolonne". Die tschechische Historiographie bzw. ihre Experten verlassen im Gegenzug die frühere, noch in den 60er Jahren anerkannte Vorstellung, die diese Partei mit dem Nationalsozialismus identifizierte – so gesagt ex tunc. In Übereinstimmung mit ihren deutschen Kollegen begreifen tschechische Historiker die Entwicklung dieser Partei als einen allmählichen Prozeß ihrer Nazifizierung, wobei der Endmarkstein das Jahr 1937 war. Auch bei dieser Annäherung bleiben selbstverständlich Unterschiede. Lassen wir Extremansichten einmal beiseite, wie z. B. die Behauptung von F. Prinz, daß die Deutsche Nationalsozialistische Arbeiterpartei (DNSAP) bzw. die Deutsche Nationalpartei (DNP) mit der Hitlerschen NSDAP nichts gemein hatte. Tschechische Autoren legen ein größeres Gewicht auf die Verwandtschaft der autoritär ausgerichteten Ideologie des Wiener Professors Spann (Kameradschaftsbund) mit dem Faschismus und Nationalsozialismus, während deutsche Autoren mehr deren Unterschiede akzentuieren. Wenn man bedenkt, wie sehr diese Frage auch ein Politikum ist, dann handelt es sich um ein sehr aussagekräftiges Beispiel. Es bleibt der nationale Unterschied, er bewegt sich aber im Rahmen eines legitimen Unterschieds einzelner wissenschaftlicher Interpretationen.

Wenn man die Kontroversität bezüglich des Anfangs beiseite läßt (die überwiegende Tendenz auf der deutschen Seite, im Jahre 1918 „anzufangen", stößt er auf den energischen Einwand tschechischerseits, daß damit die entscheidende Periode des vorhergehenden Krieges übergangen wird), ist die Zwischenkriegszeit nur ein Objekt von Interpretationsunterschieden im Detail. Die Jahre 1938 bis 1945 bzw. 1948 bleiben hingegen ein Zeitabschnitt, bei dem die Meinungen der meisten tschechischen und deutschen Historiker am deutlichsten auseinandergehen. Auch hier zeichnet sich jedoch ein Konsensrahmen ab, den der Vorsitzende des deutschen Teils der Historikerkommission, Rudolf Vierhaus, mit den Worten zusammengefaßt hat, daß alles, was in der Tschechoslowakei in dieser Periode geschah, letzten Endes eine Folge der deutschen Politik war. Auf die diesbezüglichen Meinungsänderungen und -verschiebungen in der tschechischen Historiographie komme ich später zurück.

Wenn es um diese Periode geht, beginnen die Probleme meiner Meinung nach eigentlich schon mit der Wahrnehmung der tschechischen Nachkriegsliteratur, deren Ergebnisse von der heutigen Geschichtswissenschaft nicht ausreichend integriert wurden. Es scheint mir, daß bei deutschen Kollegen diese Literatur (und ihr faktographischer Reichtum) nicht genug geschätzt sind, auch in Hinsicht auf die abnormalen Verhältnisse des kommunistischen Regimes, unter denen sie entstanden ist, und die sie kompromittiert haben. Diese Literatur entstand nicht nur unter dem Druck, sondern auch unter der Ideenwirkung, wenn nicht sogar unter der Anziehungskraft der kommunistischen Ideologie, die die Standpunkte und Auffassungen dieser Arbeiten beeinflußt hatte. Trotzdem oder gerade deswegen verdiente die tschechische Geschichtsliteratur der kommunistischen Zeit eine gründlichere Analyse, die die ideologischen Ansätze vom sachlichen Beitrag unterscheiden würde. Der erste Anlauf

F. Seibts, seine „Bohemica", stammt aus dem Anfang der 70er Jahre; ich glaube, daß wir eine Fortsetzung sehr dringend brauchen, und zwar sowohl auf der deutschen als auch auf der tschechischen Seite. Es scheint mir, daß eine solche Analyse feststellen würde, daß der Einfluß des kommunistischen Regimes auf historische Arbeiten bei einzelnen Autoren, aber auch zu unterschiedlichen Zeitabschnitten, unterschiedlich war: es gab einen Unterschied zwischen den 50er und den 60er Jahren sowie zwischen den 70er und, sagen wir, der zweiten Hälfte der 80er Jahre. Auch zu dieser Zeit findet man eine Reihe von Arbeiten, die nicht ganz deformiert waren und einen bemerkenswerten und nicht genug geschätzten faktographischen und in vielen Fällen sogar einen Ideenfundus beinhalten, den man nicht gradlinig und einfach negieren sollte. Ich berufe mich auf die Rede Professor Petráňs auf dem kürzlichen Tag der tschechischen Historiker, in der er über diese Frage sprach, wenn auch primär auf die ältere Historiographie bezogen. Für die neuere Historiographie waren die Verhältnisse schwieriger, komplizierter, und die Deformationen sind dort bestimmt größer und tiefer. Trotzdem glaube ich, daß auch diese Literatur es verdient, wiederentdeckt zu werden, damit ihr Beitrag sozusagen archäologisch ausgegraben werden kann; dabei muß man tiefer als nur bis zur Aufdeckung jener obersten Schicht gehen, die unter tschechischen Kollegen als „Muß" bezeichnet wird, nämlich der obligatorischen Einleitungen und Schlußworte, die eine „Gabe des Regimes" waren. Diese Sonderung der Spreu vom Weizen sollte auch in Arbeiten eines und desselben Autors durchgeführt werden, sogar was die Werke solcher Regimemonster wie z. B. Václav Král oder Čestmír Amort betrifft. Besonders bei der Literatur der 60er und auch bei der Produktion der zweiten Hälfte der 80er Jahre muß man m. E. tiefer und breiter forschen als nur zu rezipieren, was das Collegium Carolinum nach 1989 verdienstvoll zu suchen begann – nämlich jene nonkonformen – um den im Tschechischen gebrauchten Termin zu gebrauchen – Inseln einer positiven Deviation. Ich habe den Eindruck, daß das Problem breiter ist, und daß man diese ganze kommunistische Historiographie zum Gegenstand einer Analyse machen sollte. Dabei gilt es festzustellen, wo ihre Beiträge sind, und wo es sich um leeres ideologisches Stroh handelt, das keinen Wert hat.

Ich glaube, daß im gewissen Maße dasselbe auch für die Exil- und Dissidentenliteratur gilt, die ebenfalls kein Produkt normaler Verhältnisse waren. Als ein Beispiel möchte ich einige tschechische Arbeiten anführen, sowohl jene, die ohne Erlaubnis in Böhmen, als auch die, die im Exil in den 70er und Anfang der 80er Jahre erschienen. Versuchen wir, uns die damalige Atmosphäre zu vergegenwärtigen, jenes deprimierende und verabscheuliche Bild einer beklommenen und angepaßten tschechoslowakischen Gesellschaft, das in einem jähen Kontrast zu dem vorhergehenden freigesinnten Ausbruch des Prager Frühlings stand. Dieser Kontrast stellte notwendig die Frage nach historischen Wurzeln und Ursachen dieser Erscheinung, er war die Quelle einer zornigen oder verzweifelten Revision, die ihren deprimierten Blick rückwirkend in die Vergangenheit projizierte. Das sind m. E., einige Ursachen der offenbaren Deformationen auch in den Arbeiten jener „Podivens", um das Pseudonym der Autorengruppe P. Příhoda, P. Pithart und M. Otáhal zu gebrauchen; ich glaube, daß unter einem ähnlichen Einfluß auch einige Arbeiten im Exil geschrieben wurden, z. B. die förderliche Geschichte der ersten Jahre des Widerstandes gegen den Nationalsozialismus von V. Mastný. Auch in dieser Literatur muß man die Spreu vom Weizen sondern, auch sie braucht eine kritische Untersuchung, und in dieser Hinsicht stehen wir eigentlich erst an der Schwelle der analytischen Arbeit. Ich möchte in diesem Zusammenhang die Arbeit der tschechisch-deutschen Kommission der Historiker erwähnen, die im vergangenen Jahr mindestens einen kleinen Anlaß zu solchen Überlegungen gegeben hat, nämlich in Form von zwei Referaten über die tschechische und deutsche Rezeption der Geschichte der böhmischen Länder, die auf der Sitzung der Kommission auf eine „gekreuzte Weise" dargeboten wurden, indem F. Seibt über die tschechische und J. Křen über die deutsche Literatur referierte.

Damit hängt auch ein weiteres Problem zusammen: Während die deutsche Geschichtsliteratur in der tschechischen Öffentlichkeit nicht ausreichend bekannt ist, ist die tschechische Geschichtsliteratur in der deutschen Öffentlichkeit – bis auf einen engen Expertenkreis – fast vollkommen unbekannt. Soweit ich weiß, erschienen praktisch keine Übersetzungen – mit einer einzigen und desto wertvolleren Ausnahme, nämlich der Initiative von D. Brandes, der sich für die Veröffentlichung der deutschen Version von Referaten der tschechisch-deutschen Historikerkommission einsetzte. Sieht man von der systematischen Thematisierung in der Fachzeitschrift „Bohemia" des Collegium Carolinum und einigen Publikationen des Herder-Instituts in Marburg ab, nimmt die tschechische Problematik in der deutschen Historiographie nur eine marginale Rangstellung ein, obwohl sie von ihrer eigentlichen Bedeutung her weniger als andere kleine Nachbarn Deutschlands am Rande steht.

Eine gründlichere Information darüber bringt die Studie des jungen tschechischen Historikers D. Schallner, der auf meinen Anlaß die Frequenz der tschechischen Themen in ausgewählten deutschen Geschichtszeitschriften der letzten Jahrzehnte verarbeitete und diese mit derjenigen des Aufgreifens dänischer, holländischer oder polnischer Themen verglich. Das Bild ist sehr interessant, da es aber in einem der nächsten Nummern der „Bohemia" veröffentlicht wird, beschränke ich mich auf diesen Hinweis. In der deutschen Rezeption der tschechischen Geschichte erscheint noch ein Moment, das meiner Meinung nach in engerem Zusammenhang mit dem steht, was wir hier besprechen. Ich meine die Problematik der Schulbücher und jener Literatur, die für die Lehrer und Kreise bestimmt ist, die auf Deutsch treffend als Multiplikatoren bezeichnet werden. Die deutsche Produktion dieser Art ist überwiegend ein Werk der sudetendeutschen Publizisten, etwa von E. Franzel oder F. P. Habel, von den ausgesprochen zweitklassigen Schreiberlingen gar nicht zu reden. Es ist nicht einfach, diese „genuin sudetendeutsche" Produktion (ein Begriff, den F. Prinz gebrauchte) von der wissenschaftlichen Produktion der deutschen Geschichtsbohemistik zu unterscheiden und diese vereinfacht und pauschal zu charakterisieren: sie unterscheidet sich von einem Autor zum anderen, von einem Verlag zum anderen (und auch je nach der Zeit der Herausgabe). Dasselbe gilt auch für die umfangreiche regionale und landeskundliche Literatur, die auf Deutsch als Heimatliteratur bezeichnet wird. Man kann die ganze Produktion nicht einfach in einen Sack werfen – dafür ist sie zu verschiedensartig, von den apolitischen regionalen Arbeiten (ihr umfangreicher faktographischer Fundus verdient eine historiographische Würdigung) bis zu den ausgesprochen tendenziösen nationalistisch-politischen Pamphleten. Auch diese „genuin sudetendeutsche" literarische „Subkultur" wartet auf ihre kritische Beurteilung. Beide Historiographien, die tschechische wie die deutsche sind dabei gefordert. Gegenüber einem nicht kleinen Teil dieser Literatur werden von tschechischen Historikern zahlreiche, nicht selten auch herb formulierte Kritiken und Einwände erhoben. Man trifft auf den nicht untypischen Fall, daß Teilergebnisse der tschechischen geschichtlichen Selbstreflexion zu einer politischen Selbstbestätigung gebraucht und mißbraucht werden, wobei nicht selten anachronistische nationale und nationalistische Stereotypen aufgewärmt werden. Als ein charakteristisches Beispiel nennen wir das Sammelbüchlein, das Leopold Grünvald mit dem Namen „Wir haben uns selbst aus Europa vertrieben" herausgegeben hatte. Es geht zwar um ein richtiges Zitat aus einem Beitrag der kritischen tschechischen Diskussion über die Vertreibung, aber um ein Zitat, das den Meinungsdiapason dieser Diskussion sehr einseitig reproduziert.

Das gilt doppelt für die Etappe des Krieges und für jene große Konfrontation mit dem Nazismus, während der die alte tschechisch-deutsche Konfliktgemeinschaft (wenn ich den Titel meines Buches gebrauchen darf) zerfiel, und an die Stelle der Gemeinschaft der Konflikt trat (um wiederum den Titel des anknüpfenden Buches von Václav Kural zu zitieren), ein Konflikt, der die Wege der beiden nationalen Kommunitäten in den böhmischen Ländern katastrophal spaltete und sie in die Situation eines Kampfes um Leben und Tod hineinmanövrierte, vielleicht erstmalig in der tausendjährigen Geschichte der böhmischen Länder. Der Ausspruch eines der Nazi-Vordermänner, daß die Tschechen auf dem deutschen Hof nichts zu suchen hätten, ist für diese Konstellation besonders kennzeichnend. Es war kein Paradox, daß in der Zeit der größten Nazi-Triumphe, im Jahre 1940, in den Dokumenten der Nazi-Provenienz sowie in der in großem Umfang erhaltenen tschechischen Dokumentation aus dem Widerstand im Protektorat die These über die Unmöglichkeit eines weiteren Zusammenlebens erschien. Es gibt mehr als eine bloße zeitliche Übereinstimmung zwischen den Nazi-Projekten der Lösung der tschechischen Frage, die auf die Nachkriegszeit verschoben wurde, und zwischen dem, was im tschechischen Widerstand als Idee des zunehmend totalen

Transfers an Boden zu gewinnen begann. Zuerst geschah dies im radikalen Teil der militärischen illegalen Organisation „Verteidigung des Volkes", später unter den inländischen Beneš-Anhängern und in der sozialistischen Gruppierung „Petitionsausschuß zur Verteidigung der Republik", und schließlich bei den Kommunisten, die ihre „Verspätung" nach 1945 blitzschnell nachholen. Nach Meinung der meisten tschechischen Historiker war dieser Prozeß ein historischer Prius, und das Geschehen in der Emigration, eingeschlossen Beneš Meinungsentwicklung, war in dieser Hinsicht abgeleitet, obwohl Beneš selbst in seinen Memoiren diese Tatsache geschickt und erfolgreich verschleiert hat.

Analog, nämlich in Abhängigkeit von der Nazi-Agressivität und der tristen Realität des okkupierten Europa (nicht nur der böhmischen Länder) entwickelte sich auch die Kriegsdoktrin der Alliierten, vor allem Großbritanniens, dessen Zuneigung zur Idee der Zwangsaussiedlung der deutschen Minderheiten D. Brandes analysiert hatte. Das spiegelte sich auf verschiedene Weisen auch in der deutschen, bzw. sudetendeutschen Emigration wider, deren bedeutendsten Teile sich am Ende des Krieges verzweifelt und ohne Erfolg um die Hervorrufung der Protestäußerungen in den Sudeten bemühten. Nur auf solche Weise – so es überhaupt möglich war – konnte man der Lawine des antideutschen Hasses trotzen, die durch Europa ging und deren Bestandteil auch die Vorstellung war, daß die Existenz der Staaten mit deutschen Minderheiten nicht anders als durch den totalen Transfer gesichert werden kann. Dieser Standpunkt übrigens, der den Hauptakzent, die Betonung und den Schwerpunkt auf den heimatlichen Widerstand legt, erinnert in mancher Hinsicht an die deutschen Kontroversen darüber, welche Faktoren, ob innerdeutsche oder internationale, für die Entwicklung Deutschlands maßgebend waren.

Dies ist nicht der einzige Mangel der historischen Literatur zu diesem Thema. Der wahrscheinlich überhaupt größte Mangel der Schriften über die Zeit des Zweiten Weltkriegs in den böhmischen Ländern ist die fast vollkommene Ausblendung des historischen Schicksals der Sudeten. Das wird auch aus der Konstruktion und Struktur der deutschen Monographien über die böhmische Geschichte offenbar, und zwar auch aus solchen, denen gegenständliche Aspirationen innewohnen, wie z. B. dem Buch „Tausend Jahre deutsch-tschechische Nachbarschaft" der Ackermann-Gemeinde, das in einer Massenauflage auch auf Tschechisch erschien. Trotz des nicht großen Umfangs dieses Buches (den Jahren 1918–1945 werden im Text 16 Seiten gewidmet) werden hier die Erste Republik der Zwischenkriegszeit, das Münchener Abkommen und die Zweite Republik am gründlichsten betrachtet; allein dem Jahre 1938 sind viereinhalb Seiten gewidmet, während die gesamte Periode der Jahre 1938 bis 1945 nicht einmal ganze zwei Seiten umfassen; davon wird das Sudetenland auf bloßen fünf Zeilen betrachtet, die ich zitieren möchte: „Bereits bei der Eingliederung der Sudeten ins Reich im Herbst 1938 kam es – obgleich diese von den meisten Sudetendeutschen begrüßt wurde – zur Äußerung von Meinungsverschiedenheiten. Die ideologische Gleichschaltung der Selbstverwaltungsorgane und das Vorgehen einiger Reichsbürokraten, die sehr taktlos oder mit den Verhältnissen im Lande nicht genug vertraut waren, brachten viele Enttäuschungen mit sich."

Dem, was die tschechisch-deutsche Kommission der Historiker gleich auf ihrer ersten Sitzung als Vertreibung oder Aussiedlung bezeichnete, sind dagegen fast 10 Seiten gewidmet. Ein ähnliches Mißverhältnis erscheint übrigens auch in der respektablen Produktion des Münchner Collegium Carolinum. In den Jahren 1960-1992 erschienen hier über 700 Artikel und Buchmonographien, von denen über fünfzig die Ära des II. Weltkriegs zum Gegenstand hatten. Davon betraf nur ein einziger Artikel das Sudetenland. Wenn ich mich nicht irre, ist es die Studie über die Berichte des Sicherheitsdienstes von 1940 über die Stimmungen in einem kleinen Teil des Sudetenlandes.

Ein nicht anderes Bild bietet jedoch die tschechische Literatur. Sie verfügt zwar über eine umfangreiche Studie von Bartoš über die tschechische Minderheit im Grenzgebiet und neuere Studien von Němec über die deutsche Minderheit im Protektorat, wenn es aber um die Sudeten geht, so glaube ich, daß es in der tschechischen Literatur außer einigen kleinen regionalen Studien nichts darüber hinaus gibt. Wenn ich mich hier irre, würde es mich wirklich freuen. In der Bundesrepublik erschien nur eine Arbeit, und zwar über die Wirtschaftspolitik des Dritten Reiches gegenüber den Sudeten. Alle Grundfragen der damaligen Entwicklung des Sudetenlandes sind eigentlich nicht aufgearbeitet: weder das Profil dieses Nazi-Mustergaus, noch die Entwicklung der Gesinnung in der sudetendeutschen Gesellschaft und ihren einzelnen Teilen usw. Dies überrascht, wo doch die Quellenlage sehr günstig ist, weil neben den bekannten Quellen, die bei dieser Thematik genutzt werden, hier auch die Berichterstattung des tschechischen Widerstandes zur Verfügung steht, der sich mit der Lage im Grenzgebiet oft befaßte. Gänzlich fehlen Biographien der damaligen Nazi-Vordermänner K. Henlein, K. H. Frank (die Biographie aus der Hand seines Bruders ist keine wirkliche wissenschaftliche Biographie); wir wissen nichts über die Involvierung der Sudetendeutschen in das Protektoratregime und weiter ad finitum. In jedem Fall haben wir es mit einer bestürzend weißen Stelle zu tun, und die tschechisch-deutsche Kommission der Historiker mußte, als sie sich mit dieser Thematik am Anfang ihrer Tätigkeit befassen wollte, resignierend feststellen, daß sie sich auf keine monographische Verarbeitung stützen kann. Gerade diese Lücke stellt ein wesentliches Hindernis auch für das Verständnis des Nachkriegsgeschehens dar.

Damit gelange ich zu dem am häufigsten diskutierten Thema dieser Periode, zum Thema Transfer. Man kann die Auffassung in deutschen und tschechischen Arbeiten zu diesem Thema in einigen Punkten kurz zusammenfassen:

1. Bis auf einige Ausnahmen – ich muß in diesem Falle wieder D. Brandes nennen – konzipieren die meisten Arbeiten dieses Problem als eine bilate-

rale tschechisch-sudetendeutsche Frage, obwohl die Frage der deutschen Minderheiten ein Bestandteil der Lösung des deutschen Problems ist, die die Alliierten getroffen hatten.
2. Diese Frage wird überwiegend als ein Problem der Emigration betrachtet, obwohl der Ausgangspunkt für tschechische Bemühungen um die Durchsetzung der Vertreibungsidee der innere Widerstand war; man kann die im Grunde gleiche Entwicklung übrigens auch in Polen verfolgen.
3. Damit hängt zusammen, daß diese Frage meistens nur als ein Kampf Beneš contra Jaksch dargestellt wird. Die Standpunkte der beiden Seiten werden dabei stark vereinfacht: bei Beneš geht man von einer falschen Vorstellung aus (er bemühte sich selbst, diese in seinen Nachkriegsmemoiren zu erwecken), als ob er mit der Idee eines integralen Transfers in die Emigration gekommen wäre. Ebenso bei Jaksch wird seine Meinungsentwicklung während des Krieges (die Akzeptierung Münchens usw.) vergessen, und es werden nicht die anderen Teile der deutschen Emigration, vor allem die sozialdemokratische Opposition gegen Jaksch und die Kommunisten, betrachtet.
4. Die Vertreibung wird mehr oder weniger als die tschechische Rache oder sogar als die Kompensationsrache betrachtet, obwohl dieses Projekt auch ein gewisses rationales Kalkül zum Inhalt hat, das von negativen Erfahrungen mit deutschen Minderheiten ausgeht, die die Sicherheit der Staaten bedroht hatten, in denen diese lebten.
5. Die Geschichte der Vertreibung stützt sich dann überwiegend auf Memoiren und Aussagen der Betroffenen, die nach dem Kriege gesammelt wurden und deren Auswahl mehrmals herausgegeben wurde, im größten Umfang in der Sammlung „Dokumentation der Vertreibung", die in den 50er Jahren erschien. Diese alte Edition ist sachlich wertvoll, weil sie viele Geschehen aufzeichnet, die sonst in normalen amtlichen Quellen nicht erfaßt würden, und ist auch wegen ihrer Methode wertvoll – es war eigentlich einer der ersten großen Versuche etwas zu realisieren, was man als *oral history* bezeichnet. In vieler Hinsicht ist diese Sammlung aber problematisch, nicht nur darin, daß sie in erster Linie Fluchten und sog. wilde Vertreibungen und weniger die organisierte Vertreibung aufzeichnet, von der die meisten betroffen waren. Es ist wirklich geschehen, was geschehen ist – und der tschechische Historiker kommt nicht umhin, sich dies mit Bedauern einzugestehen –, aber die Aussagen der Betroffenen, die darüber hinaus als Belege für eine eventuelle Revision zweckmäßig organisiert sind, können nur subjektiv sein. Vielleicht noch problematischer als die Sammlung und Auswahl (diese ist in dieser Sammlung qualifizierter als in anderen Publikationen dieser Art durchgeführt worden) sind die Mängel in der Charakteristik der Berichterstatter. Es wird hier – und zwar noch sehr ungenau – nur der Beruf (fast bei einem Fünftel fehlt diese Angabe) angeführt und es fehlen die Angaben über die politische Einordnung der Be-

richterstatter, die für die Verifizierung des Dokuments von einer Schlüsselbedeutung sind. Der größte Mangel dieser Edition ist aber die Tatsache, daß sie nur ein Torso geblieben ist: der in der Einführung zu jedem Band angekündigte kritische Band ist nie erschienen. Und wie bereits vor Jahren der sudetendeutsche Historiker Alois Harasko geschrieben hatte, äußerten die Gremien der Landsleute später kein besonderes Interesse an der weiteren Untersuchung dieses Stoffes. Die Dokumente verblieben also in einer gewissen rohen Anklagegestalt. In vielen Publikationen, die sich auf dieses Material stützen (Turnwald, Franzel, Nawratil u. a.) erscheint nach Meinung des deutschen Autors H. Auerbach die Tendenz, mit möglichst drastischen Berichten zu jonglieren, damit ein gewisses Äquivalent der Nazi-Verbrechen entsteht, wodurch deren Gewicht wiederum relativiert würde.
Ähnliches ist zu sagen über jene sagenhaften Zahlen der Verluste (240 000 oder 270 000), obwohl sie in der seriösen Literatur nie mit den Zahlen der gewaltsam zu Tode Gekommenen gleichgesetzt werden. Es handelt sich dabei eigentlich um eine bloße statistische Konstruktion der demographischen Trends, begründet auf die Volkszählung von 1930 und 1950, deren Aussagewert zweifelhaft ist, und zwar aus vielen Gründen, deren Analyse wir der Diskussion überlassen können. Es reicht vielleicht an dieser Stelle zu konstatieren, daß auch der deutsche Teil der Historikerkommission mit diesen Zahlen und deren politischen Nutzung nicht einverstanden ist. In der deutschen Literatur (J. Hoensch, F. Prinz) wird angeführt, daß in der Tschechoslowakei nach dem Kriege etwa 600 000 Deutsche, d. h. etwa $1/5$ der ursprünglichen deutschen Bevölkerung geblieben sind (nach den tschechoslowakischen Statistiken sind es etwa 230 000). Dieser Unterschied weist auf andere, nicht genug bedachte Probleme hin, nämlich die nationale Vermischung, den Bilinguismus und die daraus folgenden nationalen Übergänge.

Wenn es um das Problem der Menschenverluste bei der Vertreibung geht, muß man erwähnen, daß in der Bundesrepublik zu diesem Zweck eine andere, sehr mühsame, aber desto zuverlässigere Methode gewählt wurde, die sog. Gesamterhebung, die sich auf hunderttausende Berichte der Betroffenen stützt. Durch ihre Karteiverarbeitung und Kreuzverifizierung gelang es etwa 85 % des Personalstandes der deutschen Bevölkerung um die Wende vom Krieg zum Frieden zu erfassen. Aufgrund dieser Daten kam man in der Bundesrepublik bereits vor einer langen Zeit zur Zahl von etwa 19 000 Verlusten (davon über 5 000 Selbstmorde und etwa 6 000 gewaltsame Todesfälle), die die Analyse des tschechischen Historikers Jaroslav Kučera auf etwas mehr als 30 000 erhöhte. Es ist kennzeichnend, daß seine Bemerkung, daß die höchste, überhaupt denkbare Zahl der Todesfälle 40 000 ist, in der deutschen Publizistik interpretiert wird, als ob es die Zahl der gewaltsamen Todesfälle wäre. Es ist eine große Schande, daß vor einigen Jahren der Vorschlag des tschechischen Teiles der Historikerkommission nicht verwirklicht wurde, beide Versionen der Verlustzahlen zu überprüfen (auch die tschechoslowakischen Angaben bedürfen einer kritischen Überprüfung); trotz der Bemühung der deutschen Kommissionsmitglieder gelang es nicht, ein gemeinsames Team zu bilden. Das Ergebnis einer solchen gemeinsamen Arbeit wäre gewiß – wie es einmal F. Seibt formulierte – ein „trauriges Buch", das unterschiedliche Gruppen umfaßte, die oft über die nationale Grenze gehen – rassistisch verfolgte Juden und Roma, Teilnehmer am Widerstand gegen den Nationalsozialismus –, aber es würde der gegenseitigen Annäherung und Verständigung unserer beiden Nationen dienlicher sein als die nationale Verrechnung.

Zum Schluß möchte ich mich kurz bei der historischen Einschätzung der Vertreibung aufhalten. Ich muß vielleicht nicht sagen, daß ich zu denen gehöre, die bereits vor langer Zeit, in den 60er Jahren, im Rahmen der geschichtlichen Aufarbeitung der Okkupation und des Widerstands, die Vertreibung und ihre dunklen Kapitel kritisiert haben und davon (aber natürlich nicht nur davon) innerlich betroffen waren. Davon will ich aber nicht sprechen. Die Position des kritischen Intellektuellen ist übrigens im tschechischen Milieu nicht selten und außergewöhnlich, wie manchmal angenommen wird. Das beweist auch die Geschichte der tschechischen Diskussionen über dieses Thema – zunächst in den 50er Jahren in der Emigration und später in den 60er Jahren, obwohl sie damals in den Anfängen stecken blieb und sich nach der sowjetischen Besetzung nicht entwickeln konnte. Zur Diskussion kam es erst am Ende der 70er Jahre in dem engen Kreis der *Charta 77*, wo sie sich auch mit der Zustimmung zur Vereinigung Deutschlands verknüpfte. Das ist aber keine unbekannte Geschichte, sie ist auch in der Bundesrepublik hinreichend zugänglich und gründlich dokumentiert, z. B. in den Publikationen des Herder-Instituts. Die Diskussion nach 1959 erschien auch in Form eines Sammelbandes in der Tschechoslowakei; es gibt hier in dieser Hinsicht also kein Informationsmanko.

Zusammenfassend kann man sagen, daß die meisten tschechischen Historiker und wahrscheinlich auch die tschechische Öffentlichkeit sich in der Verurteilung der Exzesse bei den sog. wilden Vertreibungen einig sind und daß diese keine weiße Stelle mehr darstellen, über die man nichts weiß.

Nach einer großen Diskussion oder eher nach Diskussionen, die die bekannte Geste von Präsident V. Havel angeregt hatte, und an denen auch die Historiker einen großen Anteil haben sollten und auch hatten, kam es in der tschechischen Öffentlichkeit zu einer nicht geringen Verschiebung: wir würden heute kaum jemanden finden, der diese Exzesse verteidigen und billigen würde. Schwieriger ist es, bei der Öffentlichkeit die Ablehnung der Kollektivschuld vom moralischen Standpunkt aus durchzusetzen, besonders wenn in der sudetendeutschen Publizistik der gegenläufige Standpunkt einer gewissen Unschuld häufig erscheint. Wir können uns hier aber nicht nur auf die wissenschaftliche Literatur beschränken, die, was das Thema Vertreibung betrifft, bemerkenswert winzig ist. In der tschechischen Literatur muß man vor allem die Arbeit von Staněk nennen, deren Pendant in der deutschen Literatur überhaupt fehlt. Auf eine große deutsche zusammenfassende historische Arbeit, die das Thema Vertreibung mit einem kritischen Abstand und aufgrund der neu entdeckten und zugänglich gemachten Materialien betrachtet, müssen wir warten.

Dieses Problem hat aber nicht nur eine rein historische Dimension: neben den – leider oft irreführenden – politischen Aspekten hat es auch moralische Ausmaße, eine Domäne der Philosophen und Theologen (einen großen Beitrag stellen die Standpunkte der beiden Bischofskonferenzen dar) und auch eine unvergängliche rechtliche Seite, die zum Gegenstand einer fachlichen Diskussion nicht nur unter deutschen und tschechischen Rechtsexperten werden sollte; das sind aber Sphären, die die Kompetenz der Geschichtswissenschaft überschreiten.

Was aber in diese Kompetenz gehört, das sind die Kriterien der historischen Bewertung. Und hier erscheint etwas, was die Historiker befremden sollte. Ich meine die Tatsache, daß als ein maßgebendes Bewertungskriterium die heutige Auffassung der Menschenrechte in den Raum gestellt wird. Es gibt Autoren, wie z. B. Anhänger der amerikanischen revisionistischen Schule Zayas, die dieses ahistorische Herangehen offenbar ausdrücklich deklarieren. Der Erkennungswert dieser Methode und auch ihre Ergebnisse, sowohl die historischen als auch die politischen, scheinen mir kärglich zu sein, wie es übrigens bei solchem Präsentismus immer der Fall ist.

Wenn man dieses Problem vom heutigen Standpunkt aus betrachtet, dann wäre, außer der geringen Zahl derjenigen, die in Deutschland als Ewig-Gestrige bezeichnet werden (und vielleicht nicht nur diese) kaum jemand bereit, das nazistische (oder henleinsche) Abenteuer zu wiederholen. Genauso würde man in Tschechien nur wenige Menschen finden, die heute bereit wären, die Vertreibung durchzuführen. Zur Erklärung dessen, was vor 50 oder 60 Jahren geschehen ist, warum damals, während des Krieges und unmittelbar danach, das alte Gesetz „Auge um Auge, Zahn um Zahn" und nicht das neue Gesetz der Menschenrechte gegolten hatte, das ist eine Frage, die bisher ohne Antwort geblieben ist und bis heute vielfach unbegreifbar ist; der Präsentismus in der Geschichte enthält immer die Gefahr einer bestimmten aufgeklärten Überhebung des Heute, dem alles Vergangene als die Finsternis, als Komplex sinnloser Fehler, Irrtümer und Schrecken scheint, die wir von oben herab, aus der Position der späteren Weisheit ansehen, weil wir das kennen, was unsere Vorahnen nicht gekannt hatten. Ein wirkliches (und auch einziges fruchtbares) Herangehen an die Geschichte erfordert ein geduldiges Verständnis und ein Stück Bescheidenheit jener, die wissen sollten, daß auch sie in der Zukunft ähnlich achtlos beurteilt werden können.

Ich komme nach diesen allgemeinen Gedanken zum Problem des historischen Urteilens zum Thema zurück. Wenn es um die historische Bewertung der Vertreibung geht, erscheint sofort die Frage, in welche Zusammenhänge dieses Phänomen gestellt wird, ob z. B. in den breiten Kontext der europäischen Geschichte, die angefüllt ist mit verschiedensten Formen und Phänomenen der Vertreibung, nicht nur jenen, die die Juden betreffen. Für einen nicht kleinen Teil der deutschen und besonders sudetendeutschen Literatur ist charakteristisch, was Ernst Nittner geschrieben hatte, einer jener Autoren, die man nicht einfach unter politische Publizisten einordnen kann, nämlich daß die Vertreibung oder Aussiedlung im Grunde eine konsequente Vollendung der nationalstaatlichen Idee und nicht ein Ergebnis des Kriegesendes war. Es steht außer Zweifel, daß diese beiden Interpretationsmodelle ihre Geltung haben. Es ist aber nicht der richtige Weg, diese gegeneinander zu stellen und eines von ihnen auszuschließen, wenn man zur historischen Wahrheit kommen oder sich ihr mindestens annähern will. Wenn alle Bevölkerungsverschiebungen in den Jahren 1938 bis 1945/46 in eine lange Reihe der Ereignisse gehören, die die europäische Geschichte begleiten, und wenn sie in dieser traurigen Geschichte eines ihrer Glieder bilden, ist es nicht möglich, diese Methode soweit zu führen, daß sich die Ursachenfolge ausgehend vom Nazi-Krieg und der Okkupation völlig verliert – dieses Moment darf aus der Bewertung eines Historikers nicht einfach verschwinden. Es befremdet ebenso, daß in den deutschen Betrachtungen häufig eine gewisse Gleichheit oder Symetrie zwischen dem Terror des Okkupationsregimes und der Vertreibung konstruiert wird. Soweit ich informiert bin, sind nach der Untersuchung „Des Spiegels" 40 % der älteren deutschen Generation und etwa 28 % Angehörigen der jungen Generation zwischen 18–40 Jahren von dieser Symetrie überzeugt – die Tatsache ist um so ernster, als sie bei seriösen und ehrenwerten Autoren erscheint. Z. B. im interessanten und gegenüber der deutschen Realität kritischen Artikel von P. Glotz (Zeit, 15. 3. 1995) wird die Vertreibung mit dem hitlerschen Genozid identifiziert. Selbst wenn man die moralische Relativierung und die offenbar sachliche Unrichtigkeit dieses Vergleichs einmal beiseite läßt, muß man festhalten: die Vertriebenen wurden um ihre Heimat, nicht um ihr Leben gebracht, wie es bei den von den Nazis verfolgten Tschechen oder bei den Juden, genauer gesagt bei jenen, die durch die Nürnberger Gesetze als Juden bezeichnet wurden, der Fall war. Die Grundebene dieses Standpunktes wird durch eine bestimmte fundamentalistische Verabsolutisierung des nationalen Moments gebildet, d. h. durch die Vorstellung, daß die nationale Identität die wichtigste und wesentlichste menschliche Identität, selbst das Wesen der Menschlichkeit ist. Das ist ein nicht ganz seltener Standpunkt. Prager Rabbiner bezeichneten z. B. die Juden-Emanzipation als Genozid, weil sie das Judentum, das ausschließlich im religiösen Sinne verstanden wird, aufgelöst und liquidiert hat.

Aber diese meine Überlegung droht abzuschweifen. Sie deutet jedoch gleichzeitig an, daß sich in diesem Zusammenhang ein breites Feld von Problemen abzeichnet, die untersucht und diskutiert werden müssen.

Die Geschichte ist etwas, was geschehen ist – *and what's done, can't be undone*; man kann die Geschichte gewiß endlos umschreiben (und dies muß nicht immer aus ideologischem Opportunismus oder Fanatismus geschehen), man kann sie aber nicht zurückgeben, verändern oder korrigieren. Was man aber kann, das ist, sich damit auseinanderzusetzen, es geistig zu verarbeiten. Und hier wäre es angemessen, zu einer tschechischen Verbform zu greifen, die das Deutsche grammatisch nicht hat, nämlich den inperfektiven Aspekt: immer verarbeiten, denn es geht in diesem Falle um einen langen, eigentlich permanenten Prozeß, für den das Deutsche den treffenden Begriff „Trauerarbeit" eingeführt hat, für den man wiederum im Tschechischen ein Äquivalent schwerlich findet. Ein Instrument dieses Prozesses ist der Dialog zwischen Menschen und Völkern, dessen wichtiger Bestandteil der historische Dialog ist, wie er sich im tschechisch-deutschen Falle nach 1989 entwickelt hat.

Für die tschechische Historiographie ist die deutsche Geschichtswissenschaft zweifellos der erste Partner – mit Rücksicht auf die Menge von Rezensionen, Annotierungen und angesichts des Interesses für die deutsche Historiographie überhaupt sprach man auf dem unlängst abgehaltenen Tag der tschechischen Historiker im Scherz – ich betone im Scherz – über die Germanisierung der gegenwärtigen tschechischen Historiographie. Die deutsche Geschichtswissenschaft gehört doch zu den europäischen historiographischen Großmächten, denen die tschechische Historiker-Gemeinde mit ihrer Kapazität nicht gleichkommen kann – und trotzdem ist sie nicht der letzte unter den deutschen Partnern, wenn wir die Frequenz tschechischer Themen in Betracht nehmen. Es könnten und sollten vielleicht nur mehr tschechische Arbeiten ins Deutsche übersetzt werden.

Was sich aber auf unserem historischen Feld am meisten verändert hat, das ist das Klima, für das die gemeinsame Historikerkommission vielleicht ein gutes Beispiel ist, die bereits seit 1990 arbeitet. Nach einer anfänglich taktvollen und taktischen Beschauung bildete sich eine wirklich sachliche, kollegiale, sogar freundliche Atmosphäre, in der jedes mögliche Problem offen und ohne Hemmungen diskutiert werden kann. Die Politiker und vielleicht auch die Juristen können (und sollten wohl) die Schattenseiten der „gemeinsamen Geschichte" mit einem Punkt abschließen und die beschwerenden Probleme dorthin verweisen, wohin sie gehören, nämlich in die Historiographie. Diese darf jedoch sozusagen *ex offo* keinen solchen Punkt oder dicken Strich hinter der Vergangenheit setzen, wenn sie nicht aufhören will, das zu sein, was sie ist und sein soll.

Hier zeichnet sich aber auch eine nicht unwichtige Veränderung ab: ein immer größerer Teil beider Gesellschaften wird von Generationen gebildet, die die großen tschechisch-deutschen Konfrontationen der beiden Weltkriege nicht erlebt und erduldet haben. Diese Ereignisse hören auf, erlebte Geschichte zu sein, und werden zu einem sozusagen normalen historischen Material. Einfach ausgedrückt: sie werden historisiert. Mit dem wachsenden zeitlichen Abstand nehmen auch neue historische Tatsachen zu, die früheren verlieren ihre unmittelbare emotionale Aufladung und werden unter neuer Perspektive betrachtet.

Dies schafft auch neue Bedingungen für die Geschichtsforschung und für die Arbeit der Historiker überhaupt, was nicht bedeutet, daß die Geschichtsansichten, -bewertungen und Interpretationen von nun an identisch werden müßten. In vielen Fragen wird es auch weiterhin Meinungsunterschiede geben, und zwar nicht nur zwischen einzelnen Forschern, auch zwischen den beiden Historikergemeinden oder mindestens deren Zweigen. Eine vollkommene Meinungsübereinstimmung, die übrigens nicht erreichbar ist, ist aber keine notwendige Bedingung für gute gegenseitige Beziehungen – die Lage auf dem Feld der Geschichtswissenschaft ist dafür ein beredtes Beispiel. Die Überzeugung, daß die Geschichtswissenschaft fähig ist, über die Vergangenheit die einzige, ständige und absolute Wahrheit auszusprechen, gehört schon in die Vergangenheit. Man muß auch zugeben, daß es das gibt und wahrscheinlich auch weiterhin geben wird, wovon der sächsische Ministerpräsident K. Biedenkopf vor kurzem in Prag gesprochen hatte, nämlich unterschiedliche „nationale Wahrheiten, die aus unterschiedlichen Erlebnissen der Vergangenheit erwachsen. Diese unterschiedlichen Wahrheiten brauchen nur eines – ein demokratisches Milieu, in dem sie sich nicht konfrontativ bildeten und in dem sie mit möglichst großer Bemühung um Verständnis und Begreifen aufgenommen werden, und zwar auch dort, wo sie nicht übereinstimmen und wo sie keine Zustimmung finden".

Ebenso nüchterne Ansprüche muß man an die gegenseitigen Beziehungen überhaupt stellen und sich nicht den trügerischen Illusionen über die Notwendigkeit einer Brüderschaft zwischen Nationen hingeben, die in der kommunistischen Phraseologie kolportiert wurden, obwohl die Kommunisten keine Erfinder dieser übertriebenen Vorstellungen waren; ihre Wurzeln sind weit älter. Ich erinnere mich in diesem Kontext oft an eine Diskussion an der Düsseldorfer Universität und den Beitrag des dortigen Professors H. Hecker, der einen grundsätzlichen Unterschied zwischen der Mentalität der Individualitäten und Kollektivitäten formulierte: es könnten die intimsten Beziehungen zwischen den Geschlechtern, Brüderschaft unter Verwandten und Freunden, kaum aber Vergleichbares unter Nationen als Ganzes entstehen. Diese Wahrheit kannte übrigens gut auch der alte tschechische Politiker, Freund und Gegner Masaryks, und österreichische Minister Josef Kaizl, als er über Tschechen und Deutsche sagte, sie müßten sich nicht notwendig lieben, es reiche, wenn sie lernten, sich gut zu ertragen.

Nach fast einhundert Jahren, die seit dieser Äußerung vergangen sind, überschritten die gegenseitigen tschechisch-deutschen Beziehungen diese ein bißchen kühle Grenze der Normalität. Wenn nicht anderswo, auf dem Feld der Geschichtswissenschaft ganz sicher.

Ralf Gebel

Die tschechische Gesellschaft unter deutscher Besatzungsherrschaft im Protektorat Böhmen und Mähren

Im folgenden Beitrag sollen die Lebensbedingungen der tschechischen Gesellschaft unter deutscher Besatzungsherrschaft im Protektorat Böhmen und Mähren dargestellt werden. Zunächst werden knapp die politischen Rahmenbedingungen sowie die kurz- und langfristigen Ziele der deutschen Protektoratspolitik erörtert. Vor diesem Hintergrund soll sodann der Versuch unternommen werden, das alltägliche Leben der Tschechen zwischen März 1939 und Mai 1945 in seiner durch Okkupation und Krieg bedingten Spannung zwischen Terror und Unterdrückung einerseits und einer fast erstaunlichen Normalität anderseits darzustellen.[1]

Nach dem Schock, den schon das Münchner Abkommen vom 29. September 1938 und die dort von den europäischen Großmächten verfügte Abtretung der sudetendeutschen Gebiete an das Deutsche Reich für die Tschechen bedeutet hatte, war die Besetzung des von Hitler abfällig „Rest-Tschechei" genannten Landes durch die deutsche Wehrmacht am 15. März 1939 eine weitere nationale Katastrophe. „Der schwere Schlag der Unterjochung traf das Volk in seiner Masse unerwartet", berichtete die deutsche Exil-SPD, „Tränen, Nervosität und ohnmächtiger Zorn beherrschten die Gemüter."[2]

Am 16. März, einen Tag, nach dem Einmarsch der deutschen Truppen in Prag, wurde der „Erlaß des Führers und Reichskanzlers über das Protektorat Böhmen und Mähren" bekanntgegeben.[3] „Hatten wir recht gehört? Sollten wir die rechtliche Stellung irgendeines afrikanischen Protektorates erhalten [...]?" – so reagierte darauf der tschechische Politiker Ladislav Feierabend. „Der Erlaß ließ kaum einen Zweifel darüber offen, daß wir zu Menschen zweiter Klasse degradiert würden und daß die Deutschen mit uns nach Belieben verfahren könnten."[4]

Diese weit verbreitete Einschätzung[5] erwies sich in den folgenden Jahren als völlig realistisch, wenngleich es im Erlaß Hitlers hieß, sein Wunsch sei es,

---

[1] Da Verfolgung, Widerstand und Kollaboration eigene Beiträge in diesem Band gewidmet sind, werden diese Bereiche hier nur am Rande angesprochen. Auch das Schicksal der jüdischen Bevölkerung wird gesondert behandelt und bleibt hier deswegen ganz außen vor.
[2] Deutschland-Berichte der Sozialdemokratischen Partei Deutschlands (Sopade), 6. Jahrgang (1939). Salzhausen/Frankfurt am Main 1980, S. 571.
[3] Reichsgesetzblatt 1939, Teil I, S. 485 ff.
[4] Ladislav FEIERABEND: Prag-London vice versa. Bonn/Bruxelles/New York 1971, Bd. 1, S. 107. Feierabend war bis zu seiner Flucht im Januar 1940 Minister in der tschechischen Regierung des Protektorats.
[5] „Über die Autonomie, die Hitler den Tschechen gab, macht sich kein Mensch eine Illusion". Deutschland-Berichte der Sozialdemokratischen Partei Deutschlands (Sopade), 6. Jahrgang (1939). Salzhausen/Frankfurt 1980, S. 455.

auch „das nationale Eigenleben [...] des tschechischen Volkes sicherzustellen". Das „Protektorat" sollte danach „autonom" sein und „sich selbst" verwalten.[6] Mit diesen vagen Formulierungen sollten vor allem das tschechische Volk und die Weltöffentlichkeit erst einmal beruhigt werden. Das Protektorat behielt zwar einen eigenen Staatspräsidenten und eine „autonome" Regierung. Schnell kristallisierte sich aber heraus, daß die Macht in Wirklichkeit in den Händen des deutschen Reichsprotektors und seines Staatssekretärs lag. Der Reichsprotektor hatte „die Aufgabe, für die Beachtung der politischen Richtlinien des Führers und Reichskanzlers zu sorgen."[7] Er konnte sowohl selbst Rechtsnormen erlassen als auch die legislative Tätigkeit der „autonomen" Regierung, der gegenüber seine Stellung praktisch „omnipotent" war, entscheidend beeinflussen.[8] Hitler ernannte den als gemäßigt geltenden Konstantin von Neurath, der bis 1938 das Auswärtige Amt in Berlin geleitet hatte, zum Reichsprotektor und den sudetendeutschen Politiker Karl Hermann Frank zum Staatssekretär.

Entscheidend für die Ausübung deutscher Herrschaft wurde der Polizeiapparat, an dessen Spitze der „Höhere SS- und Polizeiführer" stand. Auch mit dieser Funktion wurde Karl Hermann Frank betraut. Der Sicherheitsdienst der SS (SD) und die Geheime Staatspolizei überzogen das Land schnell mit ihren Dienststellen. Neben ihnen erscheint die tschechische Polizei, die weiter bestand, völlig bedeutungslos. Für alle „politisch-polizeilichen Angelegenheiten" – und dieser Begriff war sehr weit faßbar – war fortan die Gestapo zuständig. Sie wurde so zu *dem* Symbol deutscher Gewaltherrschaft über die Tschechen.[9]

Auch in der Justiz und in der Verwaltung bildete sich eine Doppelgleisigkeit heraus: Neben die unteren und mittleren tschechischen Verwaltungsbehörden wie etwa Bezirkshauptmannschaften und Landespräsidien traten die deutschen Oberlandräte, neben die tschechischen Gerichte ein deutsches Gerichtswesen. Nach und nach gewannen diese deutschen Behörden immer stärker an Gewicht, sie waren keineswegs etwa nur für die deutschen Bewohner zuständig. Die systematisch und eigentlich von Anfang an betriebene „Abmagerungskur" der tschechischen Autonomie wurde zum einen durch Kompetenzerweiterung der deutschen Behördenzweige, zum anderen durch personelle Durchdringung der tschechischen Protektoratsverwaltung mit deutschen Beamten vorangetrieben. Ende 1940 z. B. hatten alle Städte mit mehr als 25 000 Einwohnern deutsche Regierungskommissare oder stellvertretende Bürgermeister.[10] Der Anteil von deutschen Beamten im Verhältnis zur Bevöl-

---

[6] Reichsgesetzblatt 1939, Teil I, S. 486.
[7] Ebd.
[8] Vojtech MASTNY: The Czechs under Nazi Rule. The Failure of National Resistance, 1939–1942. New York/London 1972, S. 92 f., Zitat S. 93.
[9] Václav KURAL: Místo společenství konflikt! Češi a němci ve velkoněmecké, říši a cesta k odsunu. [Statt Gemeinschaft Konflikt! Tschechen und Deutsche im Großdeutschen Reich und der Weg zum Abschub]. Prag 1994, S. 55. Zur Gestapo ausführlich: Oldřich SLÁDEK: Zločinná role gestapa [Die verbrecherische Rolle der Gestapo]. Prag 1992.
[10] Václav KURAL: Místo společenství konflikt! Češi a němci ve velkoněmecké, říši a cesta k odsunu. [Statt Gemeinschaft Konflikt! Tschechen und Deutsche im Großdeutschen Reich und der Weg zum Abschub].

kerung war im Protektorat viereinhalbmal so groß wie in Norwegen, siebenmal so groß wie in den Niederlanden, zwanzigmal so groß wie im besetzten Teil Frankreichs und dreiundfünfzigmal so groß wie in Dänemark.[11]

Ein Desiderat der Forschung bleibt es einstweilen, zu klären, welchen Anteil *Sudeten*deutsche an der Machtausübung über die Tschechen hatten.[12] Nach Ansicht Friedrich Prinz' etwa war Karl Hermann Frank, der 1939 „Staatssekretär beim Reichsprotektor" und 1943 „Staatsminister für Böhmen und Mähren" geworden war, der einzige Sudetendeutsche in herausragender Stellung in der Verwaltung des Protektorats. Man habe nämlich dem Wunsch des tschechischen Staatspräsidenten Emil Hácha Rechnung getragen, Sudetendeutsche nicht mit Ämtern im Protektorat zu betrauen.[13] Tatsächlich stammten von 35 deutschen Oberlandräten im Protektorat auch nur sieben aus den sudetendeutschen Gebieten. Gemessen an ihrem Bevölkerungsanteil war die Zahl der in der Verwaltung des Protektorats beschäftigten Sudetendeutschen insgesamt aber doch so groß, daß der SD 1941 die „Verbeamtung der deutschen Bevölkerung" bemängelte.[14] Genaue Untersuchungen hierzu stehen noch aus.

Die Umbildung und Verkleinerung der Protektoratsregierung im Januar 1942 auf sieben Minister bedeutete eine weitere Demontage der tschechischen Rest-Autonomie. In das Schlüsselressort für Wirtschaft und Arbeit wurde nun zudem erstmals ein Deutscher, der aus dem „Altreich" stammende SS-Oberführer Walther Bertsch, als Minister eingesetzt.[15] Die Regierung sollte damit endgültig zum „verlängerten Arm des Reichsprotektors" werden.[16]

Es kam jedoch nicht nur im Bereich von Regierung und Verwaltung zu einer solchen „Gleichschaltung" des Protektorats gemäß den Interessen des Deutschen Reiches. In der Wirtschaft sicherte sich Hermann Göring als Beauftragter für den Vierjahresplan in allen grundlegenden Fragen die Entschei-

---

[11] Prag 1994, S. 56 ff, Zitat S. 58. Detlef BRANDES: Die Tschechen unter deutschem Protektorat. Teil I. München/Wien 1969, S. 165.

[12] Vojtech MASTNY: The Czechs under Nazi Rule. The Failure of National Resistance, 1939-1942. New York/London 1972, S. 100.

[13] Vgl. Detlef BRANDES u. Václav KURAL: Der Weg in die Katastrophe 1938-1947, Forschungsstand und -probleme. In: Dies. (Hrsg.): Der Weg in die Katastrophe. Deutsch-tschechoslowakische Beziehungen 1938-1947. Essen 1994, S. 16.

[14] Friedrich PRINZ: Geschichte Böhmens 1848-1948. München 1988, S. 432. Vgl. auch Karl BOSL (Hrsg.): Der tschechoslowakische Staat im Zeitalter der modernen Massendemokratie und Diktatur. Stuttgart 1970. (Handbuch der Geschichte der böhmischen Länder. Bd. IV), S. 119.

[15] Monatsbericht des SD Prag für August 1940. In: Václav KRÁL (Hrsg.): Die Deutschen in der Tschechoslowakei 1933-1947. Dokumentensammlung. Prag 1964, S. 421. Detlef BRANDES: Nationalsozialistische Tschechenpolitik im Protektorat Böhmen und Mähren. In: Ders. u. Václav KURAL (Hrsg.): Der Weg in die Katastrophe. Deutsch-tschechoslowakische Beziehungen 1938-1947. Essen 1994, S. 52 f.

[16] Miroslav KÁRNÝ u. Jaroslava MILOTOVÁ (Hrsg.): Protektorátní politika Reinharda Heydricha [Die Protektoratspolitik Reinhard Heyrichs]. Prag 1991, S. 34 f.

Detlef BRANDES: Nationalsozialistische Tschechenpolitik im Protektorat Böhmen und Mähren. In: Ders. u. Václav KURAL (Hrsg.): Der Weg in die Katastrophe. Deutsch-tschechoslowakische Beziehungen 1938-1947. Essen 1994, S. 46.

dungsgewalt.[17] Das Land wurde entsprechend den kriegswirtschaftlichen Bedürfnissen des Deutschen Reiches rücksichtslos ausgebeutet.[18]

Eine unabhängige tschechische Parteien- und Verbandslandschaft gab es im Protektorat ebensowenig wie eine freie Presse. Die am 21. März 1939 auf Initiative Háchas gegründete „Národní souručenství" („Nationale Gemeinschaft"), ein Zusammenschluß der damals noch bestehenden politischen Gruppierungen, war ebenso abhängig von der deutschen Besatzungsmacht wie die verschiedenen tolerierten faschistischen Vereinigungen, z. B. „Vlajka" („Fahne") und die „Nationale Faschistengemeinde" („Národní obec fašistická"). Die „Nationale Gemeinschaft", der 1940 formell etwa zwei Millionen Erwachsene und 500 000 Jugendliche angehörten, erfüllte die Hoffnung vieler Tschechen, sie könne zu einer wirklichen Repräsentanz ihrer Interessen werden, nicht. Unter deutschem Druck degenerierte sie schließlich zu einem bloßen „Instrument zur Propagierung des Nationalsozialismus".[19] Die Gewerkschaften wurden in der „Nationalen Angestellten-Gewerkschaftszentrale" („Národní odborová ústředna zaměstnanecká"-NOÚZ) zusammengefaßt. Zahlreiche andere Vereine und Organisationen, wie z. B. der „Sokol" („Falke"), ein mitgliederstarker Turnverband, und die „Legionärgemeinde", die Vereinigung der tschechischen Weltkriegsveteranen, beide von gesellschaftlich herausragender Bedeutung in der Ersten Republik, wurden nach und nach aufgelöst.[20] Schon im April 1939 war verfügt worden, daß alle existierenden Organisationen einer polizeilichen Genehmigung bedurften, was das Ende vieler, vor allem politischer Vereinigungen bedeutet hatte.[21] „Je länger die Okkupation dauerte", so kann man resümierend festhalten, „umso entpolitisierter in jeder Beziehung war das Leben im Protektorat."[22]

Von den 1940 noch existierenden 55 Tageszeitungen gab es zwei Jahre später nur noch 22; die Zahl der Zeitschriften verringerte sich von 1 676 auf 876. Natürlich wurde das gesamte Pressewesen gleichgeschaltet und unter strenge Zensur gestellt. Bis auf einen unpolitischen Lokalteil gaben viele tschechische Zeitungen fast ausschließlich deutsche Meldungen in tschechischer Sprache wieder. Den Rundfunksender im nördlich von Prag gelegenen Mělník entzog

---

[17] Jaroslava MILOTOVÁ u. Miroslav KÁRNÝ (Hrsg.): Anatomie okupační politiky hitlerovského Německa v „Protekorátu Čechy a Morava". Dokumenty z období říšského protektora Konstantina von Neuratha [Die Anatomie der Okkupationspolitik Hitler-Deutschlands im „Protektorat Böhmen und Mähren". Dokumente aus der Zeit des Reichsprotektors Konstantin von Neurath]. (Sborník k problematice dějin imperialismu 21) [Almanach zur Problematik der Geschichte des Imperialismus 21]. Prag 1987, S. XXV f.

[18] Detlef BRANDES: Die Tschechen unter deutschem Protektorat. Teil I. München/Wien 1969, S. 150 u. S. 154.

[19] Jörg K. HOENSCH: Geschichte der Tschechoslowakei. Stuttgart/Berlin/Köln 1992³, S. 107. Karl BOSL (Hrsg.): Der tschechoslowakische Staat im Zeitalter der modernen Massendemokratie und Diktatur. Stuttgart 1970 (Handbuch der Geschichte der böhmischen Länder. Bd. IV), S. 119.

[20] Eugene V. ERDELY: Germany's First European Protectorate. The Fate of the Czechs and Slovaks. London 1942, S. 223 ff.

[21] Sheila Grant DUFF: A German Protectorate. The Czechs Under Nazi Rule. London 1970², S. 171.

[22] Vilém PREČAN: Probleme des tschechischen Parteiensystems zwischen München 1938 und dem Mai 1945. In: Karl BOSL (Hrsg.): Die Erste Tschechoslowakische Republik als multinationaler Parteienstaat. München/Wien 1979, S. 545.

man der Protektoratsverwaltung und unterstellte ihn als „Reichssender Böhmen" dem Reichspropagandaministerium in Berlin.[23]

Die historische Forschung hat verschiedene Modelle entwickelt, um das Protektorat als Herrschaftsform zu beschreiben. Václav Kural hat zuletzt überzeugend die Schwierigkeiten dabei herausgearbeitet und deutlich gemacht, daß es gerade der „unbestimmte Charakter", die Vorläufigkeit war, die typisch für dieses Gebilde war. Mit dem Begriff der Kolonie z. B., oft für seine Beschreibung gebraucht, läßt sich das Protektorat nämlich vor allem aus einem Grunde nicht ganz treffend umschreiben: Böhmen und Mähren sollten dem Reich nicht wie eine Kolonie nur locker verbunden bleiben, sondern auf Dauer fester und unmittelbarer Bestandteil davon werden.[24]

„Das Ziel der Reichspolitik in Böhmen und Mähren", so formulierte dies Karl Hermann Frank in seiner berühmten Denkschrift an Hitler vom 28. August 1940, „muß die restlose Germanisierung von Raum und Menschen sein."[25] Frank ging davon aus, daß langfristig „mehrere Millionen Tschechen" wegen ihrer „rassische[n] Niveaugleichheit" durch „Umvolkung" zu Deutschen gemacht – „eingedeutscht" – werden könnten. Im einzelnen sah er vor: „1. Die Umvolkung der rassisch geeigneten Tschechen; 2. die Aussiedlung von rassisch unverdaulichen Tschechen und der reichsfeindlichen Intelligenzschicht, bzw. Sonderbehandlung dieser und aller destruktiven Elemente; 3. die Neubesiedlung dadurch freigewordenen Raumes mit frischem deutschem Blut."[26] Auch von Neurath zeigte sich in seinem Memorandum an den „Führer" davon überzeugt, daß „die totale Aussiedlung der Tschechen [...] nicht notwendig" sei, da bei „der starken Blutmischung mit Germanen im vergangenen Jahrtausend" ein Großteil der Menschen assimilierbar sei. Man sei erstaunt „über die große Zahl von blondhaarigen Menschen mit intelligenten Gesichtern" in Böhmen und Mähren.[27]

Schon diese Äußerungen des Sudetendeutschen Frank und des aus der traditionellen Führungselite des Deutschen Reiches stammenden von Neurath belegen, wie stark die deutschen Zukunftsplanungen für das Protektorat und

---

[23] Karl BOSL (Hrsg.): Der tschechoslowakische Staat im Zeitalter der modernen Massendemokratie und Diktatur. Stuttgart 1970 (Handbuch der Geschichte der böhmischen Länder. Bd. IV), S. 119. Vgl. auch Eugene V. ERDELY: Germany's First European Protectorate. The Fate of the Czechs and Slovaks. London 1942, S. 214 ff.
[24] Václav KURAL: Místo společenství konflikt! Češi a němci ve velkoněmecké říši a cesta k odsunu. [Statt Gemeinschaft Konflikt! Tschechen und Deutsche im Großdeutschen Reich und der Weg zum Abschub]. Prag 1994, S. 58.
[25] „Denkschrift über die Behandlung des Tschechen-Problems und die zukünftige Gestaltung des böhmisch-mährischen Raumes". In: Václav KRÁL (Hrsg.): Die Deutschen in der Tschechoslowakei 1933–1947. Dokumentensammlung. Prag 1964, S. 419.
[26] Ebd. Der euphemistische Terminus „Sonderbehandlung" bedeutet die Ermordung der betroffenen Menschen.
[27] Von Neuraths „Aufzeichnung über die Frage der zukünftigen Gestaltung des böhmisch-mährischen Raumes" wurde am 31. August 1940 an den Chef der Reichskanzlei, Lammers, zur Weiterleitung an Hitler übermittelt. In: Die Vergangenheit warnt. Dokumente über die Germanisierungs- und Austilgungspolitik der Naziokkupanten in der Tschechoslowakei. Zusammengestellt, mit Vorwort und Anmerkungen versehen von Dr. Václav KRÁL. Prag 1960, S. 60.

für das tschechische Volk von „rassenpolitischen" Erwägungen geleitet war. Endgültig wurde nach dem Amtsantritt Reinhard Heydrichs deutlich, daß der „Leitgedanke" der nationalsozialistischen „Tschechenpolitik [...] nicht der Nationalismus, sondern der Rassismus" war.[28] Der Chef der Sicherheitspolizei und des SD wurde im Herbst 1941 offiziell Stellvertreter des als nicht ausreichend hart geltenden von Neurath, übernahm aber in Wirklichkeit vollständig dessen Amtsgeschäfte. Zur „Endlösung" der tschechischen Frage bemerkte Heydrich, man müsse zunächst „eine Bestandsaufnahme machen in rassisch-völkischer Beziehung. [...] Ob mit dem Röntgensturmbann durch Untersuchung einer Schule oder ob ich die Jugend bei der Bildung eines angeblichen Arbeitsdienstes rassisch überhole – ich muß ein Gesamtbild des Volkes haben".[29] „Die noch nicht Eindeutschbaren", erklärte Heydrich bei anderer Gelegenheit, werde „man vielleicht bei der weiteren Erschließung des Eismeer-Raumes – wo die Konzentrationslager zukünftig ideales Heimatland der 11 Millionen Juden aus Europa sein werden [...] unter einem positiven Vorzeichen einer prodeutschen Aufgabe als Aufseher, Vorarbeiter usw. einsetzen" können.[30]

Diese monströsen Fernziele der deutschen Protektoratspolitik ergänzten Nahziele, die durch die Erfordernisse der Kriegswirtschaft bedingt wurden und die man mit pragmatischen Methoden zu erreichen versuchte. Hatte Hitler im Herbst 1940 den von Frank und v. Neurath skizzierten Planungen für eine langfristig angelegte „Germanisierung von Volk und Raum" zugestimmt, so hatte er sie ebenso darin bekräftigt, das Protektorat mindestens auf Kriegsdauer aufrecht zu erhalten und es nicht, wie von einzelnen Gauleitern der angrenzenden Gaue gefordert, sofort aufzulösen und aufzuteilen.[31] Die Schein-Autonomie der Tschechen schien dem Diktator am besten geeignet, für Ruhe und Ordnung im Protektorat zu sorgen und somit die für die deutschen Kriegsanstrengungen äußerst wichtige Produktion der tschechischen Industrie sicherzustellen. „Ich brauche also Ruhe im Raum", formulierte Heydrich in der ihm eigenen Diktion diese zu allen Zeiten gültige Leitlinie der deutschen Protektoratspolitik, damit „der tschechische Arbeiter für die deutsche Kriegsleistung hier vollgültig seine Arbeitskraft einsetzt".[32] Dieser Ansatz blieb nicht ohne Erfolge: Während etwa die Panzerproduktion im Reich aufgrund der alliierten Bombenangriffe von 1 540 Stück im Juli 1944 auf 754 im Januar

---

[28] Detlef BRANDES: Die Tschechen unter deutschem Protektorat. Teil II. München/Wien 1975, S. 33.
[29] Geheime Rede Heydrichs in Prag am 2. Oktober 1941. In: Die Vergangenheit warnt. Dokumente über die Germanisierungs- und Austilgungspolitik der Naziokkupanten in der Tschechoslowakei. Zusammengestellt, mit Vorwort und Anmerkungen versehen von Dr. Václav KRÁL. Prag 1960, S. 132.
[30] Rede Heydrichs in Prag am 4. Februar 1942. In: Ebd. S. 147. Vgl. auch Petr NĚMEC: Das tschechische Volk und die nationalsozialistische Germanisierung des Raumes. In: Bohemia 32 (1991), S. 444.
[31] Detlef BRANDES: Nationalsozialistische Tschechenpolitik im Protektorat Böhmen und Mähren. In: Ders. u. Václav KURAL (Hrsg.): Der Weg in die Katastrophe. Deutsch-tschechoslowakische Beziehungen 1938-1947. Essen 1994, S. 43 f.
[32] Geheime Rede Heydrichs in Prag am 2. Oktober 1941. In: Die Vergangenheit warnt. Dokumente über die Germanisierungs- und Austilgungspolitik der Naziokkupanten in der Tschechoslowakei. Zusammengestellt, mit Vorwort und Anmerkungen versehen von Dr. Václav KRÁL. Prag 1960, S. 129.

1945 sank, stieg die Produktion des Protektorats von 107 auf 434 Stück.[33] Man habe, erklärte Frank in einer Rede 1944, „auf Kriegsdauer die Gefühlspolitik und Ideologien in den Winkel gestellt. Wir sind nüchterne Real- und Interessenpolitiker geworden, um für das Höhere, für das Reich alles herauszuholen, was irgendwie möglich ist."[34]

Am Fernziel der „Germanisierung" hielt Frank aber auch jetzt, kurz vor Kriegsende, noch fest,[35] und es kann, gerade im Hinblick auf das Schicksal der europäischen Juden, kein Zweifel daran bestehen, daß die Existenz des tschechischen Volkes im Falle eines deutschen Sieges auf das äußerste bedroht gewesen wäre.

Trotz „des Verbotes des [...] Reichsprotektors, in der Öffentlichkeit über die politische Zukunft der Tschechen zu sprechen",[36] trotz der Bemühung um Geheimhaltung ahnten die Tschechen, welches Schicksal ihnen im Falle eines deutschen Sieges bevorstehen würde. Es war eine weit verbreitete Ansicht, daß das Protektorat nur eine vorübergehende Lösung war – man bezeichnete es daher mit einem Wortspiel als „protentokrát" – „für diesmal".[37] Der SD berichtete schon Ende 1939 von Gerüchten in der Bevölkerung, wonach „Umsiedlungsaktionen" bevorstünden, in deren Rahmen „ganze Ortschaften [...] nach Polen oder Rußland ausgesiedelt werden [...]. Man behauptet, daß auf diese Weise der böhmisch-mährische Raum germanisiert werden solle."[38] Und ein halbes Jahr später heißt es, es bilde sich „in breitesten Kreisen eine völlige Hoffnungslosigkeit hinsichtlich des Zukunftsschicksals der Tschechen aus. Gerüchte über Umsiedlung des tschechischen Volkes nach Rußland oder nach irgendwelchen Kolonien häufen sich ebenso wie die Behauptung, daß nach dem Kriege eine völlige Germanisierung eintreten würde".[39]

Über die Frage, wie stark diese Befürchtungen den Alltag der Menschen im Protektorat beeinflußte, kann man nur Vermutungen anstellen – meßbar ist dies nicht.

Der Alltag der mehr als sieben Millionen Tschechen war aber vor allem bestimmt durch die geschilderten Nahziele des deutschen Besatzungsregimes. Wie in kaum einem anderen besetzten Land, schon gar nicht in Ostmittel- und Osteuropa, hatten die Deutschen Interesse an der Mitarbeit der Bevölke-

---

[33] Detlef BRANDES: Nationalsozialistische Tschechenpolitik im Protektorat Böhmen und Mähren. In: Ders. u. Václav KURAL (Hrsg.): Der Weg in die Katastrophe. Deutsch-tschechoslowakische Beziehungen 1938–1947. Essen 1994, S. 50.
[34] Rede Franks auf einer Tagung in Bad Karlsbrunn vom 27.–31. März 1944. In: Václav KRÁL (Hrsg.): Die Deutschen in der Tschechoslowakei 1933–1947. Dokumentensammlung. Prag 1964, S. 522.
[35] Ebd., S. 521 ff.
[36] Schreiben des Oberlandrates in Iglau an den Reichsprotektor in Prag vom 11. August 1941. In: Ebd., S. 448.
[37] Ferdinand SEIBT: Deutschland und die Tschechen. Geschichte einer Nachbarschaft in der Mitte Europas. München 1993, S. 348.
[38] Heinz BOBERACH (Hrsg.): Meldungen aus dem Reich. Die geheimen Lageberichte des Sicherheitsdienstes der SS 1938–1945. Bd. 3, Nr. 34 vom 29. Dezember 1939, S. 610 f.
[39] Monatsbericht des SD Prag für Juni 1940. In: Václav KRÁL (Hrsg.): Die Deutschen in der Tschechoslowakei 1933–1947. Dokumentensammlung. Prag 1964, S. 409. Über Gerüchte dieser Art wurde immer wieder berichtet. Vgl. z. B. die Tagesberichte des SD Prag vom 28. Mai 1941 und vom 3. Juli 1943. In: Ebd., S. 447 u. S. 505.

rung. Der hohe Industrialisierungsgrad Böhmens und Mährens hatte stärksten Einfluß auf das Schicksal der Tschechen während des Krieges: die Nationalsozialisten betrachteten die Tschechen zwar als minderwertige Slawen, waren aber eben doch auf ihre Arbeitskraft vorerst angewiesen und behandelten sie dementsprechend. Deswegen gelang es der Besatzungsmacht auch, einen großen Teil der Bevölkerung dazu zu bringen, sich trotz innerer Ablehnung des Regimes und der Deutschen weitgehend folgsam und zumindest äußerlich loyal zu verhalten. Gleichzeitig wurde jeder sich regende Widerstand unbarmherzig verfolgt und es mußte ständig mit brutalen Willkürmaßnahmen des Regimes gerechnet werden. Mit der Formel „Zuckerbrot und Peitsche" wird diese Politik gemeinhin recht treffend umschrieben.

Wie im einzelnen zu sehen sein wird, bestimmte ein vergleichsweise hohes Maß an Normalität den Alltag im Protektorat. Aber auch Verfolgung und Terror, Bespitzelung und Denunziation waren Phänomene des alltäglichen Lebens. Überall, ständig und auf ganz unterschiedliche Art und Weise konnten die Deutschen ihre Macht unter Beweis stellen. Als etwa der deutsche Oberlandrat von Tábor zwei anonyme Briefe aus Pelhřimov erhielt, wurde dieser Stadt kurzerhand eine Geldstrafe von 3 000 Reichsmark auferlegt und die dortige Mittelschule „auf immer" und „sofort" geschlossen.[40] Als Passanten in der Ortschaft Louny einem gestürzten deutschen Soldaten nicht sofort zur Hilfe kamen, verhaftete die Gestapo 30 Personen und verhängte gegenüber der Stadt eine Geldstrafe von 100 000 Kronen.[41]

Schon unmittelbar nach dem Einmarsch der deutschen Wehrmacht („Aktion Gitter") und zu Kriegsbeginn („Aktion Albrecht I.") hatte es im Protektorat große Verhaftungswellen gegeben, und im Zusammenhang mit der Schließung der tschechischen Hochschulen waren im November 1939 neun Studenten erschossen und 1 200 in das Konzentrationslager Oranienburg eingeliefert worden. Mit dem Amtsantritt Heydrichs im September 1941 erreichte der Terror jedoch eine neue Qualität. Zu den ersten Maßnahmen Heydrichs gehörte die Verhängung von Ausnahmezustand und Standrecht. Bis Ende November wurden 404 Menschen zum Tode verurteilt, 1 299 wurden der Gestapo übergeben und in das Konzentrationslager Mauthausen gebracht.[42] Insgesamt wurden in den Wochen nach Heydrichs Ankunft in Prag 4 000 bis 5 000 Personen inhaftiert.[43] Die standrechtlichen Erschießungen hätten sich, so berichtete die SD-Dienststelle in Königgrätz am 1. Oktober 1941, so „schockartig" ausgewirkt, daß „sich der Großteil der tsche-

---

[40] Miroslav KÁRNY u. Jaroslava MILOTOVÁ (Hrsg.): Protektorátní politika Reinharda Heydricha [Die Protektoratspolitik Reinhard Heydrichs]. Prag 1991, S. 38 u. S. 187.
[41] Ebd., S. 38.
[42] Detlef BRANDES: Nationalsozialistische Tschechenpolitik im Protektorat Böhmen und Mähren. In: Ders. u. Václav KURAL (Hrsg.): Der Weg in die Katastrophe. Deutsch-tschechoslowakische Beziehungen 1938–1947. Essen 1994, S. 41 f. u. S. 45.
[43] Václav KURAL: Místo společenství konflikt! Češi a němci ve velkoněmecké říši a cesta k odsunu. [Statt Gemeinschaft Konflikt! Tschechen und Deutsche im Großdeutschen Reich und der Weg zum Abschub]. Prag 1994, S. 156.

chischen Bevölkerung jedweder Stellungnahme enthält. Dieser Zustand hat mitunter derartige Folgen angenommen, daß man sich gegenseitig nicht mehr traut und Angst vor Bespitzelung hat." Der SD in Kladno schrieb am gleichen Tag: „Der Schreck ist den Leuten [...] deutlich anzuerkennen. In den Geschäften und auf dem Markt in Kladno wird viel geflüstert, dabei sieht man Leute darunter, vornehmlich Frauen, weinen." Und der Pilsener Sicherheitsdienst stellte ebenfalls am 1. Oktober 1941 fest, daß die „zahlreich angebrachten Kundmachungen über die jeweiligen Hinrichtungen [...] von den Tschechen meist völlig schweigsam gelesen" würden und sich die Menschen „dann niedergedrückt und mit fast hängenden Köpfen wieder scheu" entfernten. Bei der Arbeiterschaft der großen Pilsener Industriebetriebe herrsche eine „unnatürliche Ruhe und Schweigsamkeit", die Angst werde „durch die ständigen Bekanntmachungen über die Verhängung neuer Todesurteile ständig größer."[44]

Noch gedrückter war die Stimmung nach dem am 27. Mai 1942 von tschechoslowakischen Fallschirmjägern, die in Großbritannien ausgebildet worden waren, verübten Attentat auf Heydrich. Die als „Heydrichiade" bekanntgewordene folgende Terrorwelle, in deren Rahmen auch die Ortschaften Lidice und Ležáky dem Erdboden gleichgemacht, ihre Bewohner ermordet oder in Konzentrationslager gebracht wurden, versetzte die ganze tschechische Nation in Angst und Schrecken. Allein in Lidice wurden am 9. Juni 1942 auf der Stelle 173 Männer erschossen. Bis zum 1. September 1942 wurden von Standgerichten 1357 Menschen zum Tode verurteilt, darunter 477 „wegen Gutheißung des Attentats".[45] Damit war „gehässiger und lebensgefährlicher Denunziation Tür und Tor geöffnet."[46] Ganze Stadtviertel Prags wurden von SS und Gestapo auf der Suche nach den Attentätern durchkämmt. Eine Aussage Karl Hermann Franks aus dem Jahr 1944 macht deutlich, welcher Druck damals auf dem Land lastete: „Es ist eine unumstößliche Tatsache, daß das tschechische Volk vom 4. Juni 1942, dem Todestag Heydrichs, bis zum 18. Juni 1942, dem Tag der Erfassung der Attentäter, die schwerste Krise seit Protektoratserrichtung erlebte. Das gesamte tschechische Volk glaubte damals ernstlich daran, daß jeder zehnte Tscheche erschossen werden würde."[47] Hitler hatte damals zudem – erstmals öffentlich – mit der Aussiedlung von mehreren Millionen Tschechen aus Böhmen und Mähren gedroht.

Ein Ergebnis der „Heydrichiade" war auch die Vertiefung des Grabens zwischen Deutschen und Tschechen. Der Haß auf alles Deutsche nahm unge-

---

[44] SD-Berichte in: Václav KRÁL (Hrsg.): Die Deutschen in der Tschechoslowakei 1933–1947. Dokumentensammlung. Prag 1964, S. 456 f.
[45] Detlef BRANDES: Die Tschechen unter deutschem Protektorat. Teil I. München/Wien 1969, S. 259–267, Zitat S. 259.
[46] Wilhelm DENNLER: Die böhmische Passion. Freiburg 1953, S. 76. Dennler war ein im Protektorat eingesetzter deutscher Verwaltungsbeamter.
[47] Rede Franks auf einer Tagung in Bad Karlsbrunn vom 27.–31. März 1944. In: Václav KRÁL (Hrsg.): Die Deutschen in der Tschechoslowakei 1933–1947. Dokumentensammlung. Prag 1964, S. 523. Vgl. dazu auch Wilhelm DENNLER: Die böhmische Passion. Freiburg 1953, S. 82 f.

kannte Ausmaße an und führte mit zu der Entscheidung der tschechoslowakischen Exilregierung in London, daß die deutsche Bevölkerung nach Kriegsende das Land zu verlassen habe.[48] „Der Haß auf die Deutschen ist schrecklich", so ein geheimer Bericht aus dem Protektorat vom Sommer 1944, „weil es in den Städten und auf dem Land kaum eine Familie gibt, die nicht jemanden durch Hinrichtung verloren hat oder die durch Inhaftierung eines Angehörigen in einem Konzentrationslager betroffen ist."[49]

Das alltägliche Leben im Protektorat läßt sich aber nicht auf Terror und Verfolgung allein reduzieren. Für das vielmehr typische Nebeneinander von Ausnahmezustand und Normalität fand der tschechische Schriftsteller Jiří Weil treffende Worte: „Überall in der Stadt des unterworfenen Landes klebten Bekanntmachungen, aus den Lautsprechern, die an den Straßenlaternen befestigt waren, dröhnten die Namen der Hingerichteten. Da es warm war und die Sonne schien, lagen Badegäste an den Ufern des Flusses, sie sprangen ins Wasser und lachten, denn das Leben war stärker als der Tod, die Menschen mußten schlafen, essen und sich lieben."[50] Nach dem Attentat auf Heydrich und seinen Folgen bemühte sich auch Frank, immer das Ziel der optimalen Rüstungsproduktion vor Augen, „schnell wieder zur Tagesordnung überzugehen".[51]

Zwei polnische Widerstandskämpfer berichteten an ihre Exilregierung über einen Aufenthalt in Prag: „Die Tschechen leben unter Verhältnissen, die sich von den unsrigen so unterscheiden, daß sie uns unwahrscheinlich vorkommen mögen, obwohl sie wahr sind. Man erklärt es damit, daß die Tschechen nicht durch eine militärische Katastrophe gegangen sind und ihre Selbständigkeit auf friedlichem Wege verloren haben. Die Lebensbedingungen sind ohne Zweifel schwer, doch weit entfernt von dem Schrecken, in dem wir leben. Kollektive Verantwortung, Verhaftung, Exekution und Einweisung in Konzentrationslager haben die Tschechen am eigenen Leibe nie kennengelernt. Sie verstehen niemals, daß man aus dem Hause zur Arbeit gehen und nicht mehr zurückkehren kann." Der Terror treffe zwar „manchmal breite Gesellschaftsschichten", aber „der Tscheche" habe dennoch „das Recht, neben einem

---

[48] Václav KURAL: Místo společenství konflikt! Češi a němci ve velkoněmecké říši a cesta k odsunu. [Statt Gemeinschaft Konflikt! Tschechen und Deutsche im Großdeutschen Reich und der Weg zum Abschub]. Prag 1994, S. 190 u. S. 197.

[49] Bericht aus Prag für die tschechoslowakische Exilregierung vom 10. Juli 1944. In: Jitka VONDROVÁ, (Hrsg.): Češi a sudetoněmecká otázka 1939-1945. Dokumenty. [Die Tschechen und die sudetendeutsche Frage 1939-1945. Dokumente]. Prag 1994, S. 279. Insgesamt wurden ca. 8 500 tschechoslowakische Staatsbürger von den Nationalsozialisten hingerichtet, über 20 000 Personen starben in Lagern, vor allem in Konzentrationslagern (die jüdischen Opfer, etwa eine viertel Million Menschen, sind hier nicht mitgerechnet) oder kamen auf „Todesmärschen" oder bei Verhören ums Leben, rund 8 000 Menschen wurden bis Kriegsende Opfer von „bewaffneten Zusammenstöße[n]". Pavel ŠKORPIL: Probleme bei der Berechnung der Zahl der tschechoslowakischen Todesopfer des nationalsozialistischen Deutschlands. In: Detlef BRANDES u. Václav KURAL (Hrsg.): Der Weg in die Katastrophe. Deutsch-tschechoslowakische Beziehungen 1938-1947. Essen 1994, S. 163, sowie Miroslav KÁRNÝ: Die tschechoslowakischen Opfer der deutschen Okkupation. In: Ebd., S. 152 f.

[50] Jiří WEIL: Mendelssohn auf dem Dach. Reinbek bei Hamburg 1995, S. 163. Die tschechische Erstausgabe erschien 1960 in Prag.

[51] Detlef BRANDES: Die Tschechen unter deutschem Protektorat. Teil II. München/Wien 1975, S. 18.

Deutschen zu sitzen. Das Leben in der Stadt dauert den ganzen Tag ohne Polizeistunde an. Die bekannte rechtliche Benachteiligung betrifft nur Polen, Juden und Zigeuner, die nirgendwo neu gemeldet werden und keine Arbeit bekommen können. In der Praxis werden diese Gesetze nur gegen Juden angewandt, die jetzt auf dieselbe Art liquidiert werden wie bei uns. Den Tschechen blieb ein gewisser Schein nationalen Lebens, eine bisher mengenmäßig nicht begrenzte Zeitungsproduktion. Der Tscheche liest wie vor dem Kriege seine Lieblingszeitung, die jedoch ebenso gleichgeschaltet ist wie die gesamte deutsche Presse im Reich. Jeder Tscheche hat ein Radio und hört das Programm des tschechischen Rundfunks, der die tschechische Musik pflegt, tschechische Programme sendet und ... Propaganda verbreitet. Aber trotz dieser Propaganda ... hört man die tschechischen Nachrichten aus London. Tschechische Sportvereine veranstalten Wettkämpfe wie vor dem Kriege und der Sportfan geht jeden Sonntag auf den Sportplatz, um sich an den Leistungen seiner Lieblingssportler zu begeistern."

Detlef Brandes, der dieses bemerkenswerte Zeugnis von Außenstehenden über das Leben im Protektorat veröffentlichte, konstatierte, daß die Beobachtungen der polnischen Widerstandskämpfer für den gesamten Zeitraum von 1942–1945, von kurzfristigen und örtlichen Ausnahmen abgesehen, Gültigkeit hatten.[52] Aber auch schon für die Zeit davor treffen viele Einzelheiten dieser eindrucksvollen Schilderung zu; besonders in den ersten Monaten nach der Besetzung hatte sich das alltägliche Leben der Menschen kaum geändert.[53]

Vor allem im kulturellen Bereich verfügten die Tschechen anfangs, im Gegensatz etwa zum staatlichen Sektor, über ein recht hohes Maß an Autonomie, die breiten Bevölkerungsschichten Teilnahme an kulturellen Aktivitäten gestattete. Mitunter konnten sogar ausgesprochen patriotische und gegen das Besatzungsregime gerichtete Tendenzen verfolgt werden.[54] Eine „Welle des Historismus" erfaßte die Gesellschaft: man erinnerte sich vergangener Größe, pflegte Denkmäler und andere Stätten nationalen Gedenkens.[55] Zu einer Art Nationalfeiertag wurde der 6. Mai 1939, als die sterblichen Überreste des berühmten Dichters Karel Hynek Mácha nach Prag überführt wurden. Eine ganz besondere Rolle in der tschechischen Kultur kam in dieser Zeit dem Theater zu, in dem die Ablehnung der deutschen Besatzungsherrschaft versteckt, mitunter aber auch recht deutlich zum Ausdruck gebracht wurde. Erst am 1. September 1944 wurden die Bühnen im Zuge des „totalen" Krieges insgesamt geschlossen. Vorher war es freilich schon zu einzelnen Schließungen besonders kritischer Theater gekommen. Massenhaften Besuch verzeichneten

---

[52] Ebd., S. 17 f.
[53] Vojtech MASTNY: The Czechs under Nazi Rule. The Failure of National Resistance, 1939–1942. New York/London 1972, S. 57.
[54] Dějiny zemí koruny české. [Geschichte der Länder der böhmischen Krone]. Bd.II: Od nástupu osvícenství po naši dobu [Vom Beginn der Aufklärung bis in unsere Zeit]. Prag 1992^2, S. 202 u. S. 240 ff.
[55] Ebd., S. 240.

ebenfalls die Kinos, die u. a. zahlreiche tschechische, auch während des Krieges gefertigte Produktionen zeigten.[56]

Viele Tschechen fanden auch in der Zeit des Protektorats Ablenkung und Vergnügen bei sportlichen Veranstaltungen. Besonders Eishockey und Fußball erfreuten sich großer Popularität, die Zahl der Zuschauer wuchs, und auch hier ergaben sich Gelegenheiten zur Bekundung patriotischer und antideutscher Gefühle.[57] Noch am 11. Januar 1940 konnte ein Eishockeyspiel zwischen einer deutschen Mannschaft und einer Protektorats-Auswahl mit dem Absingen der Nationalhymnen Deutschlands und der Tschechoslowakischen Republik eingeleitet werden. Dies wurde von den deutschen Besuchern stark kritisiert, weil es den Eindruck eines Länderspiels hervorgerufen habe. „Die sportliche Niederlage der Deutschen" - sie verloren 1:5 - „wurde von den Tschechen als ein allgemeiner politischer Triumph und Sieg gefeiert", berichtete der Sicherheitsdienst.[58] Kurz darauf, im Februar 1940, wurden sportliche Wettkämpfe zwischen Deutschen und Tschechen verboten.[59]

Besonders stark spürbar und schon früh erfolgten Eingriffe in das tschechische Bildungswesen. Die Bekämpfung der als reichsfeindlich und gefährlich angesehenen Intelligenz des Landes gehörte zu den vorrangigen Zielen der deutschen Besatzungsmacht. Schon am 17. November 1939 wurden die tschechischen Hochschulen geschlossen und bis Kriegsende nicht wieder geöffnet. Zahlreiche Studenten und Professoren wurden Opfer des nationalsozialistischen Terrors. Viele tschechische Schulen, vor allem Gymnasien, wurden geschlossen.[60] Die Zahl der Mittelschulen nahm um ein Viertel, die Anzahl ihrer Schüler sogar um 41 % ab.[61] Das von Karl Hermann Frank vorgeschlagene Programm wurde in diesem Bereich schon in erheblichem Maße in die Realität umgesetzt: „Erst Abschaffung der Mittelschulen, dann auch der Volksschulen - Nie mehr tschechische Hochschulen" - so lauteten die Forderungen in der bereits zitierten Denkschrift an Hitler aus dem Jahr 1940.[62] Mit den Beschränkungen im Schulwesen ging die Unterdrückung der tschechischen und die Förderung der deutschen Sprache einher. Am 23. Juli 1939 mußte die „autonome" Protektoratsregierung auf Veranlassung des Reichsprotektors neue Sprachengesetze bekanntgeben, die später weiter verschärft wur-

---

[56] Ebd., S. 242 f. Siehe dazu auch Callum MACDONALD u. Jan KAPLAN: Praha ve stínu hákového kříže [Prag im Schatten des Hakenkreuzes]. Prag 1995, S. 151 ff.
[57] Dějiny zemí koruny české. [Geschichte der Länder der böhmischen Krone]. Bd.II: Od nástupu osvícenství po naši dobu [Vom Beginn der Aufklärung bis in unsere Zeit]. Prag 1992², S. 237.
[58] Heinz BOBERACH (Hrsg.): Meldungen aus dem Reich. Die geheimen Lageberichte des Sicherheitsdienstes der SS 1938-1945. Bd. 3, Nr. 43 vom 22. Januar 1940, S. 670.
[59] Callum MACDONALD u. Jan KAPLAN: Praha ve stínu hákového kříže [Prag im Schatten des Hakenkreuzes]. Prag 1995, S. 55.
[60] Dějiny zemí koruny české. [Geschichte der Länder der böhmischen Krone]. Bd.II: Od nástupu osvícenství po naši dobu [Vom Beginn der Aufklärung bis in unsere Zeit]. Prag 1992², S. 247 f.
[61] Detlef BRANDES: Nationalsozialistische Tschechenpolitik im Protektorat Böhmen und Mähren. In: Ders. u. Václav KURAL (Hrsg.): Der Weg in die Katastrophe. Deutsch-tschechoslowakische Beziehungen 1938-1947. Essen 1994, S. 52.
[62] „Denkschrift über die Behandlung des Tschechen-Problems und die zukünftige Gestaltung des böhmisch-mährischen Raumes" vom 28. August 1940. In: Václav KRÁL (Hrsg.): Die Deutschen in der Tschechoslowakei 1933-1947. Dokumentensammlung. Prag 1964, S. 420.

den. Obwohl im Protektorat neben ca. 7,25 Millionen Tschechen nur rund 189 000 Deutsche lebten, mußte nun aller Schriftverkehr mit deutschen Behörden auf deutsch, jener zwischen zentralen Behörden des Protektorats zweisprachig geführt werden, wobei die deutsche Sprache an erster Stelle kam. Deutsche Eingaben waren deutsch oder zweisprachig zu beantworten. Sämtliche öffentlichen Institutionen und Behörden, ebenso alle Geld-, Maß-, und Gewichtseinheiten waren deutsch und tschechisch auszuweisen. Auch in den Prager Straßenbahnen erfolgten die Ausrufe nun zweisprachig.[63]

Auf ganz vielfältige Art und Weise bestimmte der Krieg das Leben der Bevölkerung, auch wenn das Protektorat fernab der Kampfhandlungen lag und erst gegen Kriegsende von alliierten Bomberverbänden erreicht wurde. Schon ab Oktober 1939 galt jedoch die Pflicht zur Verdunkelung. Der erste – kleinere – Bombenangriff auf Prag erfolgte am 15. November 1944.[64] Die Landespräsidien in Prag und Brünn als „Höhere Feststellungsbehörde" meldeten für das Protektorat zum 1. Januar 1945 insgesamt 1 756 Gebäude, die „zerstört oder schwer beschädigt und noch nicht wieder aufgebaut oder instandgesetzt" waren.[65] Verglichen mit den Angaben für deutsche Großstädte wird deutlich, daß die Städte im Protektorat weitgehend verschont blieben.[66] Der wohl schwerste Angriff erfolgte am 14. Februar 1945. Dabei wurden in Prag 413 Menschen getötet, weitere 1 455 verletzt.[67] Für die Tschechen ergab sich die paradoxe Situation, daß sie sich von den eigenen Alliierten bedroht sahen, denen sie sonst jeden militärischen Erfolg wünschten.[68]

Ab Oktober 1939 veränderte neben den Luftschutzmaßnahmen vor allem die Rationierung von Lebensmitteln und anderen Verbrauchsgütern den Alltag der Menschen. Es entstand sofort ein lebhafter Schwarzhandel, auf dem zumindest für die Wohlhabenderen nach wie vor praktisch alles zu bekommen war.[69] Im allgemeinen erhielten die Tschechen zwar die gleichen Rationen wie die deutsche Bevölkerung im Reich, mit Ausnahme der nur halb so großen

---

[63] Detlef BRANDES: Die Tschechen unter deutschem Protektorat. Teil I. München/Wien 1969, S. 160 u. S. 164. Die Bevölkerungszahlen beziehen sich auf den 1. März 1940. Die Zahl der Deutschen stieg bis Oktober 1940 auf immerhin 245 000. Ebd., S. 160. Der Zuwachs erklärt sich vor allem durch den Zuzug von Sudetendeutschen. Detlef BRANDES: Nationalsozialistische Tschechenpolitik im Protektorat Böhmen und Mähren. In: Ders. u. Václav KURAL (Hrsg.): Der Weg in die Katastrophe. Deutsch-tschechoslowakische Beziehungen 1938–1947. Essen 1994, S. 52.
[64] Callum MACDONALD u. Jan KAPLAN: Praha ve stínu hákového kříže [Prag im Schatten des Hakenkreuzes]. Prag 1995, S. 137.
[65] Kriegstagebuch des Oberkommandos der Wehrmacht (Wehrmachtführungsstab). Bd. IV: 1. Januar 1944– 22. Mai 1945. Eingeleitet von Percy Ernst SCHRAMM. Zweiter Halbband. Frankfurt am Main 1961, S. 1523.
[66] Zum Vergleich die entsprechenden Zahlen einiger mittelgroßer Städte im Reich: Osnabrück 7 439, Kassel 9 094 und Wiesbaden 20 358. Ebd.
[67] Callum MACDONALD u. Jan KAPLAN: Praha ve stínu hákového kříže [Prag im Schatten des Hakenkreuzes]. Prag 1995, S. 160. Insgesamt kamen nach Škorpil 4 000 Menschen durch Bombenangriffe ums Leben, wobei nicht klar ist, ob sich seine Angabe allein auf das Protektorat bezieht oder auf die böhmischen Länder insgesamt. Pavel ŠKORPIL: Probleme bei der Berechnung der Zahl der tschechoslowakischen Todesopfer des nationalsozialistischen Deutschlands. In: Detlef BRANDES u. Václav KURAL (Hrsg.): Der Weg in die Katastrophe. Deutsch-tschechoslowakische Beziehungen 1938–1947. Essen 1994, S. 163.
[68] Dějiny zemí koruny české. [Geschichte der Länder der böhmischen Krone]. Bd.II: Od nástupu osvícenství po naši dobu [Vom Beginn der Aufklärung bis in unsere Zeit]. Prag 1992², S. 236.
[69] Detlef BRANDES: Die Tschechen unter deutschem Protektorat. Teil I. München/Wien 1969, S. 158.

Fett- und den dafür geringfügig höheren Zuckerzuteilungen. Je länger der Krieg dauerte, desto schwieriger wurde es jedoch, Lebensmittel mit Marken und Bezugsscheinen zu erhalten; „die Schwarzmarktpreise stiegen und die Lebenshaltungskosten eilten den Löhnen davon." Nach der Kürzung von Fett- und Brotrationen im Sommer 1941 kam es in einzelnen Betrieben zu Streiks.[70] Bei seiner geheimen Antrittsrede in Prag erklärte Heydrich, es habe keinen Zweck, „daß ich auf dem Tschechen herumknüppele und ihn mit aller Mühe und polizeilicher Einflußnahme dazu bringe, an seine Arbeit zu gehen, wenn er tatsächlich nicht das bekommt, was er braucht, um die physischen Kräfte zu haben, seine Arbeit zu verrichten."[71] Auf Initiative Franks hin war von Hitler schon kurz zuvor eine Erhöhung der Fettrationen auf Reichsniveau für zwei Millionen Arbeiter im Protektorat bestimmt, von der dann etwa 1,8 Millionen, vor allem Schwerstarbeiter, tatsächlich profitierten.[72] Die Verbesserungen waren jedoch temporärer Natur. Schon in der ersten Jahreshälfte 1942 fielen die Rationen an Fleisch, Getreide, Milch und auch Fett wieder unter den Reichsdurchschnitt, wurden diesem später jedoch wieder angenähert. Im Herbst 1944 bestand eine durchschnittliche Wochenration aus einem Ei, einem Viertel Kilogramm Fleisch, oftmals Pferdefleisch, 1 250 Gramm Brot und dreieinhalb Kilogramm Kartoffeln. Dazu kamen monatlich 144 Gramm Butter, 220 Gramm anderen Fetts, 1 200 Gramm Zucker und 16 Teighörnchen.[73] In einem Bericht an die tschechoslowakische Exilregierung in London vom 26. Februar 1944 heißt es, die damaligen Verhältnisse zusammenfassend, die Lebensmittelversorgung sei „im ganzen zufriedenstellend und entschieden besser als im letzten Krieg. In den Lieferungen herrscht Ordnung und jeder bekommt, worauf er Anspruch hat."[74]

Zum tschechischen Alltag unter deutscher Herrschaft gehörte auch der Arbeitseinsatz im Reich. Zunächst war die Vermittlung auf Arbeitsstellen in Deutschland, wo schon vor Kriegsbeginn ein gravierender Arbeitskräftemangel herrschte, von vielen Tschechen als Maßnahme zur Beseitigung der Arbeitslosigkeit durchaus begrüßt worden. Schon im April 1939 waren 30 000 Tschechen für den Einsatz in Deutschland gewonnen worden und die Zahl der Arbeitslosen verringerte sich zwischen März und Juni 1939 von 92 975 auf 16 912. Doch schon bald wollten viele Tschechen nicht mehr zur Arbeit nach Deutschland gehen: Die Widerstandsbewegung, die „nationale Entwurzelung"

---

[70] Detlef BRANDES: Nationalsozialistische Tschechenpolitik im Protektorat Böhmen und Mähren. In: Ders. u. Václav KURAL (Hrsg.): Der Weg in die Katastrophe. Deutsch-tschechoslowakische Beziehungen 1938–1947. Essen 1994, S. 50 f.
[71] Geheime Rede Heydrichs in Prag am 2. Oktober 1941. In: Die Vergangenheit warnt. Dokumente über die Germanisierungs- und Austilgungspolitik der Naziokkupanten in der Tschechoslowakei. Zusammengestellt, mit Vorwort und Anmerkungen versehen von Dr. Václav KRÁL. Prag 1960, S. 130.
[72] Miroslav KÁRNY u. Jaroslava MILOTOVÁ (Hrsg.): Protektorátní politika Reinharda Heydricha [Die Protektoratspolitik Reinhard Heydrichs]. Prag 1991, S. 40.
[73] Callum MACDONALD u. Jan KAPLAN: Praha ve stínu hákového kříže [Prag im Schatten des Hakenkreuzes]. Prag 1995, S. 139.
[74] Detlef BRANDES: Nationalsozialistische Tschechenpolitik im Protektorat Böhmen und Mähren. In: Ders. u. Václav KURAL (Hrsg.): Der Weg in die Katastrophe. Deutsch-tschechoslowakische Beziehungen 1938–1947. Essen 1994, S. 51.

der tschechischen Arbeiter befürchtend, hatte Gerüchte verbreitet, wonach diesen im Reich Spritzen verabreicht würden, die „die seelischen Eigenschaften des Menschen" veränderten. Dazu kam Druck seitens der Angehörigen und die Gefahr, von anderen Tschechen als „Verräter" betrachtet zu werden.[75] Im Februar 1941 wurde dann die Arbeitsdienstpflicht eingeführt, der alle Tschechen im Alter von 18 bis 50 Jahren unterlagen und so für bis zu einem Jahr zu Arbeitsvorhaben herangezogen werden konnten.[76] Ganze Jahrgänge wurden schließlich zum Arbeitseinsatz ins Reich gebracht; im Januar 1944 befanden sich dort insgesamt 250 000 Tschechen.[77]

Bis unmittelbar vor Kriegsende herrschte im Protektorat Böhmen und Mähren weitgehend Ruhe. Über Ausmaß und Effektivität des tschechischen Widerstandes wird bis heute kontrovers diskutiert. Erst nach dem slowakischen Aufstand Ende August 1944 griff die Partisanentätigkeit auch auf Böhmen und Mähren spürbar über. Und erst in den letzten Tagen des Krieges kam es in der Hauptstadt Prag zu einem bewaffneten Aufstand auf breiter Basis gegen die deutsche Besatzungsmacht, die sich mit aller ihr verbliebenen Macht zur Wehr setzte. Der Prager Aufstand bewirkte noch einmal eine Eskalation des Hasses auf die Deutschen, der sich hinter der trügerischen Ruhe schon lange aufgestaut hatte. Er leitete über zu den Pogromen an der deutschen Zivilbevölkerung unmittelbar nach Kriegsende, schließlich zu ihrer Vertreibung. Diese Vorgänge fallen jedoch nicht mehr in den Rahmen dieser Betrachtung.

---

[75] Detlef BRANDES: Die Tschechen unter deutschem Protektorat. Teil I. München/Wien 1969, S. 154 f.
[76] Ebd., S. 159.
[77] Detlef BRANDES: Nationalsozialistische Tschechenpolitik im Protektorat Böhmen und Mähren. In: Ders. u. Václav KURAL (Hrsg.): Der Weg in die Katastrophe. Deutsch-tschechoslowakische Beziehungen 1938–1947. Essen 1994, S. 50.

Demonstration von Nationalsozialisten in Prag im Jahre 1939

Aus: Toman Brod: Odboj proti fašistické okupaci 1939–1945. Praha 1964 (Lehrmittel)

Miroslav Kárný

Der Holocaust und die Juden in Böhmen und Mähren

In diesen Tagen ist im Verlag Academia ein Buch herausgekommen, das den Titel trägt: Cesta – cíl neznámý (frei übersetzt: Eine Reise mit unbekanntem Ziel).[1] Dieses für Mittelschulen bestimmte Lesebuch haben Eva Štichová und Maria Bezchlebová, beide erfahrene Lehrerinnen, gemeinsam mit der Historikerin Anita Franková zusammengestellt. Zwei von ihnen sind ehemalige Theresienstädter Häftlinge. Das Lesebuch soll Schülern und Studenten ermöglichen, den Holocaust anhand von Gedichten und Zeichnungen gefangengehaltener Kinder, anhand von Erinnerungen und Erzählungen ehemaliger Häftlinge sowie anhand von literarischen Aussagen tschechischer Schriftsteller kennenzulernen. Es ist das erste tschechische Schulbuch dieser Art und wir wollen aufmerksam verfolgen, wie die Lehrer mit diesem Lesebuch arbeiten und welche Anregungen ihre Erfahrungen Historikern und Pädagogen bringen.

Eines ist jedoch – so scheint es mir – schon nach dem ersten Durchlesen dieses Lesebuches sicher. Viele der von den Editoren an die Schüler gestellten Fragen können nur schwerlich beantwortet werden. Das Lesebuch kann den Schülern, Studenten und auch den Pädagogen diese Zeit und diese Menschen emotional näher bringen, gibt aber keine Antwort auf viele dort gestellte Fragen. Das ist nicht der Fehler dieses Buches, es ist der Mangel an Lehr- und Handbüchern zu dieser Thematik. Es gibt bisher keine Geschichte des Genozids der jüdischen Bevölkerung aus Böhmen und Mähren von 1938 bis 1945. Mein Buch „Die Endlösung", das sich mit der Rolle der „Judenfrage" in der deutschen Protektoratspolitik befaßt, kann diese Lücke nicht ausfüllen.[2] Es scheint, daß eben jetzt Gelegenheit wäre, ein solches Buch herauszugeben. Das tschechische Schulministerium hat nämlich vor kurzem eine Kirchengeschichte als Lehrbuch anerkannt und befürwortet, ein völlig im Geist des klassischen Antisemitismus – einschließlich der jüdischen Ritualmorde – bearbeitetes „Lehrbuch", was nicht wenig Aufsehen erregt hat. Unter dem entstandenen Druck entzog der Minister für Schulwesen nicht nur seine Bewilligung, sondern er versprach auch, die Ausgabe einer übersichtlichen Geschichte der „Endlösung der Judenfrage" in den tschechischen Ländern finanziell zu unterstützen. Die Unterlagen für ein solches Geschichtsbuch sind soweit vorbereitet, daß es schon im nächsten Jahr publiziert werden könnte.[3] Nun komme

---

1   Cesta – cíl neznámý. Hrsg. M. BEZCHLEBOVÁ, A. FRANKOVÁ, E. ŠTICHOVÁ, Prag. Academia 1995.
2   Miroslav KÁRNÝ, „Konečné řešení". Genocida českých židů v německé protektorátní politice. („Die Endlösung". Der Genozid der tschechischen Juden in der deutschen Protektoratspolitik.) Prag, Academia 1991.
3   Židé – dějiny a kultura (Juden – Geschichte und Kultur). Mit Beiträgen von Vladimír SADEK, Jiřina ŠEDINOVÁ, Miroslav KÁRNÝ, Anita FRANKOVÁ, Leo PAVLÁT, Alexandr PUTÍK, Jiří FIEDLER.

ich zu dem eigentlichen Thema, das ich mit einer Bemerkung zur Terminologie einleiten will.

Nach dem Fremdwörterbuch bedeutet Holocaust „vollkommene Vernichtung, insbesondere mit Feuer" oder „Flammenopfer". Im konkreten historischen Kontext – z. B. nach der deutschen Version der „Enzyklopädie des Holocaustes" bedeutet das die „Persekution und die Ermordung der europäischen Juden". Im gleichen Sinne allerdings kann dieser Terminus für die „Persekution und die Ermordung der europäischen Zigeuner", der Roma und Sinti, angewendet werden.

In welcher Beziehung stehen nun die Begriffe „Holocaust" und „Genozid"? Der Schöpfer dieses Begriffes, Raphael Lemkin, definierte den Genozid als Vernichtung eines Volkes oder einer ethnischen Gruppe. Die Vernichtung aller Angehörigen eines Volkes oder einer ethnischen Gruppe müsse dabei nicht durch direkte und sofortige Massentötungen geschehen. Der Genozid – so Lemkin – sei ein „koordinierter Plan verschiedener Aktionen mit dem Ziel, die wesentlichen Grundlagen des Lebens nationaler Gruppen zu vernichten, um dadurch diese Gruppen auszurotten".[4]

Der „Holocaust" – wenn man nun diesen Begriff anwendet – stellt einen Typus des Genozids dar, in dem die direkte und sofortige Massentötung aller Mitglieder einer ethnischen Gruppe eine vorherrschende Rolle spielt und zum dominierenden Instrument für die Erreichung des Genozidzieles wird. Allerdings muß hier vermerkt werden, daß der „Holocaust" als eine bestimmte Art des Genozids nicht erst mit den Gaskammern in Chelmno oder Birkenau beginnt, sondern daß er den ganzen Genozidprozeß umfaßt, der erst in der letzten Etappe in Chelmno, Treblinka und Birkenau endet.

Im Falle des konkreten Genozids der europäischen Juden, des vom nationalsozialistischen Deutschland als „Endlösung der Judenfrage" geplanten und vollführten Genozids, ist es meiner Meinung nach nicht nötig, den Terminus „Holocaust" bei uns im Unterricht in den Vordergrund zu stellen. Dieser Ausdruck und dessen Bedeutung müßte selbstverständlich in Schulbüchern und in den Schulen erläutert werden, das konkrete historische Phänomen muß jedoch unter eigenem Namen präsentiert werden.

Das Programm der nationalsozialistischen Staatsführung Deutschlands, die „Endlösung der Judenfrage", hatte das Ziel, Europa von den britischen Inseln bis zum Ural „judenfrei" zu machen – ein öffentlich verkündetes, etappenweise realisiertes, bis zur „Endetappe", der biologischen Massenvernichtung der jüdischen Bevölkerung im ganzen von Deutschland beherrschten Territorium, führendes Programm.

Selbstverständlich hatte die Realisation dieses Programms ihre Dimensionen in Zeit und Raum. Am 30. Januar 1939 deklarierte Hitler im Reichstag seine „Prophezeiung" über die Ausrottung der jüdischen Rasse in Europa: Falls es zu einem neuen Weltkrieg kommen sollte, sei dies die Schuld des

---

[4] Raphael LEMKIN, Axis Rule in Occupied Europe, Washington 1944, S. 79.

Weltjudentums.[5] Einige Tage vorher, bei der Gelegenheit des Empfangs des tschechoslowakischen Außenministers Chvalkovský, hatte Hitler Deutschland als Vorbild eines Landes geschildert, in dem die Juden vernichtet würden.[6] Auch Göring verkündete wenige Wochen zuvor vor einem verhältnismäßig großen Kreis von Ministern und leitenden Beamten der obersten Reichsbehörden eine große „Abrechnung mit den Juden", sobald es zum Kriege komme.[7] Die Juden seien schuld daran, daß im Krieg Millionen und aber Millionen Menschen leiden und sterben müßten. Auf diese Weise wurde die Ideologie der „Endlösung" geschaffen.

Der Klassiker unserer Thematik, Raul Hilberg, analysierte die Struktur des Vernichtungsprozesses und leitete davon die folgende Formel dieses Prozesses ab: Definition (d. h. die Definition der betroffenen Menschengruppe) – Enteignung – Konzentration – Vernichtung – und dies einerseits durch mobile Tötungsoperationen in der besetzten Sowjetunion sowie durch Deportationen und Vernichtungslager im übrigen besetzten Europa.[8] Laut Hilberg hatte dieser Vernichtungsprozeß zwei Phasen: Die Emigration (1933–1940) und die Ausrottung (1941–1945). Die kardinale Frage der Historiographie der „Endlösung" ist meiner Meinung nach die Frage des Verhältnisses dieser beiden Etappen der deutschen antijüdischen Genozidpolitik, deren Kontinuität bzw. Diskontinuität. Hilberg schreibt: „Trotz dieses Kurswechsels blieb die administrative Kontinuität des Prozesses ungebrochen; die Ursache für dieses Phänomen ist in der Tatsache zu suchen, daß die drei vor 1940 eingeleiteten Schritte (Definition, Enteignung, Konzentration) nicht nur die Auslöser der Emigration, sondern zugleich Vorstufen des Vernichtungsvorgangs waren."[9]

Das Begreifen dieses Zusammenhanges ist eigentlich der Schlüssel dazu, den Mechanismus der nazistischen „Endlösung der Judenfrage", dieses nach allen Regeln der militärischen Strategie, Taktik und der operativen Kunst entwickelten Ausrottungsfeldzuges gegen die jüdische Bevölkerung zu verstehen. In Deutschland sowie im Protektorat wurde die Politik der „Endlösung" während der Phase der Auswanderung durch einen unaufhörlichen Strom von Persekutionsmaßnahmen realisiert, die planmäßig die grundlegenden Bedingungen der bloßen Existenz des jüdischen Menschen abschafften, sowie durch gezielte terroristische Aktionen in örtlichem Maßstab und im ganzen Reich, wie z. B. den Reichspogrom im November 1938.[10]

In diesem Zusammenhang erscheinen in der historischen Literatur vor allem zwei Schlüsselfragen: War die Politik der Auswanderung, die Politik der Zwangsvertreibung der jüdischen Bevölkerung eine Alternative der „Endlösung" in der Gestalt der Ausrottung oder eine gewollte Etappe zu diesem

---

[5] Max DOMARUS, Hitler. Reden und Proklamationen 1932–1945, Bd. 2, Neustadt a. d. Aisch 1963, S. 1058.
[6] Akten zur deutschen Auswärtigen Politik 1918–1945, Serie D, Bd. IV, Dok. 158, S. 170 f.
[7] Protokoll der Besprechung Hermann Görings mit den Leitern der Obersten Reichsbehörden am 12. November 1938. Nürnberger Dokument 1816-PS.
[8] Raul HILBERG, Die Vernichtung der europäischen Juden, Bd. I, Frankfurt a.M. 1990, S. 56.
[9] Ebenda, S. 57.
[10] Vgl. M. KÁRNÝ, „Konečné řešení", S. 22–75.

„Endziel"? Wie kann man erklären, daß die staatliche und politische Führung des „Dritten Reiches" die Auswanderung der Juden gefördert hatte, obwohl sie auf diese Weise die direkte Macht über die emigrierten Juden verlor? Bedeutet das vielleicht, daß die Vernichtungsvariante der „Endlösung" erst dann gewählt wurde, als für die europäischen Juden keine Auswanderungsmöglichkeit mehr existierte?

Die Logik der Entwicklung der Politik des „Dritten Reiches" entfaltete sich im Rahmen der langfristigen Strategie des Kampfes um die hegemoniale Beherrschung des europäischen Kontinents als Grundlage für die Erreichung der Weltherrschaft. Überall, wohin die Juden emigrierten, sollten sie früher oder später von der deutschen Macht erreicht werden. „Die Bereinigung" des deutschen Territoriums von der jüdischen Bevölkerung durch Expropriation und Aussiedlung hätte in Hitlers und Himmlers Vorstellungen tatsächlich eine „Endlösung" für Deutschland allein bedeuten können. Man muß jedoch unterscheiden: Die „Endlösung" in deutschem, in europäischem und letztlich im Weltmaßstab. „Erst haben wir sie in Wien erreicht, dann in Prag und jetzt in Warschau. Wir haben sie in Kopenhagen gefangen und in Oslo und sogar in Amsterdam und Brüssel; morgen werden wir sie in weiteren Städten der Welt einholen", rühmte sich am 20. Mai 1940 der Generalgouverneur Hans Frank.[11] Ende November 1941 versprach Hitler dem Jerusalemer Groß-Mufti Hussein ausdrücklich, daß im folgenden Jahr, nach dem Durchbruch des Südausganges Kaukasiens durch die deutsche Armee, das deutsche Ziel „die Vernichtung des im arabischen Raum unter der Protektion der britischen Macht lebenden Judentums" sein werde.[12]

Die Auswanderungsetappe war keine durch die Kriegsentwicklung gescheiterte Alternative, keine unblutige Version der nationalsozialistischen „Endlösung der Judenfrage", sondern nur eine sich ins Konzept einfügende Etappe. Diese wurde endgültig in der Zeit der strategischen Planung der Aggression gegen die Sowjetunion und unter der Voraussetzung verlassen, daß zu den drei Millionen polnischen Juden noch fünf Millionen sowjetische Juden dazukommen. Die nazistischen Erfinder der euphemistischen Ausdrücke nannte dies nun „territoriale Lösung".

Im Zusammenhang mit dem Plan „Barbarossa", der Aggression gegen die Sowjetunion, ging die „Endlösung" in ihre letzte Etappe, die der biologischen Massenausrottung, über. Dazu war Hitlers Befehl unerläßlich, aber eben die neueren Forschungen dokumentieren weitgehend, daß der Führerbefehl zur Ermordung der jüdischen Bevölkerung ein integraler Bestandteil der Gesamtstrategie der deutschen Kriegsführung im Bereich „Barbarossa" sowie ein integraler Bestandteil der vorgesehenen Besatzungspolitik und der langfristigen Ostplanung war.

---

[11] Stanislaw PIOTROWSKI, Dziennik Hansa Franka, 2. Aufl., Warschau 1957, S. 91.
[12] ADAP, Serie D, Bd. XIII/2, Dok. 515, S. 718.

Man kann als erwiesen annehmen, daß Hitler zuerst die sofortige „Evakuierung" der Juden aus Deutschland und aus dem Protektorat in die besetzten sowjetischen Territorien verweigert hatte – mit der Begründung, daß dies erst nach der in kürzester Zeit erwarteten Beendigung des Ostfeldzuges, geschehen solle. Die triumphale Stimmung dieser Tage im Führerhauptquartier führte dazu, daß Hitler am 17. September 1941 von Himmler verlangte, das deutsche Territorium sowie das Protektoratsgebiet schnellstens von der jüdischen Bevölkerung räumen und diese in die besetzten sowjetischen Territorien evakuieren zu lassen – in das Gebiet, das einem früheren Führerbefehl zufolge „judenfrei" gemacht werden sollte. Die Vorstellung, daß das einheimische Judentum von der deutschen Okkupationsmacht ermordet wurde und an ihre Stelle evakuierte deutsche, tschechische und andere Juden angesiedelt werden sollten, ist meiner Meinung nach absurd und widerspricht der historischen Realität.

Hitlers Entscheidung vom 17. September ist durch Himmlers Schreiben vom nächsten Tag an den Gauleiter des Warthegaus Arthur Greiser belegt. Himmler informierte Greiser von Hitlers Entscheidung und bat ihn um Unterstützung, um 60 000 deutsche und österreichische Juden sowie Juden aus dem Protektorat in das Ghetto Łódź senden zu können. Von da aus sollten diese im Frühling des nächsten Jahres weiter nach dem Osten, zum „Endziel", deportiert werden.[13] Die deutschen, die österreichischen und die Juden aus dem Protektorat waren nicht die einzigen europäischen Juden, die in den Raum evakuiert werden sollten, wo Heydrichs Einsatzkommandos die Juden ermordeten. Schon im Frühjahr 1941 erhielt Hans Frank von Hitler das Versprechen, daß das Generalgouvernement „in Anerkennung seiner Leistungen als erstes Gebiet judenfrei gemacht" würde. Die dort lebenden 2½ Millionen Juden sollten weiter nach dem Osten evakuiert werden.[14]

Bei der Bewertung der zukünftigen Entwicklung des Krieges war Himmler jedoch skeptischer als Hitler. Als sich abzeichnete, daß die Kapazität des Ghettos Łódź nicht ausreicht und daß die Lage an der Ostfront und im Hinterland die Evakuierung der jüdischen Bevölkerung nicht in den geplanten Dimensionen ermöglicht, nahm die Reichsführung der SS eine Reihe von Maßnahmen vor. Etappenweise wurden vier Vernichtungslager errichtet – Chełmno, Bełzec, Sobibor, Treblinka –; die Gaskammern von Auschwitz nebst Birkenau wurden in Funktion gesetzt. Für die jüdische Bevölkerung von Böhmen und Mähren wurde Theresienstadt als Sammel- und Durchgangslager errichtet. Zuerst wurde die tschechische Einwohnerschaft ausgesiedelt, dann sollten etappenweise die dort konzentrierten Juden in Vernichtungslager geschickt werden und schließlich sollte Theresienstadt deutsch besiedelt und somit – so

---

[13] Heinrich Himmler am 18. September 1941 an Arthur Greiser. Vgl. M. KÁRNÝ, „Konečné řešení". S. 79.
[14] Über seine Besprechung mit Hitler, die am 17. März 1941 stattfand, informierte Hans Frank beim Dienstappell der politischen Leiter der NSDAP in Krakau am 26. März 1941 und vorher schon den engsten Kreis seiner Mitarbeiter. Das Diensttagebuch des deutschen Generalgouverneurs in Polen 1939–1945. Hrsg. von W. PRAG und W. JACOBMEYER, Stuttgart 1975, S. 338 f, 335 f.

Heydrich – „zu einem Kernpunkt des deutschen Lebens" werden, zu einem „Vorposten, mustergültig nach den Gedankengängen des Reichsführers der SS, dem Reichskommissar für die Festigung des deutschen Volkstums, geschaffen".[15]

Ich habe es für nötig gehalten, diese Bemerkungen zum Terminus „Endlösung der Judenfrage" hinzuzufügen, weil man bei uns irrtümlicherweise oft den Begriff „Endlösung" mit einer Vernichtungsmethode, mit einem Mordinstrument, mit den Gaskammern identifiziert. Die „Endlösung der Judenfrage" begann nicht in den Gaskammern – dort endete sie. Dazu möchte ich noch bemerken, daß eine volle Hälfte der sechs Millionen Opfer der „Endlösung" ihren Tod anderenorts als in den Gaskammern gefunden hat.

Wer war in Böhmen und Mähren von der „Endlösung der Judenfrage" betroffen?

Bei der Volkszählung im Jahre 1930 bekannten sich zur jüdischen Konfession 117 000 Personen, von denen sich zur tschechischen Nationalität annähernd 43 000, zur jüdischen 37 000 und zur deutschen mehr als 35 000 Personen meldeten.[16] Nach späteren Berechnungen lebten im Jahre 1930 in den tschechischen, nach München von Deutschland besetzten Grenzgebieten von diesen 117 000 Personen jüdischen Glaubens rund 30 000. Im Gebiet des späteren Protektorats lebten der Konfession nach annähernd 87 000 Juden.

Zu Beginn des Protektorats Böhmen und Mähren, im März 1939, erhöhte sich diese Anzahl auf 103 000, also ungefähr um 16 000 Menschen, während das besetzte Grenzgebiet schon fast „judenfrei" war. In dem früher von 30 000 Juden bewohnten Grenzgebiet ermittelte die Volkszählung im Mai 1939 2 649 Juden, einschließlich der sogenannten Geltungsjuden, d. h. jener Menschen, die erst den Nürnberger Gesetzen zufolge als Juden galten. Annähernd ein Drittel aller Mitglieder der Gemeinschaft der ehemaligen Häftlinge, der Theresienstädter Initiative stammt aus diesem Grenzgebiet und hält sich für die ersten „Heimatvertriebenen".

In Deutschland und im ganzen von der „Endlösung der Judenfrage" erfaßten Bereich, galten oder sollten für das Judentum nach und nach Rassenkriterien und nicht die religiöse Definition gelten. Die Kriterien der jüdischen Rasse wurden jedoch von der Angehörigkeit zur jüdischen Religion abgeleitet. Der Unterschied bestand darin, daß laut der Rassendefinition der Nürnberger Gesetze nicht nur die jüdische Konfession einer Person maßgebend war, sondern mitentscheidend war auch die Konfession der Eltern, Großeltern bzw.

---

[15] Vgl. Notizen aus der Besprechung über künftige Planungen im Protektorat Böhmen und Mähren am 17. Oktober 1941. In: Protektorátní politika Reinharda Heydricha (Die Protektoratspolitik Reinhard Heydrichs). Hrsg. Miroslav KÁRNÝ, Jaroslava MILOTOVÁ, Margita KÁRNÁ. Dok. 19, Prag 1991, S. 141, sowie: Deutsche Politik im „Protektorat Böhmen und Mähren" unter Reinhard Heydrich 1941-1942. Eine Dokumentation. Hrsg. M. KÁRNÝ, J. MILOTOVÁ, M. KÁRNÁ. Berlin 1997, Dok. 33, S. 150.

[16] Vgl. Miroslav KÁRNÝ, Zur Statistik der jüdischen Bevölkerung im sogenannten Protektorat. In: Judaica Bohemiae, XII, 1986, Nr. 1, S. 9-19. Ders., Lidské ztráty československých židů v letech 1939-1945. (Menschenverluste der tschechoslowakischen Juden in den Jahren 1939-1945.) In: Český časopis historický (Tschechische Historische Zeitschrift), 89, 1991, S. 410-420.

des Ehepartners. Nach der Einführung der Nürnberger Definition im Protektorat wurden alle Statistiken rückwirkend „berichtigt". Laut diesen seien im Protektoratsgebiet am 15. März 1939 nicht 103 000, sondern 118 310 Juden ansässig gewesen.

Die letzte bekannte offizielle Statistik führt an, daß zum 15. März 1945 im Protektoratsgebiet nur 3 030 jüdische Personen gelebt hätten – ungefähr drei Prozent der jüdischen Einwohnerzahl sechs Jahre früher. Die weiteren 7 000 in Theresienstadt gefangengehaltenen Juden aus dem Protektorat wurden in diese Statistik nicht einberechnet, denn Theresienstadt war – vom Gesichtspunkt der antijüdischen Legislative aus – Ausland und ein nach Theresienstadt deportierter Jude galt als eine auf die Dauer außerhalb des Protektorats weilende Person. Die Folge war der Verlust der Protektoratszugehörigkeit und der Verfall des Vermögens.[17]

Nur weniger als 26 000 Juden gelang es, auf legalem Wege aus dem Protektorat auszuwandern. Viele von ihnen wurden auch in den Immigrationsländern von der „Endlösung" erreicht. So z. B. wurden mit den Deportationstransporten aus Frankreich annähernd 600 tschechische Juden nach Auschwitz verschleppt und dort ermordet.[18]

Was die Anzahl der Opfer der „Endlösung der Judenfrage" in den böhmischen Ländern betrifft, werden Zahlen in Höhe von 77 000 bis 80 000 angeführt. In diesen Tagen haben wir unsere Arbeiten an der Ausgabe des Theresienstädter Gedenkbuches beendet, in dem die Namen und die grundlegenden persönlichen Daten aller Personen angeführt sind, die in der Zeit vom 16. Oktober 1941 aus Prag nach Łódź und Ujazdow, aus Brünn nach Minsk, aus Böhmen und Mähren nach Theresienstadt und von da weiter nach dem Osten deportiert wurden. Es ist das Ergebnis einer dreijährigen Arbeit, die unter der Leitung unserer Theresienstädter Initiative von einem verhältnismäßig großem Kollektiv von Historikern, Archivaren und Computerexperten realisiert wurde. Insgesamt konnten wir die Namen und das Schicksal von 81 397 Menschen ermitteln, von denen 70 601 ihren Tod in den Gaskammern, durch vernichtende Arbeit, infolge der Lagerbedingungen oder auf Todesmärschen fanden. Ungeklärt blieb bisher das Schicksal von 111 Menschen und nur 10 685 erlebten die Befreiung.[19] Viele von ihnen starben jedoch binnen kurzer Zeit danach.

In diesem Theresienstädter Gedenkbuch sind nicht alle Opfer der Endlösung in unserem Land erfaßt, denn es gab Tausende, die noch vor Beginn der

---

[17] Das galt allerdings nicht für die jüdischen Partner der Mischehen und für jüdische Mischlinge, die nach Theresienstadt zum „geschlossenen Arbeitseinsatz" in der Zeitspanne vom 31. Januar bis 16. März 1945 verschleppt worden waren.

[18] Memorial to the Jews Deported from France 1942–1944. Ed. Serge KLARSFELD, New York 1983, S. XXXVI.

[19] Terezínská pamětní kniha. Židovské oběti nacistických deportací z Čech a Moravy 1941–1945. (Das Theresienstädter Gedenkbuch. Jüdische Opfer der nazistischen Deportationen aus Böhmen und Mähren 1941–1945.) Hrsg. Miroslav KÁRNÝ, Zdeněk SCHINDLER, Margita KÁRNÁ, Lenka LINHARTOVÁ, Toman BROD. Bd. I–II. Edice Terezínská iniciativa (Edition Theresienstädter Initiative), Prag 1995.

Massendeportationen Mitte Oktober 1941 – aber auch später – außerhalb des Rahmens dieser Deportationen verhaftet, gemartert und ermordet wurden, in Gefängnissen und Zuchthäusern, in anderen Konzentrationslagern, mit anderen Mordmitteln. Die Namen und das Schicksal dieser Menschen wollen wir in unseren nächsten Projekten bearbeiten. Eines davon ist die Ausgabe eines weiteren Theresienstädter Gedenkbuches mit den Namen und Personalien der mehr als 42 000 deutschen, in Theresienstadt inhaftierten Juden.

Wir rechnen selbstverständlich auch damit, daß uns unsere Database, die wir geschaffen haben und laufend ergänzen, es ermöglichen wird, die Erforschung der Geschichte von Theresienstadt, die Geschichte der nationalsozialistischen „Endlösung der Judenfrage" in den tschechischen Ländern bedeutend zu vertiefen und auch die Anzahl der Opfer sowie der Überlebenden zu präzisieren.

Bevor ich mich mit dem Prozeß der „Endlösung der Judenfrage" im Protektorat befassen werde, weise ich auf das gemeinsame Versäumnis der tschechischen und deutschen Historiker hin: auf das Fehlen einer Studie über die „Endlösung der Judenfrage" im Sudentengau, bzw. im ganzen, nach München besetzten tschechischen Grenzgebiet, das zum Teil den benachbarten drei deutschen und österreichischen Gauen zugeteilt wurde. Im Zusammenhang damit steht auch die Erforschung des permanenten, von diesen vier Gauen und von der deutschen Bevölkerung des Protektorates ausgeübten Druckes, eine Radikalisierung der antijüdischen Politik zu erreichen.

Hier möchte ich das vor einigen Jahren publizierte Buch von Rudolf M. Wlaschek erwähnen.[20] Wlaschek hatte sich in seinem Buch „Juden in Böhmen" zum Ziel gesetzt, dem Leser ein Bild des Aufstiegs und des Untergangs der böhmischen Juden zu geben. Seinerzeit habe ich in der Hamburger Zeitschrift für Sozialgeschichte „1999", eine Rezension dieses Buches veröffentlicht.[21] Alles Positive, das meiner Meinung nach über Wlascheks Arbeit gesagt werden konnte, habe ich da gesagt. Seine Interpretation der „Endlösung" in Böhmen konnte ich jedoch nicht akzeptieren.

Rudolf Wlaschek hat versucht, den an den böhmischen Juden verübten Genozid als alleinige Angelegenheit der Reichsdeutschen hinzustellen und die Verantwortlichkeit der sudetendeutschen nationalsozialistischen Führer und ihrer fanatischen Anhänger zu verharmlosen. Der nach dem Münchener Abkommen entfachte Terror und die darauf folgende Vertreibung von mindestens 20 000 enteigneten Juden aus dem besetzten Grenzgebiet seien nur das Werk der Gestapo-Einsatzkommandos gewesen. Hitler habe zwar Konrad Henlein als Reichsstatthalter und Gauleiter eingesetzt, aber gleichzeitig ihm „jede Machtbefugnis" entzogen – so Wlaschek.

---

[20] Rudolf M. WLASCHEK, Juden in Böhmen. Beiträge zur Geschichte des europäischen Judentums im 19. und 20. Jahrhundert, München 1990. Meine Anmerkungen beziehen sich auf diese erste Auflage dieses Buches, nicht auf die zweite, völlig überarbeitete und erweiterte Auflage, die im Herbst 1997 unter dem gleichen Titel erschien.

[21] 1999. Zeitschrift für Sozialgeschichte des 20. und 21. Jahrhunderts, Nr. I/1991, S. 128–130.

Es ist allerdings durch Dokumente erwiesen, daß die Massenverhaftungen von Juden, Tschechen und antifaschistischen Deutschen nicht nur den Fahndungslisten der Gestapo und des SD zufolge verlaufen sind. Übrigens hatten die Henlein-Leute an der Aufstellung dieser Listen sehr fleißig teilgenommen. Die Anzahl der Verhaftungen wurde durch die Aktivität der sudetendeutschen Fanatiker so stark beeinflußt, daß sogar Heydrich mit einem Fernschreiben eingreifen mußte.[22] Der Autor schweigt über den Reichspogrom, über die Vernichtung der Synagogen in Karlsbad, in Reichenberg, in Falkenau, Troppau und in weiteren Städten des Sudetengaues. Den Gewalttaten gegen einzelne jüdische Menschen von seiten der Sudetendeutschen schenkt er keine Beachtung.

Wlascheks Hauptthese zum Protektorat war: „Nach der Besetzung Böhmens und Mährens zeigte sich bald, daß die alleinigen Herrscher die Reichsdeutschen waren, die in den Ämtern des Reichsprotektors saßen oder als Oberlandräte in den Landkreisen eingesetzt wurden." Und zur Rolle der Sudetendeutschen schreibt er: „Die im Lande ansässigen Deutschen unterlagen immer mehr der Propaganda aus dem Reich, die es verstand, einen Keil zwischen Deutsche und Juden zu treiben."[23]

Die Reichsführung sandte Reichsprotektor Konstantin von Neurath und Unterstaatssekretär Kurt von Burgsdorff nicht nur deshalb nach Prag, um zu demonstrieren, daß Böhmen und Mähren Bestandteil des Reiches seien, sondern auch aus anderen Gründen. Es lag im Interesse einer raschen Pazifizierung des tschechischen Raumes und der ungestörten Kriegsmobilmachung aller menschlichen und materiellen Quellen des Protektorates, die vorgesehene Okkupationspolitik vor dem Radikalismus der sudetendeutschen Nazi-Politik zu bewahren. Auch Hácha und die tschechische Protektoratspräsentation zogen die Konfrontation mit den reichsdeutschen der mit den sudetendeutschen Herrschern vor.

Der Hauptorganisator des terroristischen Okkupationssystems im Protektorat war doch kein Reichsdeutscher, sondern K. H. Frank in seiner Funktion als höherer SS- und Polizeiführer, als Staatssekretär im Amt des Reichsprotektors und später als Deutscher Staatsminister für Böhmen und Mähren. Er war es, der die Kontinuität der gegen die Juden gerichteten Genozidpolitik über die gesamte Amtszeit aller vier Reichsprotektoren hinweg aufrecht erhielt. Er war es, der in der Krisensituation des Spätsommers 1941 auf eine drastische Wendung in der Judenpolitik drang, die dann nach Heydrichs Amtsantritt auf der Prager Burg realisiert wurde.[24] Es ist bezeichnend, daß Wlaschek im gan-

---

[22] Von Heydrich unterzeichneter Runderlaß vom 24. Dezember 1938 an die zuständigen Polizei(leit)stellen. Vgl. Martin BROSZAT, Konzentrationslager, in: Anatomie des SS-Staates, Bd. 2, 5. Aufl., München 1989, S. 79.
[23] R. M. WLASCHEK, Juden in Böhmen, München 1990, S. 100.
[24] Vgl. K. H. Franks Schreiben an den Chef der Reichskanzlei H. H. Lammers vom 30. Juli 1941 und Franks Fernschreiben vom 20. August 1941 an v. Neurath. Veröffentlicht in: Od v. Neuratha k Heydrichovi (Von Neurath zu Heydrich), Dok. 19 und 34. Sborník archivních prací (Sammelband der Archivarbeiten), 1989, Bd. 2, S. 322 und 350 f.

zen Buch K. H. Frank nur einmal – und da nicht einmal im Zusammenhang mit seiner Tätigkeit im Protektorat – erwähnt.

Im Kampf um das jüdische und für jüdisch erklärte Vermögen war die Beutegier der sudetendeutschen „Arisierer" nicht geringer als die der reichsdeutschen. Nicht nur vereinzelt sind in den SD-Lageberichten erbitterte Beschwerden der einheimischen Deutschen über die Bevorzugung der Reichsdeutschen bei den „Arisierungen" zu finden.

Meiner Meinung nach ist die wissenschaftliche Bearbeitung dieser Thematik nach wie vor eine gemeinsame Herausforderung für die tschechischen und deutschen Historiker.

Wie hat sich die „Endlösung der Judenfrage" im Protektorat Böhmen und Mähren weiter entwickelt? Welche Rolle hat die „Endlösung" im Rahmen der Besatzungspolitik gespielt? Wie gründlich und wie tief ist das Thema „Endlösung der Judenfrage und die tschechische Gesellschaft" erforscht? Das alles sind Themen, die für die historische Selbstreflexion der tschechischen Nation sehr dringend bearbeitet werden sollten.

Der ehemalige Protektoratsminister Feierabend, nach seiner Flucht Minister der tschechoslowakischen Exilregierung in London, schrieb in seinen Memoiren, daß das Protektorat das einzige Gebiet unter nazistischem Einfluß gewesen sei, das keine eigenen antijüdischen Gesetze herausgegeben hatte. Die Protektoratsregierung, unterstützt von Hácha, habe angeblich dreimal K. H. Franks Anweisungen zur Ausgabe antijüdischer Gesetze nach dem Nürnberger Vorbild abgelehnt; die Mehrheit der Regierung sei entschlossen gewesen, abzutreten, falls der Reichsprotektor auf der antijüdischen Gesetzgebung bestanden hätte. Danach habe der Reichsprotektor diese Gesetze selbst veröffentlichen müssen. So sei – nach Feierabend – die Verordnung v. Neuraths vom 21. Juni 1939 über das jüdische Vermögen entstanden.[25] Diese Legende, die mühelos schon beim Durchblättern der diesbezüglichen Jahrgänge der amtlichen Sammlung der Gesetze und Verordnungen widerlegt werden kann,[26] hält sich beharrlich.

Die „Judenfrage" im Protektorat wurde selbstverständlich in dem von der Okkupationsmacht gegebenen Rahmen gelöst. Wir müssen von den Weisungen ausgehen, die Hitler in Einklang mit Göring zur Okkupationspolitik gegeben hatte. Hitlers Direktiven sind aus dem Protokoll der Besprechung der Staatssekretäre der Obersten Reichsbehörden vom 25. März 1939 bekannt.[27] Görings Weisungen befinden sich im Schnellbrief vom 20. März 1939 an die Reichsminister und die Chefs der Besatzungsverwaltung.[28]

---

[25] L. K. FEIERABEND, Ve vládě protektorátu. (In der Protektoratsregierung.) New York 1962, S. 44 f.
[26] Zu diesem Thema vgl. Miroslav KÁRNÝ, Die Protektoratsregierung und die Verordnungen des Reichsprotektors über das jüdische Vermögen. In: Judaica Bohemiae. XXIX, 1993, S. 54–66.
[27] Protokoll der Beratung mit Stuckarts Ansprache vom 25. März 1939. Abgedruckt in: Anatomie okupační politiky hitlerovského Německa v „Protektorátu Čechy a Morava" (Die Anatomie der Okkupationspolitik Hitlerdeutschlands im „Protektorat Böhmen und Mähren") Hrsg. Miroslav KÁRNÝ, Jaroslava MILOTOVÁ. Dok. 1. u. 2. Sborník k problematice dějin imperialismu, Bd. 21/1987, S. 1–17.
[28] Ebenda, Dok. 52, S. 129 ff.

Aus Hitlers Weisungen sind seine Bestrebungen ersichtlich, mit Hilfe der „Judenfrage" die tschechische politische und wirtschaftliche Repräsentation und weitere Teile der tschechischen Gesellschaft zur Kollaboration zu verführen und an das Schicksal des „Dritten Reiches" zu fesseln.

Im Vergleich damit, wie man nach der deutschen Besetzung im tschechoslowakischen Grenzgebiet gegen die Juden vorgegangen war, war das Verhalten der Besatzungsbehörden zu Beginn des Protektorats verhältnismäßig mild. Man wollte keine Wiederholung der Raserei der örtlichen Deutschen, zu denen es im Herbst 1938 gekommen war; man wollte auch keine Pogrome von tschechischer Seite; man schritt gegen „wilde Arisierungen" ein. Es ist kennzeichnend, daß die ersten antijüdischen Maßnahmen von der Protektoratsregierung herausgegeben wurden und nicht von den deutschen Chefs der Zivilverwaltungen bei den Heeresgruppen.[29]

Gemäß Hitlers Weisungen zur Judenpolitik hatte das Reich kein besonderes Interesse an der „Rassenpflege" zum Schutze des tschechischen Volkes. Es sollte grundsätzlich der Regierung des Protektorats überlassen bleiben, „ob und welche Maßnahmen sie gegen die Juden trifft". Das Reich war nur daran interessiert, die im Protektorat wohnenden Juden „das allgemeine Verhältnis des Protektorats zum Reich nicht beeinflussen" zu lassen. Deshalb mußten sie aus dem öffentlichen Leben ausgeschaltet werden. Laut Hitler sei das die Pflicht der Protektoratsregierung gewesen. Auch die wirtschaftliche Seite der Ausschaltung des Judentums sollte der Initiative der Protektoratsregierung überlassen werden. Hitler wiederholte in diesen Richtlinien öfters das Wort „zunächst", das signalisierte, daß diese nur für das Anfangsstadium der Okkupation Gültigkeit hätten. Man setzte voraus, daß sich die Judenfrage im Protektorat „voraussichtlich von selbst entwickeln" würde.

Anfang Mai 1939 interpretierte v. Neurath Hitlers Standpunkt zur Einführung der Nürnberger Gesetze im Protektorat dahingehend, „daß die Tschechen die Judenfrage selbst regeln sollen und daß wir ihnen nicht hereinreden sollen". Zu Burgsdorff fügte v. Neurath noch seinen eigenen Kommentar hinzu, daß „die Judenfrage aus der gegebenen Dynamik heraus schließlich im Sinne der Nürnberger Gesetze laufen wird".[30] So war es dann tatsächlich. Schon einige Wochen später beschleunigte v. Neurath diese Dynamik und erließ am 21. Juni 1939 die Verordnung über das jüdische Vermögen, durch die im Protektorat die Definition des Judentums und des jüdischen Betriebs laut den Nürnberger Gesetzen eingeführt wurde. Es hatte sich nämlich gezeigt, daß bei zwei unterschiedlichen Definitionen des Judentums – die eine für die Deutschen und die zweite für die Tschechen – der Arisierungsprozeß im Protektorat nicht erfolgreich durchgeführt werden konnte, auch wenn es sich nicht um bedeutende Unterschiede handelte.

---

[29] Siehe das Protokoll des Ministerrates vom 17. März 1939. Staatliches Zentralarchiv Prag (SÚA), PMR, Karton 4148.
[30] Burgsdorffs Vermerk vom 2. Mai 1939. Anatomie okupační politiky. Dok. 77, S. 203.

Die Protektoratsregierung und später auch Emil Hácha protestierten nicht gegen die Einführung der Nürnberger Gesetze, die sie ohne jeden Einwand annahmen und in alle weiteren Regierungsverordnungen eingliederten. Sie protestierten dagegen, daß ihnen nicht erlaubt wurde, ihre eigenen, schon vor längerer Zeit verabschiedeten Regierungsverordnungen zur „Beseitigung des jüdischen Elementes aus dem wirtschaftlichen Leben" zu veröffentlichen, auf die weitere antijüdische, schon in Vorbereitung stehende legislative Maßnahmen der Regierung folgen sollten. Diese abgestimmten Entwürfe der Regierungsverordnungen – so wurde moniert – „liegen jedoch bis zum heutigen Tag im Amt des Reichsprotektors, ohne dessen Einwilligung sie nicht publiziert werden dürfen". Die tschechische Repräsentation beschwerte sich darüber, daß sie selbst keine Befugnis habe, die Protektoratsjuden zu enteignen und daß die Arisierung der Germanisierung des Landes diene.[31]

In Hitlers Weisungen waren selbstverständlich nicht die Škoda-Werke, die Poldi-Hütte in Kladno oder die Witkowitzer Eisenhüttenwerke gemeint, als er forderte, die Ausschaltung der Juden aus der Wirtschaft der tschechischen Initiative zu überlassen. Seinen Vorstellungen entsprechend sollte ein überlassener, korrumpierender Anteil an Arisierungen von kleineren und mittelgroßen Industrie- und Handelsbetrieben ein von der Herrschaft des deutschen Reiches abhängiges Kollaborationsband schaffen. Die fast ausschließlich auf der Germanisierungsbasis durchgeführten Arisierungen verhinderten es, – anders als in der Slowakei – innerhalb der tschechischen Gesellschaft eine breitere Schicht von Arisierungsprofiteuren entstehen zu lassen. Die führende Protektoratsrepräsentation war allerdings durch ihre Politik in bezug auf die Juden schwer belastet.

Das Reichsinnenministerium weigerte sich lange Zeit, ihre Zustimmung zu der von der Protektoratsregierung verabschiedeten Verordnung über die Rechtsstellung der Juden im öffentlichen Leben zu geben, da die radikale Form der darin zum Ausdruck kommenden Meinung nicht im Sinne der ursprünglichen Richtlinien Hitlers wäre. So geschah es, daß die im August 1939 genehmigte Regierungsverordnung mit der Nürnberger Juden-Definition erst neun Monate später, im April 1940 publiziert werden konnte.[32]

Eine weitere, am 24. Oktober 1940 von der Protektoratsregierung abgestimmte Regierungsverordnung, hat eine ähnliche Geschichte. Diese Verordnung sollte die Funktion eines Gesetzes zum Schutz des tschechischen Blutes ausüben. Die Verordnung verbot Eheschließungen sowie außerehelichen Ver-

---

[31] Vgl. die später vorbereiteten Unterlagen für Háchas Besprechungen mit Reichsprotektor v. Neurath, die vom Innenminister ausgearbeitet, in der Präsidentenkanzlei redigiert und vom Minister Jiří Havelka ergänzt wurden. Acta Occupationis Bohemiae et Moraviae. Dokumenty z historie československé politiky 1938–1943. (Dokumente zur Geschichte der tschechoslowakischen Politik 1938–1943.) Bd. 2, Dok. 434, Prag 1966, S. 418–420. Siehe auch Dok. 365, S. 454–469.

[32] Dokumentation dazu: Anatomie okupační politiky, Teil V. Spor říšského protektora a říšského ministerstva vnitra o protižidovské nařízení protektorátní vlády. (Der Streit um die antijüdische Verordnung der Protektoratsregierung.) Dok. 77–93, S. 203–241. Vgl. Miroslav KÁRNÝ, Die „Judenfrage" in der nazistischen Okkupationspolitik. In: Historica, XXI, Prag 1982, S. 179–185.

kehr zwischen Juden und Protektoratsangehörigen, die weder Juden noch Mischlinge ersten Grades waren, – dies alles unter Drohung der Verurteilung zur Kerkerstrafe von einem bis zu fünfzehn Jahren[33]. Gegen diese Protektoratsnorm hatte das Reichsinnenministerium Einwendungen, nicht des Inhalts wegen, sondern deshalb, daß sie nicht vor der damals noch kontrovers erörterten Dritten Verordnung zur Durchführung des Reichsgesetzes zum Schutz des deutschen Blutes und der deutschen Ehre herauskommen dürfe.[34] Noch Anfang April 1941 reichte der Regierungsvorsitzende Alois Eliáš bei K. H. Frank die dringende Bitte ein, die Veröffentlichung dieser Regierungsverordnung zu bewilligen.[35] Er erhielt keine Antwort. Erst nach Heydrichs Ankunft in Prag, als die Leitung der tschechischen Organisation „Národní souručenství" („Nationalgemeinschaft"), und die Protektoratsregierung unter Jaroslav Krejčí die Frage des Schutzes des tschechischen Blutes aktiviert hatten,[36] wurde diese Verordnung veröffentlicht. Das war am 7. März 1942, schon nach der Konferenz in Wannsee und nach den Deportationen von mehr als 18 000 tschechischen Juden.[37]

Wie weit man gehen konnte, ist aus der Korrespondenz der Präsidentenkanzlei ersichtlich, die auf Veranlassung des Leiters des „Národní souručenství" und in Háchas Auftrag vom Innenminister verlangte, die „Isolation der Juden durch zugewiesene gemeinsame Unterbringung außerhalb des Wohngebietes der tschechischen Bevölkerung sowie die Beschlagnahme des jüdischen Vermögens dort durchzuführen, wo es zu Störungen der öffentlichen Ordnung kommen könnte". Als das Protektoratsministerium des Innern der Präsidentenkanzlei antwortete, daß die Reichsbehörden bereits mit Judendeportationen begonnen hätten, wünschte der Chef der Präsidentenkanzlei Dr. Augustin Popelka vom Präsidium des Innenministeriums, man möge die zuständigen Reichsorgane darüber informieren, daß das „Národní souručenství" seine Forderung „noch vor der Bekanntmachung der entsprechenden Maßnahmen der Reichsorgane" erhoben hätte. Außerdem sollte die Anregung des „Národní souručenství" „zwecks Erlaß etwaiger weiterer Maßnahmen" von den zuständigen Protektoratsbehörden weiterhin in Erwägung gezogen werden, d. h. wenn die Maßnahmen von Eichmanns Leuten sich als ungenügend erweisen würden.[38]

In der Einleitung zu meinem Buch „Die Endlösung" habe ich geschrieben: „Es wäre gewiß nicht wissenschaftlich, z. B. die Persönlichkeit des Generals Eliáš, des Mitglieds der Beran-Regierung und des Vorsitzenden der Protekto-

---

[33] Protokoll der Sitzung des Ministerrates am 24. Oktober 1940. SÚA, PMR, Karton 4155.
[34] Diese Verordnung wurden erst am 5. Juli 1941 verabschiedet und am 17. Juli im Reichsgesetzblatt veröffentlicht. RGBl. I, S. 384.
[35] Alois Eliáš an K. H. Frank am 3. April 1941. SÚA, ÚŘP, I-3b 5880, Karton 390.
[36] Heydrichs Schreiben an K. Burgsdorff vom 10. Oktober 1941. Ebenda.
[37] Regierungsverordnung Nr. 85/1942, Sbírka zákonů a nařízení Protektorátu Čechy a Morava 1942, Teil 32, S. 565–570.
[38] Vgl. Protektorátní politika Reinharda Heydricha, Dok. 11 und 29, S. 117 f und 164 f., sowie: Deutsche Politik im „Protektorat Böhmen und Mähren" unter Reinhard Heydrich 1941-1942. Eine Dokumentation. Hrsg. v. M. KÁRNÝ, J. MILOTOVÁ, M. KÁRNA. Berlin 1997. Dok. 24 und 44, S. 128 f. und 174.

ratsregierung, nur einseitig, vom Gesichtspunkt der antijüdischen Politik dieser Regierungen aus zu beurteilen. Eliášs Verbindung mit dem einheimischen und ausländischen Widerstand ist unanfechtbar, er mußte dies schließlich mit seinem Leben bezahlen. Jedoch ebenso unwissenschaftlich wäre es, bei der Analyse seiner Persönlichkeit die Tatsache der antijüdischen Aktivität der Protektoratsregierungen und Eliášs Anteil daran zu verschweigen und zu umgehen [...]".[39]

Das betrifft nicht nur Alois Eliáš oder die antijüdischen Aktivitäten des „Národní souručenství", und es genügt nicht, nur automatisch das Motiv dieses oder jenes antijüdischen Schrittes darin zu suchen, daß drastischere Maßnahmen von seiten der deutschen Besatzungsbehörden vereitelt werden sollten. Alle diese Fragen sind ein offenstehendes Feld für einen künftigen tschechischen „Historikerstreit".

Die systematische Erforschung des Verhältnisses der tschechischen Gesellschaft zu den persekuierten Juden steht ganz in den Anfängen. In diesem Kontext muß auch die unmißverständliche Verbindung der „Endlösung der Judenfrage" mit der „Endlösung der Tschechenfrage" erwähnt werden. In den Lageberichten des Sicherheitsdienstes und der Oberlandräte ist dies vielmals belegt. Auch der Vertreter des Auswärtigen Amtes in Prag, Kurt Ziemke, hatte vermerkt, daß man im deutschen Umgang mit den Juden das Vorbild der Behandlung wenigstens eines Teils der tschechischen Bevölkerung sehe. In einem seiner Berichte für Berlin schrieb Ziemke schon im Oktober 1940 über die freundschaftliche Haltung des tschechischen Volkes zu den Juden: „Unser Feind ist sein Freund und unser Vorgehen gegen die Juden scheint den Tschechen das Vorzeichen unseres späteren Umgangs mit ihnen zu sein." Damit wollte Ziemke begründen, „warum der Tscheche bisher von sich selbst aus abgelehnt hatte, das jüdische Problem in Angriff zu nehmen".[40] Übrigens: der eben veröffentlichte, für Himmler und nach Himmlers Weisungen ausgearbeitete Generalsiedlungsplan rechnete mit der Aussiedlung von mehr als einer Hälfte der tschechischen Bevölkerung. Wieviel von ihnen „sonderbehandelt" werden sollten, hat der Plan offengelassen.[41]

Ziemkes Analysen können wir in den unaufhörlichen Beschwerden der Besatzungsbehörden auf häufige Akte der Solidarität der Tschechen mit den persekuierten Juden bestätigt finden. Diese Solidarität stellte sich der Isolation der jüdischen Bevölkerung in einem „Ghetto ohne Mauern" entgegen, in einem durch Hunderte antijüdische Verordnungen, Erlasse, Verbote und Vor-

---

[39] Miroslav KÁRNÝ, „Konečné řešení", S. 16.
[40] Ebenda, S. 11.
[41] „Material zum Generalsiedlungsplan – Flächen- und Bevölkerungsberechnungen, Unterlagen für einen Generalsiedlungsplan, Grundzahlen und Karten." Dieses Material sandte U. Greifelt am 23. Dezember an Himmler. Abgedruckt in: Vom Generalplan Ost zum Generalsiedlungsplan. Hrsg. v. Czesław MADAJCZYK, München, New Providence, London, Paris 1994, Dok. 70 und 71, S. 234–255. Im Protektorat Böhmen und Mähren lebten damals 7,5 Millionen Einwohner, davon waren ca. 225 000 Deutsche. Den Unterlagen des Generalsiedlungsplanes zufolge sollte die erstrebte Bevölkerungszahl 5 265 000 sein. Es wurde angenommen, daß nur 3 625 000 tschechische Bürger eindeutschungsfähig seien. Der Bedarf an deutschen Siedlern wurde auf 1 415 500 geschätzt.

schriften gebildeten Ghetto. Deshalb drang K. H. Frank im Sommer 1941 so darauf, die Protektoratsjuden zu kennzeichnen – man wartete nicht einmal auf die Kennzeichnung der Juden im Reich selbst.[42]

Der letzte Teil meines Beitrags befaßt sich mit der Episode Nisko und mit Theresienstadt.

Im Oktober 1994 wurde in Ostrau eine wissenschaftliche Konferenz zum 55. Jahrestag der zwei jüdischen Transporte aus Ostrau und der zwei Transporte aus Wien nach Nisko abgehalten. Die Geschichte dieser Aktion Nisko ist sehr kompliziert; die Konferenz hat ihr Ziel, mehr Licht in diese Angelegenheit zu bringen, nur zum Teil erreicht.

Ursprünglich war das Lager Nisko als Durchgangslager für jüdische Transporte bestimmt, deren Ziel ein „jüdisches Reservat", ein „Reichsghetto" im südöstlichen Teil des besetzten Polen sein sollte. Die Genesis dieses betrügerischen, niemals ernst gemeinten Planes des „Reichsghettos" ist mit Deutschlands außenpolitischen Aktivitäten nach dem siegreichen Polen-Feldzug, mit der Vorbereitung einer nachfolgenden Offensive gegen Frankreich und mit dem Bestreben, ein strategisches Abkommen mit Großbritannien zu erreichen, verbunden. Der Plan dieses „jüdischen Reservats" war gleichzeitig als propagandistische Deckung der bereits damals konzipierten langfristigen Genozidpläne im Osten sowie der schon verübten drastischen antijüdischen Aktionen gedacht. Die vorgesehene Zwangskonzentration der total beraubten Menschenmasse sollte nur einer der zur „Endlösung der Judenfrage" führenden Wege sein, die als „Vernichtung durch Aussiedlung" charakterisiert werden kann.

Den Schlüssel zur Interpretation der eigentlichen Geschichte des Lagers Nisko, zu dessen Eigentümlichkeiten und Rätseln, kann man darin finden, daß der Plan der Errichtung des „Reichsghettos" im Osten des „Lublinlandes" noch vor der Abfahrt der ersten Transporte aus Ostrau und Wien nach Nisko aufgegeben worden war. In diesem Sinne endete die „Aktion Nisko" eigentlich noch vor ihrem Beginn.[43] Der konkrete Anlaß dazu war die strategische Entscheidung auf höchster Reichsebene, die andere Prioritäten für die Aussiedlung der besetzten polnischen Gebiete festsetzte und andere militärisch-strategische Ziele für das Gebiet des Generalgouvernements formulierte. Dieses sollte „als vorgeschobenes Glacis" angesehen und für die militärische Benutzung als „Aufmarschgebiet" vorbereitet werden. Laut den in Zusammenarbeit von Wehrmacht und SS entstandenen Plänen sollte die „Hauptsicherheitslinie" und der „Ostwall" längs des Flusses San auch Nisko und Umgebung umfassen.[44] Als alle diese Pläne konkretere Gestalt angenommen hatten, wurde das Lager Nisko im April 1940 endgültig aufgelöst. Die damals

---

[42] Vgl. die in der Anmerkung 24 erwähnten Dokumente.
[43] M. KÁRNÝ, Nisko in der Geschichte der „Endlösung". In: Judaica Bohemiae, XXIII, 1987, 2, S. 69–84.
[44] Vgl. Rolf-Dieter MÜLLER, Hitlers Ostkrieg und die deutsche Siedlungspolitik. Die Zusammenarbeit von Wehrmacht, Wirtschaft und SS, Frankfurt a.M. 1991, besonders Dok. 6, S. 125–129.

noch dort lebenden Juden konnten nach Ostrau und nach Wien zurückkehren. Die Mehrheit der nach Nisko deportierten Juden war aber schon längst vorher aus dem Lager über die Grenze in sowjetisches Gebiet weggejagt worden.

Im November 1991 haben wir eine internationale wissenschaftliche Konferenz über die Rolle Theresienstadts in der „Endlösung der Judenfrage" veranstaltet, um gemeinsam mit ausländischen Historikern den derzeitigen Stand der Theresienstädter Historiographie sowie die Hauptrichtungen der künftigen Forschungen zu besprechen und die weitere Zusammenarbeit zu koordinieren. Alle auf dieser Konferenz vorgetragenen Beiträge wurden in tschechischer und in deutscher Version in einem Sammelband veröffentlicht.[45]

Diese Tagung hat uns bestätigt, daß das von Hans Günther Adler in der zweiten Hälfte der fünfziger Jahre gezeichnete Bild des Theresienstädter Ghettos[46] nicht nur berichtigt und ergänzt werden sollte, sondern daß neue Forschungsprojekte entwickelt werden müssen, nach deren Beendigung eine neue Monographie der Theresienstädter Geschichte der Jahre 1941–1945 entstehen sollte. Es erwies sich, daß die Erforschung des inneren Lebens der Theresienstädter „Zwangsgemeinschaft", vor allem der Alternativen, Möglichkeiten und Begrenztheiten der jüdischen Politik, der jüdischen Abwehr in Verbindung mit Theresienstadt und in Theresienstadt die schwächste Seite der Theresienstädter Historiographie darstellt.

In Israel hat sich in der letzten Zeit eine scharfe Polemik im Bereich der Wissenschaft sowie der Publizistik, angeregt besonders von jüngeren Historikern, über die jüdische Reaktion auf den Holocaust entwickelt. Diese ist in polarisierter Form einerseits im letzten Werk von Jehuda Bauer „Jews for Sale" und andererseits in Tom Segevs Buch „Die siebente Million" dargestellt. Ein solcher „Historikerstreit" steht auch uns bevor.

Theresienstadt war in der Zeit zwischen dem 24. November 1941 und dem 5. Mai 1945 ein Lager, in dem rund 74 000 tschechische Juden aus Böhmen und Mähren inhaftiert waren. 6 152 von ihnen wurden direkt dort zu Tode gemartert, mehr als 60 000 wurden nach dem Osten deportiert, und von ihnen konnten nur weniger als 3 100 ihr Leben retten. Dieses Theresienstadt steht für mehr als 63 000 Todesopfer der „Endlösung der Judenfrage" aus den tschechischen Ländern. Insgesamt, einschließlich der deutschen, österreichischen und holländischen Deportationstransporte nach Theresienstadt beträgt jedoch die Zahl der Opfer rund 117 000 Männer, Frauen und Kinder.

Das sind zwar nicht einmal zwei Prozent aller europäischen Opfer der nationalsozialistischen „Endlösung der Judenfrage", aber doch kann die Geschichte Theresienstadts vieles zur Erforschung der Strategie und Taktik der

---

[45] Terezín v „konečném řešení židovské otázky". Prag 1992. Theresienstadt in der „Endlösung der Judenfrage." Hrsg. von Miroslav KÁRNÝ, Vojtech BLODIG, Margita KÁRNÁ, Edition Theresienstädter Initiative, Prag 1993.

[46] Hans Günther ADLER, Theresienstadt. Das Antlitz einer Zwangsgemeinschaft, Tübingen 1955, 2. Auflage 1960. – Die verheimlichte Wahrheit. Theresienstädter Dokumente, Tübingen 1974.

Reichsführung bezüglich der „Endlösung der Judenfrage" beitragen. In Theresienstadt verflechten sich drei verschiedene Funktionen: erstens die eines Sammel- und Durchgangslagers für die Juden aus dem Protektorat, zweitens die eines Lagers, wo die Juden dezimiert werden sollten und wo auch jeder vierte Häftling starb,[47] und drittens die eines Lagers, das als Stützpunkt für eine dreiste Täuschungspropaganda diente.

Ein besonders wichtiges Kapitel der Geschichte der „Endlösung" in unserem Lande ist die Geschichte des Theresienstädter Familienlagers, das zehn Monate in einem der Abschnitte von Birkenau existierte.[48] Dieses Familienlager entstand im September 1943, als mit zwei Transporten 5 000 jüdische Häftlinge aus Theresienstadt deportiert wurden, zu welchen dann im Dezember 1943 und im Mai 1944 weitere Kontingente aus Theresienstadt dazukamen.

Das Schicksal des Lagers war tragisch: es wurde in zwei Etappen ermordet. In der Nacht vom 8. zum 9. März 1944 kam es zur Vollstreckung der größten Massenhinrichtung von tschechoslowakischen Bürgern während der sechsjährigen deutschen Okkupation. Damals wurden in einer einzigen Nacht 3 792 aus Theresienstadt deportierte Juden vergast – bis auf einige wenige Ausnahmen waren es tschechische Juden. In der Nacht vom 11. und vom 12. Juli 1944 wurde das Morden im Familienlager vollendet. Diesem Schicksal entronnen nur ungefähr 3 500 Häftlinge, die kurz vor der Liquidation des Lagers mit Arbeitskommandos deportiert worden waren. Zwei Drittel von ihnen erlagen später der Vernichtung durch Arbeit oder starben auf Todesmärschen.

Der 8. März ist ein besonders erwähnenswertes Datum – nicht nur in der jüdischen, sondern auch in der tschechischen Geschichte. Jeder Schüler, jeder Student sollte über dieses Morden, über den Tod von mehr als 3 700 tschechoslowakischen Bürgern soviel wissen wie über Lidice. Wir haben zwei internationale wissenschaftliche Konferenzen veranstaltet – im Jahre 1989 und fünf Jahre später, im Jahre 1994, und ein populärwissenschaftliches Buch über die Geschichte des Theresienstädter Familienlagers in Birkenau herausgegeben.[49]

Auch die Geschichte dieses Familienlagers der Theresienstädter kann vieles zur Erforschung der Strategie der „Endlösung" beitragen. Theresienstadt allein konnte nicht als propagandistisches Argument gegen die Existenz der „Endlösung" genügen. Für den Notfall mußten noch weitere Inszenierungen vorbereitet sein, die – natürlich auch in fiktiver Gestalt – das Schicksal von

---

[47] In der Zeit vom 24. November 1941 bis zum 31. Dezember 1944 wurden 131 563 Häftlinge nach Theresienstadt deportiert. Während dieser Zeitspanne war die Anzahl des „natürlichen Abgangs" 32 932 Menschen, d. h. 25%. Robert PROCHNIK, Juden in Theresienstadt. Ein statistischer Bericht. Theresienstadt, 14. Juli 1945.

[48] Miroslav KÁRNÝ, Terezínský rodinný tábor v Birkenau. In: Sborník historický, Bd. 26, 1979, S. 229–304. Ders., Das Theresienstädter Familienlager in Birkenau. In: Judaica Bohemiae, XV 1979, 1, S. 3–26. Ders., Obóz familijny w Brzezince (BIIb) dla Żydów z getta Theresienstadt. In: Zeszyty Oświęcimskie, 20/1993, S. 123–215.

[49] Terezínský rodinný tábor v Osvětimi-Birkenau. Hrsg. Toman BROD, Miroslav KÁRNÝ, Margita KÁRNÁ, Prag 1994.

Hunderttausenden nach dem Osten, zu angeblichem Arbeitseinsatz deportierten Juden vorführen sollten. Das war der Grund dafür, im größten Auschwitzer Außenlager, in Birkenau, ein jüdisches Familienlager zu errichten und es als „Arbeitslager Birkenau bei Neu Berun" zu popularisieren. Himmler erteilte sogar dem Vertreter des Internationalen Komitees vom Roten Kreuz die Bewilligung, er könne nicht nur Theresienstadt, sondern noch „ein jüdisches Arbeitslager" besuchen. Dieser Vertreter gab dem „verschönerten" Theresienstadt ein ausgezeichnetes Zeugnis, mit dem das Internationale Komitee vom Roten Kreuz zufrieden war. Infolgedessen verlor das Theresienstädter Familienlager für die SS seinen Wert und konnte auf übliche Weise liquidiert werden.

Zur Förderung der Theresienstädter Forschungen haben wir im vorigen Jahr mit der Ausgabe von Jahrbüchern der Theresienstädter Initiative begonnen. Der Titel dieser Sammelbände ist „Theresienstädter Studien und Dokumente". In den zwei bisher veröffentlichten Bänden, 1994 und 1995, befinden sich Arbeiten von 30 tschechischen, israelischen, deutschen und österreichischen Historikern sowie von Wissenschaftlern aus anderen Bereichen.[50] Wir konnten in diesen Jahrbüchern besonders wichtige Quellen veröffentlichen und den Forschern zugänglich machen. Die „Theresienstädter Studien und Dokumente" befassen sich nicht nur mit Theresienstadt allein, sondern auch mit den breiteren historischen Zusammenhängen der „Endlösung der Judenfrage". Die Seiten dieser Publikationen stehen Ihnen für Ihre Artikel, Überlegungen, Auseinandersetzungen und Rezensionen zur Verfügung.

---

[50] Vgl. auch: Theresienstädter Studien und Dokumente 1996 und 1997. Hrsg. v. Miroslav KÁRNÝ, Reimund KEMPER und Margita KÁRNÁ. Tschechische Version: Terezínské studie a dokumenty 1996 a 1997.

Václav Kural

Kollaboration und der tschechische Widerstand im Protektorat

Im Hinblick auf die Darstellung des Themas und die gegebene Zeit will ich mich auf eine kurze Charakterisierung einiger in der Überschrift angesprochener Problemkreise beschränken.

Um die Problematik der tschechischen Kollaboration und des tschechischen Widerstandes verstehen zu können, müssen wir zuerst das nationalsozialistische Okkupationsregime charakterisieren. So pflegt man z. B. die Kollaboration als eine volkstümliche Eigenart der Tschechen zu erklären, als ob die Tschechen bereitwillig oder sogar mit Lust, mehr als anderswo, kollaboriert hätten. In der tschechischen Literatur tauchen bei Versuchen einer nationalen Selbstkritik ab und zu sogar Tendenzen auf, die in dieser Hinsicht ausgesprochen selbstquälerisch sind. Ich habe nichts gegen nationale Selbstkritik. So einfach ist es aber nicht. Kollaboration gab es im Zweiten Weltkrieg fast in allen von den Nationalsozialisten okkupierten Ländern. Als Beispiele können wir Frankreich, Norwegen, Kroatien usw. anführen. Sie hatte verschiedene Formen, je nach dem, was für Züge das Okkupationsregime trug oder wie die politische Tradition in dem jeweiligen Land oder die Mentalität der Nation u. ä. war.

Das Okkupationsregime

Wie war dem also in der ČSR? Die böhmischen Länder sollten als ein organischer Bestandteil dem Großdeutschen Reich angegliedert werden. Sie sollten also keine Kolonie, d. h. ein Gebiet mit einem Kolonialregime sein, wie man bei uns einst behauptet hat. Es war ein Land, das sogar als „ein tausendjähriger Bestandteil des Reiches" angesehen wurde und jetzt in dieses Reich heimkehrte. Vor allem zu Beginn wurde für dieses Gebiet ein spezielles Regime bestimmt. Hitler versprach Hácha ursprünglich in jener bewegten nächtlichen Diskussion am 14. März, daß er den Tschechen „die vollste Autonomie" gebe, was allerdings nie geschah. In seinem Erlaß vom 16. März 1939 wurde das Protektorat Böhmen und Mähren als ein von der deutschen Wehrmacht besetztes Gebiet bezeichnet. Das Protektorat wurde also nicht als „tschechisches" Gebiet charakterisiert, sondern als ein national indifferentes Gebiet. Auch bei der Charakteristik der im Protektorat eingeführten doppelten Staatsbürgerschaft erhielten die Deutschen die Reichsstaatsbürgerschaft und die übrige hier lebende Bevölkerung – wiederum also nicht die „Tschechen" – erhielt die „Protektoratsstaatsangehörigkeit". Das heißt: Die Gesamtcharakteristik des Protektorats war nicht „tschechisch", die Autonomie wurde nicht als die Autonomie der „Tschechen" charakterisiert, so daß sich hier die Möglichkeit bot, diese Autonomie als etwas zu diesem im nationalen Sinn neutral charakterisierten Gebiet Angehörendes zu bezeichnen, als etwas, was mit der tschechischen Nation nicht in Verbindung gebracht werden muß. Tatsächlich wird Frank später, nach Heydrichs Ankunft, gegenüber dem Ministerpräsidenten Krejčí, auf diese Weise argumentieren: Es ginge doch nicht um eine ausgesprochene tschechische Autonomie. Im Lauf der Zeit wurde die in Hitlers Erlaß deklarierte Autonomie immer mehr eingeschränkt. Es geschah sehr schnell bereits nach dem 15. März, teilweise sogar noch vor Amtsantritt des Reichsprotektors von Neurath, und zwar so, daß das Reich im Sinne von Hitlers Erlaß aus der Autonomie bestimmte Verwaltungsbereiche ausgliedern, sie völlig unter seine Befugnis nehmen und dazu entsprechende Institutionen errichten konnte. Es bleibt uns leider nicht die Zeit, dies hier ausführlich zu schildern; trotzdem aber ein Beispiel: Das eben Erwähnte war im politischpolizeilichen Bereich am deutlichsten zu sehen. Die Reichsorgane nahmen diesen Bereich aus der Protektoratsgerichtsbarkeit heraus und unterwarfen ihn der deutschen Staatspolizei, d. h. der Gestapo. Ähnlich verhielt es sich in bestimmten Bereichen des Gerichtswesens, in der Selbstverwaltung usw.

Diese Tendenz kulminierte unter der Regierung des sog. Stellvertretenden Reichsprotektors Reinhard Heydrich. Heydrich nutzte dabei die national indifferente Charakteristik des Protektorats. Sein Ziel war es, die Tschechen völlig zu entpolitisieren und sie zu zwingen, die sog. Reichsidee anzunehmen. Auf die Frage, was er sei, sollte der Tscheche antworten, er sei ein Reichsdeutscher, der in Böhmen lebt. Die Verschmelzung der böhmischen Länder sollte vollendet werden, und die Autonomie sollte in eine bestimmte deutsche Verwaltung des besonderen Bezirks im Großdeutschen Reich verändert werden. Im Rahmen der sog. Endlösung sollten die Tschechen als Nation liquidiert werden.

Zugleich wollte Deutschland das Rüstungspotential des Protektorats so stark wie möglich ausnutzen. Da die Niederlage bei Moskau im Winter 1941/42 sowohl Heydrich als auch Frank ernüchterte, wurde eine gewisse Fassade von Autonomie belassen, damit verbundene Befugnisse jedoch weiterhin reduziert. Die tschechischen Minister durften Heydrichs Vorstellungen nach höchstens darüber diskutieren, wie die Richtlinien des Protektors durchzuführen sind. In die Regierung wurden nur willfährige Menschen eingesetzt. General Eliáš, der frühere Ministerpräsident, wurde hingerichtet. Eingesetzt wurde der Reichsdeutsche W. Bertsch (Seinetwegen mußte dann die Regierung auf deutsch verhandeln!). Nach dieser „Reorganisation" der Regierung sollte dann die Veränderung der gesamten Protektoratsverwaltung in dem Sinne folgen, daß ein Deutscher an der Spitze jedes Schlüsselbereichs stehen würde.

Heydrichs Aktivität spielte sich im Schatten eines grausamen Terrors ab, dem etwa vierhundert Menschen, meist aktive Widerstandskämpfer, durch

Hinrichtung zum Opfer fielen. Tausende Tschechen wurden verhaftet. Diese beiden Linien der Heydrichschen Politik wurden nach seinem Tod von dem neu ernannten Reichsstaatsminister für Böhmen und Mähren, dem Sudetendeutschen K. H. Frank, bis zum Ende der Okkupation weiter entwickelt. (K. H. Frank ließ beispielsweise infolge des Attentats auf Heydrich im Mai 1942 rund 5 000 Menschen liquidieren.)

Die Kollaboration

Die Autonomie, die im März 1939 ursprünglich erklärt worden war, gab den Tschechen trotz allem gewisse Vorteile, hauptsächlich am Anfang; deshalb fürchteten sie in gewisser Hinsicht darum. Dies bildete den Nährboden, auf dem sich die Kollaboration gut entwickeln konnte. Dort, wo es diese Autonomie nicht gab, wo alles direkt mit dem Reich verbunden war – wie in den östlichen Gebieten, die später besetzt wurden –, hatte die Kollaboration ein kleines oder sogar überhaupt kein Betätigungsfeld. Bei uns jedoch, insbesondere am Anfang, war dieses Feld wesentlich breiter. Wiederum kurz gefaßt, bedeutete die Kollaboration eine gewisse freiwillige oder erzwungene Anpassung an die gegebenen Verhältnisse, an die Reichsverwaltung und ihre Forderungen. Andererseits gehörte es auch zur Tradition oder Fortsetzung einer gewissen Linie der tschechischen Politik. Ich denke hier an die tschechischen Rechte vor dem Münchener Abkommen, insbesondere an die Agrarpartei, die in der zweiten Hälfte der 30er Jahre um ein gutes Verhältnis zu Hitlers Reich bemüht war und deren Repräsentanten nach dem Münchener Abkommen auch die Zweite Republik so lenkten, daß ihr Verhältnis zum Reich sich so gut wie möglich gestaltete, d. h. daß die Zweite Republik sich in allen Fragen, in denen es Hitler wünschte, Berlin völlig unterwerfen sollte. Dieser Personenkreis wurde nach dem 15. März 1939, in der Okkupationszeit, auch zum führenden Kreis der Protektoratspolitiker. Er machte natürlich eine Modifikation durch: Ihm schloß sich ein Teil der neuen Politiker um General Eliáš, Minister Kalfus, Krejčí und weitere Personen an. Sie nahmen an der Kollaboration in der ersten Phase teil, als die Protektoratsregierung sich noch in manchen Angelegenheiten durchsetzen konnte, als sie auch wagte zu protestieren, als sie gewisse Kontakte zum einheimischen Widerstand sowie zur Emigration und eine nicht geringe Unterstützung der Bevölkerung hatte, als sie noch kein völlig ohnmächtiger Haufen war. Bereits in dieser Phase werden bezüglich der Kollaboration einige Standpunkte erkennbar.

Einerseits ist es der, von dem ich bereits gesprochen habe, der die Dinge so nimmt, wie sie kommen; man ist von den neuen Verhältnissen nicht eben begeistert, aber man versucht, die beibehaltenen Positionen zu nutzen, um auf irgendeine Art und Weise für die Tschechen erträgliche Bedingungen für das Leben im reichsdeutschen Revier zu schaffen, in der deutschen Einflußsphäre, die – wie man erwartete – sich längere Zeit halten wird, sagen wir für die nächsten 50 Jahre. Darin bestand der Grund- und Ausgangspunkt für die tschechische Kollaboration.

Daneben aber gab es sozusagen eine programmatische Schicht der Kollaboration. Es handelte sich einerseits um die traditionellen tschechischen Faschisten, andererseits um Opportunisten, die sich neu zum Faschismus bekannten. Der traditionelle tschechische Faschismus, Národní obec fašistická, an der Spitze mit General R. Gajda, oder später die Organisation „Vlajka" versuchten, die Macht im Protektorat zu erobern. Gajda stellte am 14. März 1939 einen Nationalausschuß zusammen, mit dem er sich den Deutschen entgegenkommend vorstellte und verlangte, daß ihm die Macht anvertraut werde, nicht also dem Kreis um Hácha. Die Organisation „Vlajka" versuchte wiederum nach Frankreichs Niederlage einen Umsturz der Protektoratsregierung. Die Deutschen allerdings setzten nicht auf diese Leute. Erstens zweifelten sie an einer aufrichtigen Wende der traditionellen tschechischen Faschisten, denn diese waren in der Zeit vor München strikt antideutsch, vielleicht mehr noch als andere nationalistische Strömungen in der tschechischen Politik. Zweitens setzte Hitler – wie später in Rumänien oder auch in anderen Ländern – schon in diesem Fall mehr auf ein Regime, das nicht orthodox faschistisch, sondern loyal war und Einfluß auf die Massen hatte. Im Verlauf der Okkupation kompromittierte sich die Kollaboration infolge der nationalsozialistischen Politik immer mehr und verlor nach Heydrich jegliches Einfluß in der Bevölkerung.

Charakter des tschechischen Widerstandes

Der tschechische Widerstand wird im Ausland, auch in der deutschen Literatur, oft unterschätzt. Wie viele meiner Kollegen bin jedoch auch ich der Meinung, daß dies einerseits aus der Unkenntnis der Verhältnisse, andererseits aus der apriorischen Proportion folgt, daß der Widerstand um so besser war, je mehr er „schoß". Ich will natürlich nicht behaupten, daß der tschechische Widerstand ein Riese war, der alle überragte. Er hatte allerdings sein Niveau und entsprach den Bedingungen, unter denen ihm beschieden war, zu existieren, und so erfüllte er seine politische Aufgabe.

In anderen Ländern wurde der Widerstand intensiver und „kämpferischer", militärischer geführt. Diese Frage ist aber in ihrer Komplexität im Zusammenhang mit den Bedingungen zu beurteilen, die es bei uns in der Okkupationszeit gab. Es sei vorangestellt: Der tschechische Widerstand dauerte am längsten gegenüber allen anderen, wenn wir von Österreich absehen. Er begann im März 1939 und dauerte bis zum 10. Mai 1945. Das finden wir in keinem anderen Land. In das Okkupationssystem wurden die anderen Länder erst allmählich einbezogen, und der Widerstand begann erst dann sich darin zu äußern. Das ist keine formelle Frage, denn die Führungskreise des Widerstandes hielten in den von der Gestapo und weiteren Elementen des deutschen Besatzungsregimes geschaffenen Bedingungen nur eine bestimmte Zeit aus. Bei uns schätzt man diese Zeit auf anderthalb Jahre, höchstens auf zwei Jahre. Das heißt, daß der permanent dezimierte tschechische Widerstand infolge der langen Zeit seines Bestehens mehr fähige und vor allem führende Widerstandskämpfer zur Verfügung stellen mußte als anderswo. Das war nicht so einfach, so eine große Elite gab es in der tschechischen Nation nicht und konnte es auch nicht geben. Das ist also der erste Umstand.

Zweitens hängt der Widerstand – wenn wir danach urteilen wollen, wie viel er schoß oder nicht schoß – von der Menge der Waffen ab. Dort, wo der Krieg die Gegend erfaßte, verlor man erstens teilweise die Übersicht über die Bevölkerung (was die Arbeit der Gestapo erschwerte), zweitens blieben Waffen zurück, die in den Kriegswirren den Okkupanten nicht in die Hände fielen. Bei uns kam es aber noch zu Friedenszeiten zur Okkupation, ohne einen kriegerischen Konflikt, bei voller Übersicht und Registrierung der Waffen, die leider auch alle ordentlich übergeben wurden. Nur wenige Einzelpersonen oder Gruppen versuchten Waffen zu bergen. An Waffenmangel litt dann der tschechische Widerstand sehr schwer und mehr als anderswo – auch aus dem Grund, daß er vom Ausland her nicht in solchem Maße wie andere Länder versorgt werden konnte. Als Hindernis erwies sich vor allem die Entfernung von den Luftstützpunkten in England und Italien oder auch von der sowjetischen Front. Wenn wir die Anzahl der Waffen vergleichen, die z. B. in Frankreich – von Jugoslawien ganz zu schweigen – ausgesetzt wurden, dann stellen wir fest, daß eine ungleich geringere Anzahl auf dem Luftweg nach Böhmen und Mähren gelangte. Wenn man in Jugoslawien von Hunderttausenden Waffen sprechen kann, so sind es bei uns nur einige Dutzende. Ganz zu schweigen von schwereren Waffen. Der Widerstand wurde mit diesem Problem schwer fertig; er versuchte, die Waffen von den tschechischen Rüstungsbetrieben zu beschaffen. Im Ergebnis waren dies allerdings nur Tropfen im Meer des Mangels. Erst nach dem Eindringen der Partisanen aus der Sowjetunion hat sich die Lage teilweise gebessert.

Ein dritter Umstand hängt mit den Bedingungen für die Konspiration zusammen. Bei uns gab es keine „freie Zone" wie beispielsweise in Frankreich. Dort konnte man gewisse Kontakte pflegen, man konnte sich zwischen dem okkupierten und nicht okkupierten Frankreich bewegen und auf diese Weise bedrohte Kader retten, Waffen übergeben und bei der Konspiration helfen. Es gab bei uns auch keine Tradition in der illegalen Tätigkeit, weil die Tschechoslowakei ein demokratisches Land war, in dem es keinen Grund zur Konspiration gab. Die einzige Erfahrung darin hatten nur die Kommunisten, und diese war darüber hinaus sehr gering und für den Kampf mit der Gestapo nicht geeignet: Zumindest bei Kriegsausbruch herrschte die naive Vorstellung, daß die Verhältnisse und überhaupt die ganze Regierung ähnlich sein werden wie sie es unter Österreich-Ungarn waren und daß man also die bewährten Methoden aus dem Ersten Weltkrieg anwenden kann. Das war natürlich, wie ich schon gesagt habe, eine ziemlich naive Vorstellung, die sehr bald von der Gestapo zerschlagen wurde. Erfahrungen in der Konspirationsarbeit erlangten also erst unter schmerzlichen und manchmal sogar schrecklichen Verlusten ein gewisses Niveau.

Auch die Bedingungen für den Partisanenkampf waren bei uns schlecht. Das Protektorat verlor durch die Abtrennung des böhmisch-mährischen Grenzlandes die meisten Waldkomplexe, größtenteils (bis auf die Beskiden) blieben nur kleinere bewaldete, von Wegen durchzogene Gegenden. Die Entwicklung einer Partisanentätigkeit wurde auch durch die bereits erwähnten Schwierigkeiten bezüglich der Waffen sowie durch das dichte Netz deutscher Garnisonen sehr beeinträchtigt. Trotzdem entwickelte sich die Partisanenbewegung in einem gewissen Maße auch in Böhmen und (vor allem) in Mähren; einige Hundert von an der Eisenbahn durchgeführten Sabotageakten stellten dies unter Beweis. Eine starke Seite des tschechischen Widerstandes war sein Nachrichtendienst – sowohl im politischen als auch im militärischen Bereich. Die größte Leistung erbrachte der Widerstand allerdings im politischen Bereich. Er befreite die Nation von der Kollaborateursführung und löste im Okkupationsregime einige Male Krisenstimmung aus: nach den Demonstrationen am 28. Oktober 1938, nach Eintritt der Sowjetunion in den Krieg, nach dem Attentat auf Heydrich und später dann im Zusammenhang mit dem tschechischen Aufstand im Mai 1945.

Der tschechische Aufstand wird oft skeptisch als eine „Fünf-Minuten-Vor-Zwölf"-Aktion beurteilt. Man muß sich jedoch vor Augen führen, daß die Aufstände (mit Ausnahme von Jugoslawien) überall (in Italien, Paris, Warschau, in der Slowakei) durch ein ziemlich nahes Heranrücken der Kriegsfronten bedingt wurden. Und wenn Böhmen und Mähren als erste Länder okkupiert wurden, dann näherten sich die Kriegsfronten ihnen zuletzt, und der Krieg nahm hier eigentlich auch sein Ende (am 11. Mai 1945!). Die Tatsache also, daß der tschechische Aufstand als letzter ausbrach, war auf ihre Weise ganz natürlich. Der Aufstand hätte früher nur schwerlich ausbrechen können. Ich möchte gern in diesem Zusammenhang das ergänzen, was Ferdinand Seibt berührt hat, nämlich was für eine Beziehung die Widerstandsorganisationen zum Aufstand hatten. Sie bereiteten sich darauf sehr lange vor. Wenn wir die Radiodepeschen der Organisation „Obrana národa" [„Die nationale Abwehr"] verfolgen, dann können wir sehen, daß das Thema des Aufstandes einigemal auf der Tagesordnung stand. Zum erstenmal im September 1939, zum zweitenmal im Jahre 1944 (im Zusammenhang mit einem möglichen Kriegsende und dem Slowakischen Nationalaufstand) und zum drittenmal vor dem Mai 1945. Mit einem Aufstand wurde also im tschechischen Widerstand gerechnet. Man verlangte Verstärkung von der ausländischen tschechoslowakischen Armee, insbesondere von den Einheiten aus England, und hauptsächlich Waffen. Dies fand aber kein Gehör, dem Aufstand wurde keine besondere Hilfe geleistet. So ging eine Radiodepesche noch kurz vor dem 5. Mai 1945 aus dem

Stab von Hauptmann Nechanský in Prag ab (ihm stand das Funkgerät der Fallschirmjäger zur Verfügung, das den Tschechischen Nationalrat mit London verband), wonach angesichts des Waffenmangels ein Aufstand unwahrscheinlich sei.

Zum Aufstand kam es trotz alledem – sowohl infolge einer spontanen Entwicklung als auch dank gewisser politischer und bewaffneter Kräfte, die es bei uns gab. Der Aufstand in den Partisanengebieten brach in der Regie der Partisanentruppen aus, die dort operierten, in Prag schloß sich die Widerstandsführung sehr schnell dem Aufstand an. Der Tschechische Nationalrat rechnete als das oberste Organ des Widerstandes damit, daß der Prager Aufstand zwei Tage später ausbrechen würde, die spontane Entwicklung aber war schneller, und so brach der Aufstand unerwartet schon am 5. Mai aus. Das brachte verschiedene Komplikationen im Zusammenhang mit dem Einmarsch der amerikanischen und sowjetischen Truppen mit sich, und der Tschechische Nationalrat mußte auf die gegebenen Tatsachen erst nachträglich reagieren. Nichtsdestoweniger stellte er und seine militärische Führung sich an die Spitze des Aufstandes und leitete die aufständische Aktion opferbereit. Der Aufstand wurde am 9. Mai mit der militärischen Befreiung von Prag sowie durch die Kapitulation Deutschlands beendet.

Der tschechische Widerstand und Pläne zur Lösung der sudetendeutschen Frage

Pläne bezüglich der sudetendeutschen Frage entwickelten sich parallel zur Entwicklung der Okkupation und des Krieges. Der schwerwiegende Fehler in der bisherigen Interpretation, der in einem Teil der Literatur bis heute überlebt, besteht darin, daß E. Beneš als Dämon dargestellt wird, der das gesamte Übel verursacht habe. Dies stimmt aber nicht, obwohl auch er selbst nach dem Zweiten Weltkrieg von sich behauptete, er habe eben jene absolute integrale Umsiedlung gewollt, wie sie nach dem Krieg auch realisiert wurde. Das behaupteten nach dem Kriegsende allerdings alle politischen Kräfte, angefangen von den Kommunisten bis hin zu den Nationalen Sozialisten (Národní socialisté), weil sie darin politisches Kapital und Wahlstimmen sahen.

Wie sah es also in der Wirklichkeit aus? Der sog. „Fünfte Plan" stellt in der Wirklichkeit ein erstes solches Projekt dar. Mit diesem Plan schickte Beneš während der Münchener Krise den sozialdemokratischen Minister Nečas nach Frankreich, um das Schlimmste zu verhindern. Der „Fünfte Plan" setzte die Abtretung gewisser Gebiete in Böhmen und Mähren voraus, um einer großen Okkupation der Gebiete vorzubeugen, wie sie Hitler in Godesberg vorgelegt hatte und die noch größer gewesen war als seine ursprünglichen Pläne von Berchtesgaden. „Godesberg" bedrohte die weitere Lebensfähigkeit des tschechoslowakischen Staates. Beneš schlug deshalb im „Fünften Plan" als ein geringeres Übel vor, bestimmte Gebiete in West-, Nord und Südböhmen abzutreten. Dafür verlangte er die Bewahrung des Gebietes von Böhmen und Mähren innerhalb der Hauptbefestigungslinie. Als Kompensation für die abgetretenen Gebiete sollte Deutschland einen größeren Teil der Sudetendeutschen übernehmen als den, der in diesen Gebieten lebte. Diese Konzeption behielt Beneš bis Frühjahr/Sommer 1940 bei. Im Februar 1939 ergänzte er sie beim Besuch des Boten der entstehenden Organisation „Politické ústředí", Dr. Drábek, als er seine Vorstellung von den abzutretenden Gebieten ausführlicher beschrieb. Es sollte sich um die Gebiete in Nordmähren, weiter um Gebiete in der Umgebung von Děčín (Tetschen) und Ústí nad Labem (Aussig), um das Egerland mit Karlsbad bis nach Tachov (Tachau), weiter dann um kleine Sprachinseln um Nová Bystřice (Neubistritz), Mikulov (Nikolsburg) usw. handeln. Für diese Zugeständnisse wollte Beneš das Weggehen von etwa zwei Millionen Sudetendeutschen erreichen.

Eine solche Kombination von Gebietsabtretung und Aussiedlung bestimmter Sudetendeutscher bildete die Grundmethode, die Beneš praktisch bis zum Kriegsende beibehielt. Allerdings versuchte er 1940 ein Projekt zu verwirklichen, das sich vom vorherigen so unterschied, daß wir von einer neuen Auffassung der Lösung der sudetendeutschen Frage sprechen können. Diese Lösung bestand darin, daß – wie Beneš sagte – „wir die Deutschen wollen", d. h. wir wollen, daß sie in der Republik bleiben, aber in drei deutschen Gauen an der Staatsgrenze. Die Zentren der drei Gaue sollten sein: Karlovy Vary (Karlsbad), Liberec (Reichenberg) und Krnov (Jägerndorf). Die Gaue sollten eine umfangreiche Selbstverwaltung haben, die zwar keine direkte Autonomie sein sollte, ihr aber sehr nahe stünde. (Diese Lösung ist vielleicht nicht ganz klar, denn sie wurde auch nicht genau spezifiziert – deutsche Gaue sollten sogar das Recht haben, sich von der ČSR trennen zu können!) Aus der Republik sollten die Reichsdeutschen ausziehen, die nach dem 15. März 1939 hierher kamen, sowie die Nationalsozialisten. Wieviele es sein sollten, ist auch nicht ganz klar. Es gibt zwar eine Angabe von Benešs Kanzler Smutný (eine Million), es scheint aber eher, daß es sich um eine halbe Million handelte.

Dieses Projekt, das an jahrelange sudetendeutsche Bemühungen um ein gesondertes abgeschlossenes Gebiet auf dem Boden der Tschechoslowakei anknüpfte, wurde von Beneš aufgrund bestimmter Anlässe von Jakschs „Treugemeinschaft der Sudetendeutschen Sozialdemokraten" in der Emigration erarbeitet. Beneš verhandelte mit Jaksch über das Projekt und ergänzte es mit dem Angebot des Beitritts von 6 deutschen Vertretern in den Tschechoslowakischen Staatsrat in London. Die Dinge nahmen eine entsprechende Entwicklung, und alles schien schon fast „fix und fertig" zu sein. Als Problem blieb der sog. innere Transfer. Beneš schlug vor, sowohl das tschechische als auch das deutsche nationale Gebiet auszugleichen, was in der Praxis bedeutet hätte, die Deutschen aus den Sprachinseln um Jihlava (Iglau), Nová Bystřice (Neubistritz) und einigen weiteren auszusiedeln und die tschechische Bevölkerung aus der Umgebung von Most (Brüx) usw. wiederum in das tschechische

Binnenland umzusiedeln. Jaksch war im Prinzip nicht dagegen, er verlangte jedoch, die tschechische Londoner Regierung solle, bevor es zu einer formalen Abstimmung des Projekts kommt, verbindlich erklären, daß die Sudetendeutschen in der künftigen Tschechoslowakei – sehr kurz gesagt – mindestens ihre Autonomie erhalten werden.

Beneš revozierte, daß er zu einer solchen Erklärung nicht befugt sei, er müsse die Stellungnahme aus der Heimat abwarten. Die Stellungnahme kam auch nach London. Jaksch schreibt, daß Beneš kurz vor Weihnachten 1940 vom tschechischen Widerstand (in dem einige ursprünglich versöhnliche und auf dem Antifaschismus basierende Gruppen von den Okkupanten vernichtet wurden) Berichte erhielt, die sich zu dem „Gau-Projekt" ausgesprochen negativ stellten. Die Widerstandsorganisationen drohten sogar, daß Beneš des Projektes wegen auch sein Ansehen verlieren würde und – wie in der Ersten Republik – von den tschechischen Nationalisten zu einem Germanophilen erklärt werden würde. Der Präsident, der damals eine größere theoretische Konzeption einer friedlichen Homogenisierung der Vielvölkerstaaten erarbeitete, unterlag diesem Druck, und Jaksch selbst erklärte, nachdem er die angeführten Berichte gelesen hatte, daß man dieses Projekt beiderseits nicht unterschreiben könne. Die Sache – und damit auch der Beitritt der sechs sudetendeutschen Vertreter in den Londoner Staatsrat – wurde vertagt. Diese Vertagung war allerdings weniger glücklich, da sich die späteren Verhältnisse in die Richtung entwickelten, daß für etwas Ähnliches nicht mehr die Voraussetzungen geschaffen werden konnten. Nachdem Beneš mit seinem Projekt in der Exilregierung auf den Widerstand der Minister Ingr, Slávik, Ripka und anderer gestoßen war, rückte er von seinem Projekt Anfang Mai 1941 ab und kehrte zu seiner ursprünglichen Auffassung zurück, d. h. zur Kombination der Gebietszugeständnisse mit Transfer.

Das Verhältnis zwischen diesen zwei Komponenten änderte sich aber allmählich. Die Rolle der Gebietsabtretungen verringerte sich, die Rolle des Transfers wuchs dagegen mit der Zeit – u. a. vor allem als Reaktion auf die Entwicklung der nationalsozialistischen Okkupation, Heydrichs Standrecht, auf die Massenhinrichtungen nach dem Attentat, Lidice usw. Im Dezember 1943 fuhr Beneš mit dem sog. „10 Punkte-Plan" nach Moskau, der im Prinzip einer integralen Aussiedlung der Sudetendeutschen gleichkam. Beneš gewann für diesen Plan zwar nicht begeisterte, aber doch die Zustimmung Stalins, nachdem die Engländer 1942 und die Amerikaner (Roosevelt) 1943 dem Prinzip des Transfers ihre Zustimmung ausgedrückt hatten. Bei Stalin reifte die Zustimmung gleichsam, und Beneš meldete von Moskau aus die Konzeption eines reinen nationalen tschechischen Staates als eines slawischen Staates der Tschechen, Slowaken und Ruthenen.

Dieses Konzept wurde 1944 in einen Vorschlag abgeändert, den die Exilregierung im November beim Alliierten Rat für Europa (European Advisor Committee) einreichte, und dabei blieb es auch. Es handelte sich bereits um die Konzeption eines integralen Transfers; sein Umfang war aber nicht so groß, wie er dann in der Praxis nach dem Kriegsende realisiert wurde.

Diese Konzeption blieb einige Zeit bei den Alliierten ohne Entscheidung liegen. Die westlichen Großmächte äußerten sich in dem Sinne, es sei nicht möglich, daß die Tschechen das Problem der Sudetendeutschen durch ihre eigene Ordnung lösten, und behielten sich die Entscheidung für sich bzw. für die „Großen Drei" vor. Beneš erhielt also bis zum Kriegsende keine konkrete Antwort. Er war mit der Situation nicht zufrieden und drohte, daß er eventuell mit „den Russen" eine Übereinstimmung treffen werde, wozu es aber nicht kam. Daher stammte die Unsicherheit, die auch im Regierungsprogramm von Košice (April 1945) ersichtlich ist, in dem die Umsiedlung der Deutschen nicht explizit formuliert wurde. In der Diskussion zu dieser Frage äußerte sich Gottwald so, daß der Transfer im Programm wie das Ei des Kolumbus anwesend sei und daß man erst sehen werde, ob es gelingt, dieses Ei auf die Spitze zu stellen. Unter diesen Umständen erschienen im sog. Kaschauer Programm nur die Konfiskationen, und das, was damit zusammenhing, d. h. die Staatsangehörigkeit u. ä.

In dieser Form blieb die Angelegenheit bis zur Potsdamer Konferenz hängen, wo die „Großen Drei" entschieden, daß der Transfer der Sudetendeutschen durchgeführt werden solle, daß aber die wilden Vertreibungen („expulsions") mit ihren Exzessen aufhören sollten und daß man einen ordentlichen, organisierten Transfer mit möglichst humanen Mitteln durchführen solle. Die Zeitspanne zwischen dem Kriegsende und dem Potsdamer Treffen war allerdings eine der Ursachen für die wilden Vertreibungen, weil im Verlauf der Ereignisse die Unsicherheit mitspielte, ob die Großmächte den Transfer billigen. Die Zwangsaussiedlung geschah dann in der Form, die alle Kriegsprojekte übertraf und den Interessen der kämpfenden politischen Parteien entsprach, die von der nationalen Werbung um die Stimmen bei den ersten Nachkriegswahlen beeinflußt wurden. Das ist jedoch ein weiteres Kapitel, das über mein Thema hinausgeht.

Detlef Brandes

Kollaboration und Widerstand im Protektorat Böhmen und Mähren

„Wenn ich schon den Staat nicht retten konnte, habe ich doch wenigstens das Volk gerettet".[1] Mit diesen Worten rechtfertigte Staatspräsident Emil Hácha seine Kapitulation vor den Drohungen Hitlers und Görings in der Nacht zum 15. März 1939. Auf den Schock des Einmarsches deutscher Truppen folgte ein Gefühl der Erleichterung. Die meisten kurz nach dem Einmarsch verhafteten Tschechen wurden bald wieder auf freien Fuß gesetzt. Das *Protektorat Böhmen und Mähren* behielt seinen *Staatspräsidenten*, die Regierung brauchte nur in einigen Positionen umbesetzt zu werden. An ihre Spitze trat mit Alois Eliáš ein General, der im Ersten Weltkrieg in der Tschechischen Legion gegen Österreich-Ungarn gekämpft hatte. Aufträge aus dem Reich, den Balkanländern und der Sowjetunion bescherten der Industrie einen Boom. Tschechische Arbeitslose fanden im Altreich gute Verdienstmöglichkeiten.

Nationale Politik mit verteilten Rollen (1939–1942)

Die tschechischen Politiker und Parteien versuchten, der Besatzungsmacht eine nationale Einheitsfront und Sammlungsbewegung gegenüberzustellen und ein Auseinanderdriften in Widerstand und Kollaboration zu verhindern. Sie orientierten sich am Vorbild ihrer erfolgreichen Strategie im Ersten Weltkrieg. Damals hatte der Verband der tschechischen Reichsratsabgeordneten im Lande versucht, durch die Politik einer loyalen Opposition die Föderalisierung der Habsburger Monarchie durchzusetzen. Die Rolle dieses Verbandes sollten nun der Staatspräsident und die Regierung des Protektorats übernehmen und die von Hitler zugesagte Autonomie verteidigen. Damals hatten die Politiker in der Heimat über einen geheimen Ausschuß Verbindung zu Masaryk und Beneš gehalten, die die Entente-Mächte zu überzeugen versuchten, daß die Gründung eines tschechischen Staates im Entente-Interesse liege. In seinem zweiten Exil nahm Beneš den Kampf um die Wiederherstellung der Selbständigkeit der Tschechoslowakei auf. Auch in diesem Krieg bemühten sich Heimat- und Exilpolitiker, ihre Schritte aufeinander abzustimmen. Beneš verglich ihre Zusammenarbeit mit kommunizierenden Röhren.

---

[1] Bývalý předseda vlády Rudolf Beran před Národním soudem. Jeho obhajovací řeč pronesená 28. a 29.III.1947. – Sudetendeutsches Archiv, München. Auch im folgenden werden nur die wörtlichen Zitate und jene Aussagen belegt, die nicht in meinen Büchern über das Protektorat vermerkt wurden. Siehe Detlef BRANDES: Die Tschechen unter deutschem Protektorat. 2 Bde. München 1969, 1975.

Nationale Opposition

Am 20. März löste Hácha das Parlament auf, verbot alle politischen Organisationen und berief 50 Personen in den Ausschuß einer sog. *Nationalen Gemeinschaft*, der nach Háchas Worten zwar kein Ersatzparlament sein, aber doch die Regierung beraten und zu ihren Gesetzesvorhaben Stellung nehmen sollte. In dieses Gremium schickten die ehemaligen Parteien ihre zweite Garnitur, während sich die Parteiführer auf Posten in Verbänden zurückzogen. Die Werbe-Aktion für den Eintritt in die *Nationale Gemeinschaft* erhielt den Charakter einer Volkszählung. Am Programmentwurf der NG mißfiel dem Reichsprotektor, daß dieser den Vertragscharakter des tschechisch-deutschen Verhältnisses betonte und das Christentum als älteste geistliche und sittliche Kraft des Volkes bezeichnete. Die bisher parteipolitisch zersplitterten Gewerkschaften bildeten einheitliche Fachgewerkschaften und einen Dachverband.

Die Regierung „verteidigt die Rechte des tschechischen Staates hartnäckig", urteilte der SD[2]. Seine erste Erklärung gegen die Bildung tschechischer Truppen im Exil gab Hácha nur gegen die Zusicherung des Reichsprotektors Konstantin von Neurath ab, einige zu Kriegsbeginn verhaftete Politiker freizulassen und die übrigen nicht aus dem Protektorat zu „verschleppen". Im Oktober 1939 weigerte sich Hácha, ein sog. „Treuegelöbnis" auf den Führer abzulegen, wenn die planmäßige Eindeutschung der Verwaltung, der Wirtschaft und des Schulwesens und die Verhaftung Unschuldiger nicht eingestellt bzw. zurückgenommen würden.

Regierung, NG und katholische Kirche übernahmen die Organisation und die Schirmherrschaft über zahlreiche Demonstrationen nationaler Solidarität. Zu den Predigten mutiger Geistlicher strömten so viele, daß die Kirchen die Zuhörer nicht fassen konnten. An Wallfahrten beteiligten sich bis zu 100 000 Menschen, unter ihnen Minister und NG-Führer. Die Regierung bat den Reichsprotektor um Verständnis für den Wunsch der Prager, am 28. Oktober, am Jahrestag der Staatsgründung, „ihr Tschechentum auch nach außen zu betonen"[3]. Bei dieser Demonstration wurde ein Student angeschossen und verstarb einige Tage darauf. An die Trauerfeier am 15. November schloß sich eine Studentendemonstration an. Von K. H. Frank, dem sudetendeutschen Vertreter v. Neuraths und zugleich Höheren SS- und Polizeiführer im Protektorat, informiert, reagierte Hitler mit der Schließung der Hochschulen, der Verschleppung von 1 200 Studenten in das Konzentrationslager Oranienburg und der Erschießung von neun Studentenfunktionären. Unter dem unmittelbaren Eindruck dieser Ereignisse wollte die Regierung zurücktreten, änderte jedoch ihre Meinung, als Hácha berichtete, daß sich v. Neurath von den Aktionen Franks distanziert hatte.

Durch ihre weitere Kollaboration glaubte die Regierung, die gemäßigten Kräfte um v. Neurath gegen die Radikalen um Frank stärken zu können. Für

---

[2] Bericht Sonderdienststelle Böhmen-Mähren v. 29. 9. 1939. – Archiv Ústavu dějin KSČ, 74/1/9.
[3] Persekuce českého studenstva za okupace. Prag 1945, S. 35 ff.

den Fall ihres Rücktritts fürchtete sie die Einsetzung einer Marionettenregierung und Massenverhaftungen. Dieses Risiko wollte sie erst eingehen, wenn der Zeitpunkt der Befreiung nicht mehr fern war. Als sie Beneš über ihre Pläne informierte, gab dieser grünes Licht zur Fortsetzung ihrer „opportunistischen" Politik. Er forderte wiederholt die Bevölkerung auf, sich nicht zu Demonstrationen oder Aufständen provozieren zu lassen. Im Jahr der deutschen Siege im Norden und Westen sandten Hácha und Eliáš eine Reihe von „geradezu aufdringlichen"[4] Glückwünschen zu deutschen Siegen an Hitler, für die sie von Beneš, der damals über die Anerkennung einer Exilregierung durch Großbritannien verhandelte, scharf kritisiert wurden. Die Protektoratsregierung konnte jedoch darauf verweisen, daß sie mit ihren Zugeständnissen wiederholt die Freilassung einer Anzahl von Studenten erreicht hatte. Im August 1940 berief Hácha einige Chefredakteure tschechischer Zeitungen in den NG-Ausschuß. Wie ein Mitglied dieser *Siebener-Gruppe* bekannte, waren sie die einzigen Intellektuellen, die sich „positiv zur gegenwärtigen Entwicklung stellten"[5]. Ihre Propaganda für den „Reichsgedanken" erinnerte an die jahrhundertelange Zugehörigkeit der böhmischen Länder zum Heiligen Römischen und zum Habsburger Reich.

Als die neue NG-Führung zudem allen Mitgliedern jeden Verkehr mit Juden untersagte und die Überprüfung der NG-Funktionäre auf ihre „arische" Abstammung ankündigte, protestierten die Spitzen mehrerer tschechischer Verbände. Falls die Juden-Erlasse nicht zurückgezogen würden, werde er in einem Hirtenbrief gegen die NG Stellung nehmen, drohte der Kardinal-Erzbischof. Schließlich gab die NG-Führung nach; der verantwortliche Chefredakteur wurde entlassen. Nach diesem Fiasko fiel die NG in „politische Passivität und Lethargie"[6]. Im Mai 1941 stellte Hácha den Vorsitzenden des neuen *Tschechischen Verbandes für die Zusammenarbeit mit den Deutschen* an die Spitze der NG und ernannte den Chef der Gewerkschaftszentrale zu dessen Stellvertreter. Der Elan des neuen Vorsitzenden erlahmte aber bald am hinhaltenden Widerstand des Funktionärskörpers.

Als Hácha die Bevölkerung im Oktober 1940 aufforderte, gute Tschechen und gute Bürger des Deutschen Reiches zugleich zu sein, drohte Beneš, mit der Protektoratsregierung zu brechen. Nach dieser Warnung sowie aufgrund der italienischen Niederlagen auf dem Balkan und in Nordafrika zeigte die Regierung größeren Widerstandsgeist. Im Januar 1941 forderte der Reichsprotektor, alle Beamten, die im Ersten Weltkrieg auf seiten der Alliierten gekämpft hatten, schon mit 45 Jahren zu pensionieren. Als Eliáš daraufhin seinen Rücktritt erwog, entschärfte v. Neurath die Verordnung. Beneš gratulierte der Regierung zu diesem Erfolg: Das Zusammenspiel der Protektorats- mit der Exilregierung habe auf die Engländer großen Eindruck gemacht. Nach diesem

---

[4] Monatsbericht SD-Leitabschnitt Prag für Juni 1940, 2. – AÚD KSČ.
[5] Tomáš PASÁK: Aktivističtí novináři a postoj generála Eliáše v roce 1941. In: ČSČH 15 (1967), S. 184.
[6] Tomáš PASÁK: Problematika protektorátního tisku a formování tzv. skupiny aktivistických novinářů na počátku okupace. In: Příspěvky k dějinám KSČ 1967, H. 1, S. 77 f.

Erfolg übergab Hácha dem Reichsprotektor ein Memorandum, in dem er die Vorteile herausstellte, die die bisherige ruhige Entwicklung im Protektorat dem Reich gebracht habe. Die öffentliche Verwaltung funktioniere ohne deutsche Beamte und die Rüstungsindustrie arbeite ungestört. Wenn es nicht zu einer Entwicklung wie in anderen besetzten Gebieten kommen solle, müßten die willkürlichen Verhaftungen eingestellt und alle unschuldigen KZ- und Gefängnishäftlinge, besonders aber die Studenten entlassen und die Unterstützung faschistischer Gruppen eingestellt werden.

Im März 1941 versprachen Hácha, Eliáš und Finanzminister Kalfus Beneš, keine staatsrechtliche Erklärung zu unterzeichnen, kein Plebiszit durchzuführen und keine Faschisten oder „Aktivisten" in die Regierung aufzunehmen. Hácha wollte lieber den Freitod wählen und Eliáš „nicht nachgeben, selbst wenn es den Hals kosten sollte"[7]. Die „Regierung des stolzen Schweigens" weigerte sich auch, gegen den anti-deutschen Umsturz in Jugoslawien Stellung zu nehmen. Den deutschen Angriff auf die Sowjetunion pries Hácha allerdings als Beginn eines Kreuzzugs gegen den „negativen, destruktiven und volksfremden" Bolschewismus[8]. Eliáš versicherte aber Beneš, daß diese Erklärung „wirklich die letzte" gewesen sei[9]. Die Regierung sah im Rußlandfeldzug eine Gelegenheit, ihren Forderungen nach der Freilassung der noch in Haft befindlichen 600 Studenten Nachdruck zu verleihen. Alle anderen Verhafteten seien in einem Lager zu konzentrieren, das der Aufsicht der Regierung zu unterstellen sei. Hácha „war sichtlich erleichtert"[10], als der Reichsprotektor den Einsatz tschechischer Soldaten gegen die Sowjetunion ablehnte. Beneš wurde informiert, daß Hácha die Deutschen überzeugt habe, daß die Teilnahme der Tschechen am Ostfeldzug „für unsere Öffentlichkeit unannehmbar wäre"[11]. Beneš forderte weiterhin entschiedenen Widerstand gegen deutsche Zumutungen, auch um den Preis des Rücktritts. Die Verwaltung müsse ordentlich funktionieren, wenn man nicht unübersehbare wirtschaftliche Schäden und Hunger in Kauf nehmen wolle, antwortete Eliáš. Durch überflüssige Aufrufe zum Widerstand fülle man nur die Kerker.

Anfang August 1941 versprach Eliáš aber den Rücktritt seiner Regierung, falls die Deutschen dem Volk „unerträgliche Lasten" auferlegen würden[12]. Tatsächlich meldete sich Hácha am 18. September 1941 bei v. Neurath mit einer Erklärung, die als verhüllte Rücktrittsdrohung verstanden werden konnte, und brachte Beschwerden vor, die von den deutschen Maßnahmen gegen die tschechischen Schulen bis zu der immer noch nicht erfolgten Freilassung der Studenten reichten. Die Besatzungsmacht mußte sich nun zwischen

---

[7] Depeschen zwischen Prag und London v. 20. 3.–7. 8. 1941 – Jaroslava ELIÁŠOVÁ, Tomáš PASÁK: Poznámky k Benešovym kontaktům s Eliášem zu druhé světové války. In: Historie a vojenství 1967, 108–140, hier S. 128 ff.
[8] Der Neue Tag v. 24. 6. 1941.
[9] ELIÁŠOVÁ, PASÁK, S. 137 f.
[10] Ereignismeldung UdSSR Nr. 12 v. 5. 7. 1941. – Nürnberger Dokumente NO-4532.
[11] ELIÁŠOVÁ, PASÁK, S. 138.
[12] Ebd., S. 140.

Nachgeben oder verstärktem Druck entscheiden. Über die Absprachen zwischen Hácha, Eliáš und Beneš wußte sie nämlich spätestens seit Januar 1941 Bescheid. Schon seit August 1939 hatte sie zudem Nachrichten, daß die Regierung die Widerstandsgruppen deckte, die seit dem Beginn des Rußlandfeldzuges ihre Tätigkeit verstärkten. Ende September 1941 beurlaubte Hitler v. Neurath und entsandte Reinhard Heydrich als „stellvertretenden Reichsprotektor" nach Prag. Dieser ließ bis Ende November 1941 über 400 Personen erschießen und Eliáš in einem Schauprozeß wegen Hoch- und Landesverrats zum Tode verurteilen. Hácha und die übrigen Minister berieten wiederum über ihren Rücktritt, vollzogen ihn jedoch nicht, wohl auch, weil Heydrich ihnen klar gemacht hatte, daß er genügend Material auch gegen sie in der Hand hatte. In einer Ansprache über den Rundfunk warf Hácha dem Exilpräsidenten Beneš vor, daß er nicht wie er selbst die Tränen der Mütter und Frauen sehe, deren Söhne er zu Widerstandshandlungen habe aufhetzen lassen. Daß sich die Regierung auch damit noch nicht von der Bevölkerung isolierte, zeigen Loyalitätsbekundungen von Persönlichkeiten aus dem kulturellen Leben, darunter auch von Prof. Albert Pražák, dem späteren Vorsitzenden des Leitungsorgans des Prager Aufstandes.

Widerstand mit kalkuliertem Risiko

An die Stelle des Geheimausschusses des Ersten Weltkriegs trat 1939 ein geheimes *Politisches Zentrum* aus je einem Politiker der ehemaligen tschechischen Koalitionsparteien. Der Landwirtschaftsminister der Protektoratsregierung vertrat zugleich die Agrarpartei in dem neuen Geheimausschuß. Dessen sozialdemokratisches Mitglied wurde von Hácha zum Chef der Obersten Preisbehörde des Protektorats ernannt. Die Kontinuität ging so weit, daß einige Personen wieder ihre alten Rollen übernahmen. An die Spitze des neuen trat der Vorsitzende des alten Geheimausschusses.

Im Unterschied zum Ersten Weltkrieg spielten das Offizierskorps, die Sozialisten und Kommunisten eine eigenständige Rolle im zweiten Widerstand. Die größte Organisation war die Geheimarmee, die sich den Namen *Nationalverteidigung* gab. Sie attachierte einen Vertreter zum Politischen Zentrum, einen anderen schickte sie ins Exil. Gewerkschafter und Linkssozialisten fanden in einer Widerstandsgruppe zusammen, die sich in Erinnerung an einen gemeinsamen Aufruf aus der Zeit der nationalsozialistischen Bedrohung *Petitionsausschuß Wir bleiben treu* nannte. Auch diese beiden Organisationen erkannten noch vor Kriegsbeginn Benešs Führungsanspruch an.

Am Tag des deutschen Überfalls auf Polen gaben Beneš und General Ingr der Widerstandsbewegung die Weisung, sich vorläufig auf „unauffällige" Sabotage und auf Nachrichtendienst zu beschränken[13]. Beinahe täglich schickten die Widerstandsgruppen per Kurier und Funk Informationen, die wegen der engen Verbindung zwischen Widerstandsfunktionären und Protektoratsbe-

---

[13] Botschaft in die Heimat v. 1. 9. 1939. – Badatelské Dokumentační Středisko.

hörden von großem Wert waren. Mit „aktiver Sabotage im großem Rahmen" und dem bewaffneten Aufstand sei zu beginnen, wenn Deutschland entweder militärisch und moralisch angeschlagen sei, aber auch für den Fall eines Umsturzes in Deutschland, damit sich die Westmächte aus Angst vor dem Kommunismus nicht mit halben Lösungen zufrieden gäben[14]. Aus diesem Grund stellte die Geheimarmee Kader für 200 Bataillone auf. Wegen des überstürzten Ausbaus konnte die Gestapo schon an der Jahreswende 1939/40 einen großen Teil der Offiziere verhaften. Damals deckte sie auch die Verbindungen zwischen der Regierung und dem *Politischen Zentrum* auf. Der *Petitionsausschuß* überstand diese Verhaftungswelle besser. Im Mai 1940 beschickten die drei Gruppen einen paritätisch zusammengesetzten *Zentralausschuß des Heimatwiderstands*, der sich auf ein Nachkriegsprogramm demokratischer und sozialistischer Reformen einigte.

Nach dem deutschen Angriff auf die Sowjetunion forderte Beneš den *Zentralausschuß* auf, einerseits die Sabotagetätigkeit zu steigern und andererseits die Zusammenarbeit mit der KPTsch zu suchen. Tatsächlich nahm die Zahl der Sabotageakte zu, wurden kurze Streiks und im September 1941 ein einwöchiger Zeitungsboykott ausgerufen, der mit der Exilregierung abgestimmt worden war.

Bedingungslose Kollaboration

Rechts außerhalb der nationalen Sammlungsbewegung blieb nicht einmal die Mehrheit der Faschisten. Ihr anti-deutscher Nationalismus führte die *Nationale Faschistengemeinde* nach dem Münchener Abkommen in die Regierungspartei und nach der deutschen Okkupation in die *Nationale Gemeinschaft*. Mit dem Angebot von Sitzen im NG-Ausschuß und finanziellen Subventionen gelang es der Regierung, die für wenige Monate erneuerte Faschistengemeinde ebenso wie einige kleinere faschistische und antisemitische Gruppen noch im Jahre 1939 zur Aufgabe der Opposition zu bewegen. Mit dieser Strategie erzielten Regierung und NG im Fall der Gruppe *Vlajka* allerdings nur einen Teilerfolg. Diese entsandte zwar auch Vertreter in den NG-Ausschuß, stellte jedoch ihre Kritik an der abwartenden Politik der Regierung und der NG-Mehrheit nicht ein und brach im August 1939 mit der NG. Die *Vlajka* wandte sich gegen die liberale Demokratie und den „Einfluß von Juden und Freimaurern" und trat für die Übernahme der Nürnberger Rassegesetze sowie die totalitäre Organisation der Gesellschaft ein[15]. Ihre *Svatopluk-Garden*, eine SA-Imitation, überfielen Juden, zerstörten jüdische Geschäfte und schändeten Synagogen und jüdische Friedhöfe.

Als die *Vlajka*-Anhänger sich Mitte November 1939 in Prag versammeln wollten, wurden sie von tschechischer Polizei mit Gummiknüppeln auseinandergetrieben. Die *Vlajka* schlug die Bildung eines Staatsrats unter ihrer Füh-

---

[14] Botschaft Exil an Politisches Zentrum und Nationalverteidigung v. 8. 9. 1939. – BDS.
[15] Tomáš PASÁK: Vyvoj Vlajky v období okupace. In: Historie a vojenství 1966, S. 847 ff.

rung, die Rekonstruktion der Regierung und die Umwandlung des NG-Ausschusses in ein Wirtschaftsparlament vor. Eliáš machte daraufhin den nicht ernst gemeinten Vorschlag, zwei Funktionäre der *Vlajka* zu Ministern zu ernennen, doch lehnten v. Neurath und Frank die Kandidaten wegen ihres schlechten Leumunds ab.

Als der Vorsitzende der Prager NG verhaftet und das dortige Kreisbüro geschlossen wurden, hielt die *Vlajka* ihre Zeit für gekommen. Am 8. und 9. August 1940 überfielen ihre Svatopluk-Garden das Prager NG-Büro und wurden dabei von einer SS-Einheit unterstützt, während die tschechische Polizei zugunsten der NG eingriff. Wegen der SS-Beteiligung geriet Frank in die Defensive und mußte einem Uniform-Verbot für die *Vlajka* zustimmen. Ein Verbot dieser Gruppe lehnte der Reichsprotektor jedoch ab, um „für die *Nationale Gemeinschaft* ein Schreckgespenst in den Händen zu halten"[16].

Zerschlagung und Zerfall der nationalen Einheit

Von der nationalen zur Provinzvertretung

Im Januar 1942 ernannte Hácha eine neue Regierung unter dem Vorsitz ihres bisherigen Stellvertreters. Heydrich erleichterte den Ministern die Weiterarbeit, indem er die letzten Studenten aus dem KZ entließ. Die Regierung sollte sich von einer „Landesbehörde für Beschwerden gegen das Reich" zum „verlängerten Arm des Reichsprotektors" entwickeln[17]. Diesem Ziel dienten die Ernennung eines Deutschen zum Wirtschafts- und Arbeitsminister und die Aufhebung des Ministerratspräsidiums. In den nächsten Monaten plazierte Heydrich die meisten Beamten seiner Behörde an den entscheidenden Stellen der gleichgeschalteten Ministerien. Nur 2 000 Deutsche kontrollierten einen Verwaltungsapparat von 350 000 Personen. Allein im Ministerium für Erziehung und im Amt für Volksaufklärung verzichteten die Deutschen auf einen deutschen Staatssekretär. Beider Chef wurde Oberst Emanuel Moravec, der noch im Herbst 1938 für den bewaffneten Widerstand plädiert und aus Enttäuschung über die Kapitulation und aus Angst vor dem Verlust seiner Einnahmequelle als militärischer Leitartikler eine Wendung um 180 Grad vollzogen hatte.

Heydrich wandte sich demonstrativ an Arbeiter und Bauern. In Betriebsappellen bemühten sich Redner der Gewerkschaften, die Arbeiter zu überzeugen, daß „jeder Widerstand ein Hazardspiel" sei[18]. Im Anschluß an die Propanganda-Aktion empfing Heydrich eine Gewerkschaftsdelegation und

---

[16] Bericht Vertreter des AA beim Reichsprotektor an AA v. 10. 9. 1940. – Politisches Archiv, AA/Inland II A/B, E 227991 f.
[17] Geheimrede Heydrich v. 4. 2. 1942. – Protektorátní politika Reinharda Heydricha. Hg. v. Miroslav KÁRNÝ u. Jaroslava MILOTOVÁ. Prag 1991, S. 212–224.
[18] Schreiben Heydrich an Bormann v. 11. 10. 1941. – Čestmír AMORT: Heydrichiáda. Prag 1965, S. 83 ff.

sagte ihr eine bessere Versorgung mit Fett und mit Schuhen zu. Eine Abordnung des Bauern- und Waldarbeiterverbandes versprach, daß die Bauern in der nunmehr „dritten Erzeugungsschlacht" ihre Pflicht gegenüber dem „Großdeutschen Reich und Europa" erfüllen würden[19].

Ende Mai 1942 wurde Heydrich von zwei Agenten der Exilregierung erschossen. Gegen Hitlers und Himmlers Befehle, das Attentat durch die Erschießung von 10 000 oder 30 000 Tschechen zu vergelten, wandte Frank ein, daß „wir uns freiwillig sehr wertvoller politischer Kräfte begeben ... würden, die sich uns heute zu positiver Arbeit darbieten. Zum Beispiel: Protektoratsregierung, Gewerkschaften usw."[20]. Hitler zog den Befehl zurück und billigte Franks Linie, das Attentat allein der Exilregierung anzulasten. Die Regierung setzte eine Belohnung für Angaben aus, die zur Ergreifung der Attentäter führen, und forderte die Bevölkerung zur Beendigung jeglicher Passivität auf. Moravec warnte die Bevölkerung: „Wehe dem tschechischen Volk, wenn die Verbrecher nicht gefaßt werden!"[21] Die Ermordung der Einwohner von Lidice steigerte die Panik. Nachdem aber die Attentäter gefunden und erschossen waren, bemühte sich Frank, wieder zur Tagesordnung überzugehen, und die hieß: „höchste Arbeitsleistung auf allen Gebieten". Tatsächlich „funktioniert die tschechische Rüstungsindustrie bewundernswert gut und hält sich die Arbeiterschaft insgesamt gesehen sehr gut", stellte er noch im Herbst 1944 fest[22]. Die Franksche Losung hieß „Entpolitisierung". Um dieses Ziel zu erreichen, verzichtete „der nüchterne Realpolitiker" - so charakterisierte sich Frank selbst[23] - auf Massenterror, widersprach Plänen, Volksdeutsche im Protektorat anzusiedeln und machte verbale Zugeständnisse an ein kulturell verstandenes Tschechentum.

Die politischen Ansprüche der *Vlajka* paßten nicht in Heydrichs und Franks Politik, die tschechische Bevölkerung in unpolitische Stände aufzugliedern. Als die Gruppe den deutschen Günstling Moravec angriff, verbot ihr Frank sogar alle öffentlichen Auftritte. Schließlich wurden 350 *Vlajka*-Mitglieder zum Arbeitseinsatz ins Reich und zwei ihrer Führer ins KZ Dachau gebracht.

Zerschlagung der Widerstandsbewegung

Im Herbst 1941 gelang es der Gestapo, fast das gesamte Netz des *Petitionsausschusses* und der teilweise wiederaufgebauten Geheimarmee zu zerschlagen. Zugleich ging die Einigung auf den *Zentralausschuß* und sein Programm verlo-

---

[19] Loyalitätserklärung v. 5. 12. 1941 - Dokumenty z historie Československé politiky 1939-1943. Prag 1966. Bd. II 471.
[20] Aufzeichnung Frank über Besuch bei Hitler v. 28. 5. 1942. - Die Deutschen in der Tschechoslowakei 1933-1947. Dokumentensammlung. Hg. v. Václav KRÁL. Prag 1964, S. 474 ff.
[21] Dušan HAMŠÍK, Jiří PRAŽÁK: Bomba pro Heydricha. Prag 1963, S. 250 f.
[22] Jan TESAŘ: Poznámky k problémům okupačního režimu v tzv. „protektorátě". In: Historie a vojenství 1964, S. 348.
[23] Geheimrede Frank v. Ende März 1944. - Die Deutschen in der Tschechoslowakei 1933-1947. Dokumentensammlung. Hg. v. Václav KRÁL. Prag 1964, S. 519-524.

ren. Von diesem Schlag sollte sich die Widerstandsbewegung erst im April 1945 erholen. Deshalb mußten die im Dezember 1941 und im März 1942 abgesprungenen Fallschirmspringer selbständiger arbeiten als ursprünglich vorgesehen und erhielten die Aufgabe, an Stelle der dezimierten Widerstandsbewegung spektakuläre Aktionen durchzuführen. Die Terrorwelle nach dem Heydrich-Attentat kostete rund 1 700 Menschenleben. Seit dem Tod bzw. der Verhaftung der meisten Fallschirmagenten besaß die Exilregierung keinen Funkkontakt zum Protektorat mehr. Eine Mission, die Ende Oktober 1942 in die Heimat geschickt worden war, konnte vor ihrer Verhaftung im Januar 1943 noch berichten, daß der *Zentralausschuß* völlig zerschlagen sei und weitere Agenten erst entsandt werden sollten, wenn eine neue Organisation aufgebaut sei.

Gegen die Kommunisten oder mit ihnen

Antibolschewismus

An die Stelle der erfolglosen „Reichspropaganda" trat in den letzten Kriegsjahren zunehmend die Warnung vor der „bolschewistischen Gefahr". Im August 1943 richteten die katholischen Bischöfe des Protektorats einen Hirtenbrief gegen die „Gottlosigkeit aus dem Osten"[24]. Hácha und die Regierung protestierten gegen den Vertrag über Beistand und Zusammenarbeit, den Beneš im Dezember 1943 mit Stalin geschlossen hatte. Im selben Monat wurde die Gründung einer *Liga gegen den Bolschewismus* bekanntgegeben. Auf den Slowakischen Nationalaufstand im August 1944 reagierte Frank mit der Losung, daß die nationalen Gegensätze hinter dem Kampf gegen den Bolschewismus zurückzutreten hätten.

In den letzten Kriegswochen appellierten Frank und Moravec an den Realismus der tschechischen Bevölkerung, ohne „überflüssigen Aufstand", unter Vermeidung von Verlusten an Menschenleben, in die Nachkriegszeit einzutreten. Die tschechischen Minister schlugen vor, die Macht rechtzeitig einer tschechischen Regierung zu übergeben, die die amerikanische Armee ins Land rufen sollte. Frank war einverstanden unter der Bedingung, daß die Wehrmacht weiter gegen die Rote Armee kämpfen könne. Nach den Vorstellungen der Regierung sollte Ministerpräsident Bienert die Funktion des Staatspräsidenten übernehmen und das Ende des Protektorats bekanntgeben. Als am 5. Mai der Prager Aufstand ausbrach, brach Bienert die Verhandlungen mit Frank ab und eilte zum Rathaus, wo ihn Abgesandte der Aufstandsführung abfingen.

---

[24] PA/AA, Inland I D, Prot. Kirche 3,6.

Volksfront

Von der Geheimarmee waren nur kleine Reste übriggeblieben. Sie konzentrierte sich nun darauf, in den Führungsspitzen der mannschaftsstarken *Regierungstruppe*, der Gendarmerie und der Polizei Zellen zu bilden, die erst kurz vor dem deutschen Zusammenbruch hervortreten sollten. Ausgehend vom der böhmisch-mährischen Höhe weitete ein *Dreierrat* seine Organisation über das ganze Protektorat aus. Er setzte sich für die Bildung von *Nationalausschüssen* ein, die paritätisch von Kommunisten und Vertretern eines „demokratischen Blocks" zu besetzen seien. Seit dem Herbst 1944 arbeitete der *Dreierrat* mit einer *Revolutionären Gewerkschaftsbewegung* zusammen und bildete schließlich im April 1945 mit anderen Gruppen den *Tschechischen Nationalrat*. Von Sabotageakten blieben die Betriebe des Protektorats auch 1944 weitgehend verschont. Dagegen stieg die Zahl der Anschläge auf Gleise, Züge und Brücken besonders im April 1945. In den letzten Kriegstagen kam es in manchen Orten zu Aufständen bzw. zur Machtübernahme durch *Nationalausschüsse*. In Prag gab die Geheimarmee am 5. Mai das Signal zum Aufstand. Die Regierungstruppe, die Gendarmerie und die Polizei des Protektorats gingen zu den Aufständischen über und bildeten bis zur Befreiung durch die Rote Armee das militärische Rückgrat des Aufstandes. Die politische Führung fiel jedoch dem *Nationalrat* zu, da dieser die Unterstützung der Kommunisten genoß. In einer kritischen Phase griffen Vlasov-Truppen auf der Seite der Aufständischen in den Kampf gegen die Wehrmachtseinheiten und Divisionen der Waffen-SS ein. Nach dem Abzug der Vlasov-Division sank die Kampfmoral der Aufständischen, da alliierte Waffenhilfe ausgeblieben war. Auf vielen Barrikaden wurden am 7. Mai weiße Fahne gehißt. Angesichts der bevorstehenden Gesamtkapitulation Deutschlands wurde jedoch auch in Prag eine „Kapitulation" gegenüber dem Nationalrat vereinbart, die den deutschen Truppen den ungehinderten Abzug erlaubte. Während am Morgen des 9. Mai die letzten deutschen Truppen im Westen aus Prag hinausmarschierten, fuhren von Norden die ersten sowjetischen Panzer in die Stadt hinein.

Resumé

Abschließend läßt sich feststellen: Die Deutschen fanden im Staatspräsidenten, in der Regierung, den tschechischen Beamten und den Verbänden die Strukturen und Fachleute, die sie für die reibungslose Arbeit der Verwaltung, der Industrie und Landwirtschaft benötigten. Die Übernahme der Regierung durch die kleinen faschistischen Grüppchen kam für sie deshalb nicht in Frage. Diese dienten ihnen aber als Instrument, die Regierung der sog. „Realisten" einzuschüchtern und ihren Wünschen gefügig zu machen. Dank der Kollaboration benötigte die Besatzungsmacht im Protektorat weniger Beamte, Polizisten und Soldaten als in anderen besetzten Gebieten des östlichen

Europa. Die Zusammenarbeit mit den Deutschen hat dazu beigetragen, den Widerstand zu schwächen und die Verluste an Menschenleben der tschechischen, nicht jedoch der jüdischen Bevölkerung des Protektorats, geringer als in anderen besetzten Gebieten des östlichen Europas zu halten. Regierung und Widerstandsbewegung standen in den ersten beiden Jahren in enger Verbindung, die erst unter der Herrschaft Heydrichs zerschlagen wurde. Der Widerstand lebte erst in den letzten Monaten des Krieges wieder auf. Im *Tschechischen Nationalrat* und in den *Nationalausschüssen* besaßen die Kommunisten eine starke Stellung.

Werbung.

Aus der Zeitschrift *Böhmen und Mähren*. Blatt des Reichsprotektors in Böhmen und Mähren. H. 10, Oktober 1941.

Zdeněk Radvanovský

Die Vertreibung der Deutschen 1945-1948

Die zurückliegenden Ereignisse, besonders jene aus den Jahren 1938-1945, hatten zwischen Tschechen und Deutschen im Aussiger Gebiet eine unüberwindliche Barriere entstehen lassen. Die Sympathie der meisten Deutschen zu Henlein, „München", das folgende Unrecht, der 15. März 1939 und das generelle Verhalten der Okkupanten riefen auf der tschechischen Seite Emotionsausbrüche hervor, die nicht anders denn als wilder Haß bezeichnet werden können. Das Verhältnis der Tschechen zu Reichsdeutschen, und in unserem Untersuchungsraum vor allem zu Sudetendeutschen, hatte sich durch München und die folgende Okkupation allseits verschärft und zugespitzt, bis es schließlich das Gefühl hervorgerufen hatte, daß es notwendig sei, eine neue Lösung der „deutschen Frage" in der Republik nach dem Krieg zu suchen. Nach einer Inspiration brauchten die Tschechen damals nicht lange zu suchen. Mit der Idee einer neuen Ordnung der Beziehungen zwischen Tschechen und Deutschen warteten gleich zu Beginn der Okkupation deutsche Nazis auf (es soll aber vermerkt werden, daß die Sudetendeutschen eine ähnliche Lösung noch vor der Okkupation vorgeschlagen hatten): Dem tschechischen Volk drohte während des ganzen Krieges nicht nur die Aussiedlung aus dem mitteleuropäischen Raum, sondern auch die physische Vernichtung. Daraus erwuchs während des Krieges und besonders unmittelbar nach dessen Ende der tschechische Gegenangriff, der in seinen Schlußfolgen zur Aussiedlung der Deutschen aus dem tschechischen Grenzgebiet führte. Mitte des Jahres 1945 fand dies praktisch niemand in unserer Gesellschaft unlogisch, wie es erhaltene Quellen und vor allem die zeitgenössische Presse zeigen. Hinzu kam, daß auch die führenden Repräsentanten der Anti-Hitler-Koalition in der Endphase des Krieges solchen Maßnahmen in unterschiedlichem Maße ihre Zustimmung ausgesprochen hatten.

Mit der Lösung der „deutschen Frage" befaßte sich gleich das erste Regierungsprogramm, das auf dem befreiten Gebiet am 5. April 1945 aufgelegt wurde. Da die Verbündeten aber noch keine definitive Entscheidung getroffen hatten, erklärte das Programm nur den Grundsatz, daß „die Republik keine loyalen deutschen und madjarischen Bürger bestrafen will und wird", und bestimmte damit im Grunde den Umkreis derjenigen, denen das Staatsbürgerrecht bestätigt werden soll. Wir können also feststellen, daß das Programm in gewissem Maße ein differenziertes Herangehen an Deutsche noch vorausgesetzt hatte. Die Erklärung der Regierung vom 11. Mai 1945 hatte aber schon einen deutlich abweichenden Tonfall. Die Worte „wir werden diejenigen Deutschen und Madjaren, die sich an unseren Völkern in der Republik schwer vergriffen haben, für des Staatsbürgerrechts verlustig halten und diese streng bestrafen", eröffneten ebenso wie der Aufruf „die Nationalausschüsse sollen damit sofort beginnen", dem wilden und mutwilligen Handeln die Schleusen, und dies unter Bedingungen, unter denen es faktisch keinen gesetzlichen Rahmen gab. Einen Teil der Verantwortung trug auch eine solche Autorität unseres Widerstandes, wie es Präsident E. Beneš zweifellos war, in dessen Reden vom Mai 1945 die Worte auftauchten, daß „wir das deutsche Problem in der Republik definitiv liquidieren müssen".

Die Situation in Nordwestböhmen, speziell in Ústí nad Labem/Aussig und Umgebung Ende April und Anfang Mai war schon sehr gespannt. Unter der deutschen Bevölkerung verbreitete sich eine verzweifelte Apathie, und auch deutsche Behörden und Organe wurden schwächer in ihrer Tätigkeit. Unter der tschechischen Bevölkerung, besonders in den Aussiger Vororten, wo deutlich mehr Tschechen als in der Innenstadt lebten, verbreitete sich im Gegensatz dazu eine kämpferische Gesinnung; irgendein Auftritt wurde jedoch noch für vorzeitig gehalten. Noch Ende April erklärte der NSDAP-Bezirksleiter und oberste Befehlshaber Rudolf Schittenhelm die Stadt Aussig zu einer Festung, was bedeutete, daß die Stadt gegen den Vormarsch der englisch-amerikanischen und sowjetischen Truppen verteidigt werden sollte. Zu diesem Zwecke begann man auf den Straßen Verhaue zu errichten, es wurden Schützengräben und Stellungen für Maschinengewehrnester ausgehoben.

In dieser Situation verbreitete sich der Rundfunkbericht vom Ausbruch des Aufstands in Prag wie ein Blitz unter der tschechischen und deutschen Bevölkerung. Nach den ersten Berichten über den Aufstand trafen sich einige bekannte Tschechen in der Wohnung eines gewissen F. Toman, wo während der ganzen Zeit der Okkupation Kontakte geknüpft worden waren. Dort wurden wichtigste Fragen einer möglichen Verwaltungsübernahme in der Stadt besprochen. Andere Tschechen trafen sich im Haus der Brüder Hašek und besprachen die Situation. Ihr Haus war beim Luftangriff am 17. April beschädigt worden, und die Brüder Hašek renovierten es mit Hilfe einiger Bekannter und Freunde. Deshalb war es nicht so auffällig, wenn sich dort mehrere Leute versammelten. Diese tschechischen Bewohner bildeten in den nächsten Tagen den Keim des Revolutionären Nationalausschusses (RNA), der dann am 8. Mai von den deutschen Behörden die Verwaltung in der Stadt übernahm. Es kam auch zur Übernahme des Stadtrundfunks, der sich im Luftschutzraum Marienfels befand. Der deutsche Bürgermeister Tschermak übergab den Sender den Vertretern des Revolutionären Nationalausschusses. Unter den ersten Berichten war die Anordnung für deutsche Bewohner der Stadt, daß sie nach 17 Uhr abends ihre Wohnungen nicht mehr verlassen durften, daß auf ihren Häusern und Wohnungen weiße Fahnen zu hängen hatten, und daß sie alle Waffen abgeben mußten, die sie zu Hause hatten. Auch die tschechische Bevölkerung wurde über die Gründung des RNA und über dessen erste Aktionen informiert. Die tschechischen Bürger wurden aufgefordert, ihre Pflicht zu erfüllen und in dieser erregten Zeit Ruhe zu bewahren, denn nur so konnten die vollkommene Lähmung der Wirtschaft und der Zusammenbruch der Versorgung verhindert werden. Dieser Aufruf wurde später auch in Form eines Plakats gedruckt und in der Stadt ausgehängt. Der RNA hat in bezug auf das wachsende Chaos entschieden, daß es nötig ist, vor bedeutende Objekte, auf die Hauptkreuzungen und Ausfallstraßen Patrouillen zu stellen. Es mußte vor allem die Brücke bewacht werden, die die Deutschen unterminiert hatten, und alle Bahnhöfe, die auf den Abtransport der Waggons mit Produkten aus den Aussiger Betrieben vorbereitet waren. Es wurden dazu tschechische Freiwillige ausgewählt. Da aber in dieser Zeit die Zahl der tschechischen Bewohner in der Stadt gering war, wurden auch zuverlässige Deutsche bewaffnet und auf Patrouille geschickt.

Ein Tätigkeitsschwerpunkt der RNA-Mitglieder lag in den Tagen nach der Befreiung auf der Versorgung mit den notwendigsten Lebensmitteln. Neben den Bewohnern befanden sich nämlich auch einige tausende Kriegsgefangene, Zwangsarbeiter und andere Kriegsopfer in der Stadt. Für alle mußte mindestens der minimale Lebensbedarf gesichert werden. Wie es sich zeigte, waren die Vorräte in der Stadt ziemlich groß. Die RNA-Mitarbeiter stellten fest, daß in den Lagern vieler Aussiger Betriebe vielerlei Waren angehäuft waren. Alles wurde sofort für den Bedarf der Stadt gesichert. Als besonders wertvoll wurden die aufgefundenen Speisefette, Öl, Seife und Waschmittel empfunden. In der Zuckerraffinerie in Krásné Březno/Schönpriesen wurden Zuckervorräte zum Export und für Militärlieferungen entdeckt. Auch in der Spiritusfabrik in der Nachbarschaft waren die Lager voll, genauso auch die abgestellten Waggons. In den Häfen in Vaňov/Wanow und Krásné Březno/Schönpriesen standen Schleppkähne mit vielen Fisch- und besonders Sardinenkonserven. Durch einen rechtzeitigen Eingriff und die Besetzung des heutigen Westbahnhofs gelang es, einige Waggons voll Margarine vor Diebstahl zu retten. Die RNA-Mitglieder konnten die vielen unterschiedlichen Aufgaben mit eigenen Kräften kaum bewältigen. Sie hatten in den ersten Tagen eine große Stütze vor allem in den Kriegsgefangenen und Zwangsarbeitern gefunden. Viele dieser Leute stellten sich, soweit sie nicht gleich nach der Befreiung nach Hause zurückkehrten, dem Nationalausschuß zur Verfügung und halfen ihm aktiv. Eine bedeutende Hilfe leisteten sowjetische und französische Kriegsgefangene, die sich in einigen Lagern in der Stadt und Umgebung befanden. Der Nationalausschuß nützte zur Erhaltung der Ordnung auch die Dienste loyaler Deutscher, die in diesen Tagen oft mit der Waffe in Wachabteilungen dienten.

Die Zahl der Aufgaben, die den Mitgliedern des revolutionären Nationalausschusses oblagen, nahm in den ersten Tagen nach der Befreiung stetig zu, aber die Zahl der Tschechen, die sich in seine Dienste meldeten, erhöhte sich nur sehr gering. Z. B. meldeten sich auf die Mobilisierungsverordnung aus den ersten Maitagen hin nur 16 Tschechen und 36 deutsche Kommunisten. Die Situation wurde auch durch den Einzug der ersten Gruppen der sog. Revolutionsgarde verkompliziert. Wie der Chronist anführt, kamen erste Horden der Revolutionsgarde schon am 13. Mai abends in der Stadt an: „Es waren meistens Verbrecher und Prostituierte, bis an die Zähne bewaffnet, die bei Tage auf den Straßen spazierten, auf die deutschen Inschriften schossen und stahlen, was nicht niet- und nagelfest war. Sie plünderten den Leuten ihr Gepäck und verhielten sich so, daß gegen sie auch die sowjetischen Truppen eingriffen." Den Ernst der Lage in der Stadt beweist auch die Tatsache, daß am 14. Mai die Delegation des Nationalausschusses, geführt vom Vorsitzenden F. Hájek, nach Prag reiste, um die obersten tschechoslowakischen Repräsentanten von der Situation im Grenzgebiet um Aussig zu informieren und die dringendsten und schwierigsten Aufgaben mit ihnen zu besprechen. Nach der Ankunft in Prag ging die Delegation ins Hotel Alcron, wo damals die Regierung saß.

Im Treppenhaus des Hotels trafen sie sich mit dem stellvertretenden Regierungsvorsitzenden K. Gottwald, der sie anhörte und an B. Laštovička verwies. Dieser nahm die Informationen von der Lage im Grenzgebiet aufmerksam zur Kenntnis, konnte aber den Repräsentanten des Aussiger Nationalausschusses nur empfehlen, sich bei ihrer Tätigkeit nicht nur auf Tschechen, sondern auch auf loyale Deutsche, vor allem auf Kommunisten und Sozialdemokraten, zu stützen. Selbst die höchsten Staatsorgane konnten in dieser Zeit dem Grenzland keine konkrete Hilfe leisten.

Die Lage in den Grenzgebieten wurde dennoch schon bald ein vorrangiges Thema in Prag. Die ersten Berichte der schnell mobilisierten Einheiten, die die Grenze des Protektorats übertraten, sprachen von Chaos, von zusammengebrochener Versorgung, von unterbrochenem Verkehr und Nachrichtenverbindungen, von Diebstahl und Plünderungen der Läden und Geschäfte. Diese alarmierenden Meldungen wurden für Prag wahrscheinlich zum Impuls für die Eröffnung einer umfangreichen Hilfe an das tschechische Grenzgebiet. Sie wurde auf mehreren Ebenen organisiert, die sich in vielen Fällen ergänzten, in einigen überlappten, in anderen – es konnte in der gegebenen Situation nicht anders sein – kam es dazu, daß eine Hand nicht wußte, was die andere tat.

Die Armee griff als neuer Faktor in die Lage in den Grenzgebieten ein. Noch vor Kriegsende wurden Kräfte zusammengestellt, die man in diese Gebiete schicken konnte. Am 13. Mai brachen erste Truppen des tschechoslowakischen Armeekorps auf, die sich zuvor an der Befreiung der Slowakei und Mährens beteiligt hatten. Einige Tage später sandte das während des Prager Aufstandes entstandene Kommando „Alex" Streitkräfte ins Grenzgebiet aus. Aus der Gebietskommandantur in Kladno brachen erste Militäreinheiten am 16. Mai auf und am folgenden Tag kamen sie in Aussig, Teplice/Teplitz und Most/Brüx an. Das Direktorium der tschechoslowakischen Staatseisenbahnen bemühte sich, die Verbindung mit den Grenzgebieten wiederherzustellen. Es forderte die militärische Sicherung der Eisenbahnen. Dafür waren die improvisierten Panzerzüge bestens geeignet, die während des Prager Aufstandes zusammengestellt worden waren. Diese Panzerzüge wurden am 13. Mai der Militärabteilung „Železo" („Eisen") und der Berichterstattungsbrigade

„Toledo" zur Verfügung gestellt, die damit nach Nord- und Nordwestböhmen fuhren. Auf der Strecke Lovosice/Lobositz–Aussig und Aussig–Brüx patrouillierten die Mitglieder des „Železo" und „Toledo" bis zum 19. Mai, als sie durch neue Einheiten ersetzt wurden.

Wenn wir die Ereignisse der ersten Tage und Wochen nach der Befreiung in Aussig betrachten, müssen wir uns die Atmosphäre vergegenwärtigen, von der die Militär-, Sicherheits-, Wach- und verschiedenen freiwilligen Truppen erfaßt waren, als sie in das Grenzgebiet kamen. In den Tagen der Befreiung hatte nahezu alle Schichten der tschechischen Gesellschaft eine ungewöhnliche Welle des nationalen Radikalismus ergriffen. Die bisher überwiegend heimlich angestauten antideutschen Emotionen aus den Jahren der Okkupation kamen zum Ausbruch. Die oben angeführten Aufrufe und Erklärungen der höchsten tschechoslowakischen Organe und einzelner Repräsentanten heizten die Stimmung zusätzlich an. Die Maßnahmen, die aufgrund des Regierungsprogramms gegen Deutsche ergriffen werden sollten, wurden deshalb schon im Mai und besonders in den darauffolgenden Wochen unter den Bedingungen der erregten nationalen Gefühle der meisten Tschechen, die ins Grenzgebiet kamen, in vielen Fällen überschritten. Die Tatsache, daß Deutsche zu einer „staatlich unzuverlässigen Bevölkerungsgruppe" erklärt wurden, ermöglichte verschiedenen Militärkommandanten, Nationalausschüssen, Verwaltungskommissionen und einzelnen Kommissaren, aber vor allem den „revolutionären" bewaffneten Formationen und Sicherheitskorps nach ihrer Ankunft in der Stadt Aktionen zu organisieren, die zur unbegründeten gewaltsamen Aussiedlung oder einfachen Austreibung der deutschen Bevölkerung aus der Stadt und aus einigen Vororten führten. Das Vorgehen der Militär- und Sicherheitstruppen war in dieser Zeit sehr kompromißlos und ziemlich hart, begleitet in vielen Fällen von brutalen Maßnahmen der Ausschüsse. Das Benehmen der Mitglieder der tschechoslowakischen Streitkräfte und eines Teils der ersten tschechischen Ansiedler rief unter den Aussiger Deutschen eine Massenpsychose der Angst vor „Vergeltung" aus. Infolgedessen begangen viele Deutsche in den ersten Tagen und Wochen nach dem Kriegsende Selbstmord. Der erste Vorsitzende des Revolutionären Nationalausschusses in Aussig, F. Hájek, schätzte die Zahl der Selbstmorde in der Stadt und Umgebung auf zehn und mehr pro Tag. Auf 267 Verstorbene, die allein in dem katholischen Matrikelbuch vom 9. Mai bis 31. Juli verzeichnet sind, fielen 63 Selbstmorde auf Deutsche. Die meisten Selbstmorde unter den Aussiger Deutschen kann man in der Zeit des „Wirkens" der revolutionären Garden feststellen. Die Zahl der Selbstmorde war besonders in den ersten chaotischen Tagen nach der Befreiung so groß, daß die Polizei den Auftrag in der Stadt ausgeben mußte, das Gas abzustellen, um weitere Todesfälle zu vermeiden.

Die Lage in der Stadt hatte sich nach dem 15. Mai ein wenig entspannt, als mit der Delegation aus Prag der Aussiger Stadtrat aus der Vorkriegszeit J. Vondra und einige weitere Alteingesessene nach Aussig zurückkamen.

J. Vondra wurde gleich am nächsten Tag zum Vorsitzenden des hiesigen Nationalausschusses gewählt, und der reorganisierte Revolutionäre Nationalausschuß begann als Bezirksnationalausschuß zu arbeiten. Beide Organe der Volksverwaltung verfügten noch weitere Kundmachungen, in denen die Bevölkerung zur Ruhe aufgefordert wurde. Ein Versammlungsverbot wurde erlassen. Alle sollten auf ihren Arbeitsstellen bleiben und die Produktion in Gang halten. Aus den Geschäften und öffentlichen Gebäuden sollten möglichst bald deutsche Inschriften entfernt und durch tschechische ersetzt werden. Die Organe der Revolutionsverwaltung in der Stadt und Umgebung hatten große Schwierigkeiten mit Personen, die über verschiedene Personalausweise verfügten (im Volksmund „Goldgräber" genannt). Einige inländische Nationalausschüsse hatten Zurückkehrenden oder den ins Grenzgebiet gehenden Personen Ausweise ausgestellt. Gültigkeit sollten vorerst nur die alten Okkupationsausweise haben. Nach diesen wurden alle als Tschechen betrachtet, in deren Ausweis sich eine Bemerkung über die Protektoratsangehörigkeit fand. Die meisten Kundmachungen betrafen selbstverständlich die deutsche Bevölkerung. In den ersten Protokollen aus den Sitzungen der Räte und Versammlungen der Aussiger Verwaltungsorgane wiederholten sich am häufigsten Fragen, die die Deutschen betrafen. Es ging vor allem um die Rückkehr jener deutschen Bewohner in ihre alten Wohnsitze, die aus verschiedenen Gründen den Aufenthalt mehrmals geändert hatten und dadurch die schon sowieso unübersichtliche Evidenz erschwerten. Es wurde auch die Einkaufszeit für die deutsche Bevölkerung festgelegt, mehrmals wurden Beschwerden über deren Nichteinhaltung verhandelt.

In den ersten Tagen nach dem Kriegsende mußten in Aussig und seiner breiteren Umgebung eine Reihe von bewaffneten Aktionen und Polizeieinsätzen gegen ehemalige exponierte Angehörige der nationalsozialistischen Bewegung, gegen Mitglieder der Organisationen SS, SA und Werwolf unternommen werden. Sie wurden meistens durch Sicherheits- und Militärorgane in Zusammenarbeit mit sowjetischen Einheiten durchgeführt. Die auf diese Weise inhaftierten Deutschen wurden ins Internierungslager Skřívánej Pole/Lärchenfeld in Všebořice/Schöbritz übergeben, das in den ehemaligen Gebäuden des Kriegsgefangenenlagers für sowjetische Soldaten eingerichtet wurde. Das genaue Datum der Errichtung dieses Internierungslagers ist nicht bekannt, aber das Erschießen eines Internierten ist bereits am 6. Juni belegt. Eine schriftliche Agenda des Lagers wurde bis zum 28. Juni geführt. Darin sind 296 Internierte aufgeführt. In den ersten Tagen nach der Befreiung verliefen Verhaftungen meistens spontan, aufgrund vorhergehender Denunziationen, erst später fuhr man nach vorbereiteten Listen fort. Die Gründe für Verhaftungen waren unterschiedlich. Am häufigsten war es die Mitgliedschaft in einer der nationalsozialistischen Organisationen, Zusammenarbeit mit dem Hitlerregime, Mitgliedschaft in Militärorganisationen, aber auch kriminelle und wirtschaftliche Delikte. Zu solchen Delikten gehörten auch z. B. das Darreichen von Wasser oder Obst an deutsche Gefangene in Transporten auf dem Bahnhof, das Sprechen mit den Internierten, das Übergeben von Gegenständen und Paketen an Internierte, Heil-Grüße in der Öffentlichkeit, Geschlechtsverkehr mit russischen Soldaten, Aufweichung der allgemeinen Arbeitspflicht, illegaler Übergang über die tschechoslowakische Staatsgrenze nach der durchgeführten Abschiebung, Teilnahme deutscher Staatsangehörige an einer Tanzunterhaltung und anderes mehr. Zu den wirtschaftlichen Delikten gehörten vor allem unerlaubtes Handeln mit Sachen, Schwarzhandel mit Lebensmitteln, Stehlen von Gegenständen aus verlassenen Wohnungen der Deutschen, Diebstahl aus Waggons auf dem Bahnhof u. ä.

Verhaftete wurden zunächst zum ersten Verhör ins Gebäude der heutigen Tschechischen Sparkasse auf dem Friedensplatz gebracht, wo sie eine gewisse Zeit in den unterirdischen Räumen gehalten wurden. Dies dauerte meistens ein bis drei Wochen; dann wurden sie in ein Internierungslager überstellt. Es handelte sich meistens um ältere Männer (jüngere Jahrgänge waren in militärischen Gefangenenlagern) und Frauen (in der ersten Etappe häufig zusammen mit minderjährigen Kindern). In der erdrückenden Mehrheit war die Nationalität der Internierten Deutsch, daneben waren hier aber auch Rumänen, Jugoslawen, Ungarn, ein Pole, ein Slowake, ein Schweizer und einige Tschechen. Dreimal erreichte das Lager die Anfrage, ob unter den Internierten Bürger aus der UdSSR seien; die Antwort der Lagerverwaltung war aber jedesmal negativ. Es war nicht verwunderlich, daß in der Atmosphäre der allgemeinen Verdächtigung gegenüber den Deutschen, im Lager häufig auch solche Personen auftauchten, die der deutschen Nationalität nur verdächtig waren. Im Aussiger Archiv sind insgesamt 5 458 Haftzettel erhalten, aber in Betracht dessen, daß man erst Ende Juni begann, die Evidenz zu führen, war die Zahl der gefangenen und hier internierten Personen zweifellos deutlich höher.

Die meisten Verhaftungen wurden in der Zeit vom Mai bis zum September durchgeführt, später war die Welle nicht mehr so stark. Bis zum Ende des Jahres 1945 starben im Lager 286 Internierte. Die Todesursachen waren unterschiedlich, vom Tod als Folge von Erschöpfung und Unterernährung bis hin zum Erschießen beim Fluchtversuch oder Erschlagen, was vor allem in den ersten Wochen nach dem Krieg vorkam. Viele Internierte (160 Personen) starben im Lager in den letzten zwei Monaten des Jahres 1945 an den Folgen der Typhus- und Dysenterieepidemie.

Die Lebensbedingungen im Lager waren besonders in der ersten Zeit nach dem Kriegsende sehr schwer, und da sich diese Einrichtung auf der Stelle des früheren Kriegsgefangenenlagers befand, unterschieden sie sich praktisch nicht viel von den Verhältnissen während des Krieges. Nur die Belegschaft und die Rollen waren vertauscht. Neben den Aussagen deutscher Zeugen sind im Archiv aber nur bruchstückhafte Berichte und Daten erhalten. Meist sind es Richtlinien und Verordnungen des Verteidigungsministeriums, des Innenministeriums und nicht zuletzt der hiesigen Verwaltungsorgane (in unserem Fall der Bezirksverwaltungskommission). In den ersten Wochen der Existenz war das Internierungslager in Všebořice aus verschiedenen Ursachen hermetisch abgeschlossen. Erst nach der Intervention höchster Regierungsstellen auf Druck der internationalen Öffentlichkeit wurden die auffallendsten Mängel und das konkrete Verhalten einiger Kommandanten und Wächter abgestellt.

Die Zeit, die die Internierten im Lager verbrachten, war unterschiedlich lang und hing meistens davon ab, wann sie vor das außerordentliche Volksgericht in Leitmeritz geladen waren, um dort verurteilt oder ohne Prozeß mit der Feststellung entlassen zu werden, daß sie ohne Grund im Lager interniert worden waren. Im letzteren Fall wurden sie meistens in den Transport eingereiht und möglichst schnell ausgesiedelt.

Ende Mai arbeiteten politische und militärische Organe in Prag erste interne Richtlinien für die Realisierung der Ausweisung und Zwangsaussiedlung der deutschen Bevölkerung aus. Am 18. Mai bekamen die Truppen im Grenzgebiet Befehl, die Staatsgrenze zu schließen und die Deutschen daran zu hindern, aus dem tschechischen Grenzgebiet nach Deutschland und umgekehrt frei zu wechseln. Am 5. Juni gab General Klapálek, der Kommandant des 1. Militärgebiets, Instruktionen zur kommunikations- und verkehrstechnischen Absicherung der Zwangsaussiedlung der Deutschen. Zwei Tage später überarbeitete er diese Maßnahmen in Zusammenarbeit mit den Truppen der Roten Armee. Gleichzeitig hatte die tschechoslowakische Regierung die Rahmenrichtlinien des Transports der deutschen Bevölkerung aus den Grenzgebieten vorbereitet. Der Erlaß des Innenministers vom 8. Juni präzisierte die allgemeinen Prinzipien des Vorgehens. Das Verteidigungsministerium hatte sich mit der Aussiedlung der Deutschen am 11. Juni befaßt, als es im nordöstlichen Grenzgebiet zu Komplikationen gekommen war. Polnische Truppen hatten die Grenze geschlossen und abgelehnt, die ausgesiedelten Deutschen anzunehmen. So wurde erwogen, ob für die Aussiedlung die technischen Voraussetzungen westlich von der Schneekoppe bis zur amerikanischen Armee gegeben waren.

Die Zwangsaussiedlung der Deutschen wurde in dieser Zeit auf verschiedene Weise durchgeführt. In einer ersten Welle bewegten sich ganze Kolonnen unter Bewachung zu Fuß zur Staatsgrenze. Es wurden auch Lastwagen, Schiffe auf der Elbe, aber vor allem Züge mit meist offenen Waggons benutzt. Die Vorbereitungen für die Aussiedlung waren meistens sehr schnell und radikal. Nach den erhaltenen Zeugnissen mußten die Deutschen in einer sehr kurzen Zeit (zuweilen binnen 30 Minuten) ihre Häuser und Wohnungen verlassen. Nach einer Kontrolle der Dinge, die sie noch zusammengerafft hatten, wurden sie dann einzelnen Fußgängerkolonnen bzw. Zug- oder anderen Transporten zugewiesen. In dieser Zeit kam es auch zur zwangsweisen Trennung der Familien. Einige Personen wurden vertrieben, andere blieben in Lagern oder wurden zur Arbeit ins Binnenland transportiert. Das gesamte

Eigentum, das den gebilligten Umfang des Gepäcks überschritt, mußte abgegeben werden (es ging vor allem um Schmuck, Bargeld, Sparbücher und weitere wertvolle Dinge). Die Verwaltungsorgane in Aussig erlaubten, die Mitnahme von 30 kg Gepäck und Essen für 3-7 Tage, bezüglich der Wertgegenstände nur Hochzeitsringe und eine Geldsumme bis 300 Mark pro Person.

Für diese Etappe der Zwangsaussiedlung und -ausweisung der Deutschen aus der Stadt und dem Bezirk Aussig kann man die Zahl der Ausgesiedelten nicht genau ermitteln, weil wir die Zahl der Deutschen zu Kriegsende nicht kennen und die Angaben in den verschiedenen Quellen unterschiedlich sind. Man kann nur eine grobe Vorstellung von der Zahl der Ausgesiedelten und vom Verlauf dieser Aktion gewinnen.

Nach den erhaltenen Eintragungen begann die Zwangsaussiedlung der Deutschen im Bezirk Aussig am 4. Juli. Sie wurde in den nächsten Tagen und Wochen relativ schnell fortgeführt, obwohl am Anfang in vielen Fällen massive organisatorische Defizite auftraten, die der Aktion einen „wilden" Charakter verliehen. An der Realisierung nahmen die Armee und das Korps der Nationalen Sicherheit teil. Stufenweise wurde bei der Bezirksverwaltungskommission ein Besiedlungsreferat errichtet, dem die sog. Evakuierungskommission untergeordnet war. Hier wurde entschieden, welche Personen ausgesiedelt werden sollten, und es wurde ihre Reihenfolge bestimmt. Die Kommission begann die Listen der Deutschen nach den Straßen zu erarbeiten, in denen sie wohnten, und führte ihre Evidenz durch. Bei der Zusammenstellung der Listen gingen die Mitarbeiter der Evakuierungskommission in die einzelnen Häuser und verfaßten kurze Berichte über die zur Aussiedlung bestimmten Personen. Gleichzeitig wurde auch die Entscheidung getroffen, daß Antifaschisten, gemischt-nationale Ehepaare und ausgewählte Spezialisten aus den Aussiger Betrieben in die Transporte nicht eingeordnet werden sollen. In dieser Zeit traten auch zahlreiche Maßnahmen gegenüber der deutschen Bevölkerung in Kraft, wie z. B. die Pflicht, ein Armband zur Erkennung zu tragen, Beschränkung der Einkaufszeit, Verbot des Besuchs der öffentlichen Räume (Kino, Theater, Gasthaus u. ä.) und die Benutzung der öffentlichen Verkehrsmittel, Verbot des Umzugs und der Reisen über 4 km u. a. m. Es wurde auch die Arbeitspflicht für alle Deutschen erklärt, die täglich ab 7.00 Uhr bei der Räumung von Ruinen (aufgrund des Luftangriffs) helfen und die Straßen für die Erneuerung des Stadtverkehrs freimachen sollten.

Die Zahl der ausgesiedelten Deutschen wuchs rasch, besonders nach den Ereignissen am 31. Juli (auf die ich an anderer Stelle eingehen werde). Bis zum Ende des Jahres 1945 wurden 30 000 Deutsche ausgesiedelt, ohne Rücksicht auf die Bitte der Alliierten von Anfang August, die tschechoslowakische Regierung möge die wilden Transporte der Deutschen einstellen. Einige Hunderte gingen freiwillig weg, und im November kam es auch zur ersten freiwilligen Abfahrt der Antifaschisten in einer Größenordnung von etwa eintausend Personen.

Erst Ende Juli und Anfang August verabschiedeten die Repräsentanten der alliierten Mächte auf der Konferenz in Potsdam die Entscheidung von „einem ordnungsgemäßen und humanen" Transfer-Abschub der deutschen Bevölkerung. Bis zum Ende des Jahres 1945 bereitete die tschechoslowakische Regierung die Richtlinien für die Durchführung des Transfers/der Vertreibung der Deutschen aus dem Gebiet der Tschechoslowakischen Republik vor. Der Transfer sollte durch das Innenministerium und durch die Bezirksverwaltungskommissionen (Nationalausschüsse) mit Hilfe der Nationalen Sicherheitsorgane, der lokalen Verwaltungskommissionen, Behörden für Arbeitsschutz und der Militärorgane in enger Zusammenarbeit mit den regionalen Besiedlungsbehörden durchgeführt werden und in drei Etappen verlaufen. Die erste Etappe sollte Anfang 1946 beginnen und Mitte des selben Jahres nach der Ausschöpfung bestimmter Quoten beendet sein. In dieser Etappe war es prinzipiell verboten, deutsche Mitarbeiter aus den Betrieben zu entlassen, deren Weiterbetrieb nicht gefährdet werden sollte. Aus dem Aussiger Bezirk waren in diesem Zusammenhang 22 604 Deutsche zur Aussiedlung vorgesehen. In der zweiten Etappe sollten alle verbliebenen Deutschen mit Ausnahme der Antifaschisten, Experten mit ihren Familien und der Personen aus den national gemischten Ehen ausgesiedelt werden. In dieser Etappe sollte sich der Transfer nach dem Prinzip der Priorität einzelner Zweige und Betriebe richten und sollte durch Aussiedlung derjenigen Gruppen von Deutschen beendet werden, die zur Arbeit im Binnenland eingesetzt wurden. In der Schlußetappe rechnete der Transferplan mit der Lösung der Frage der Aussiedlung von qualifizierten Arbeitskräften und Spezialisten in der Industrie. Aus dem Aussiger Bezirk sollten in diesen zwei letztgenannten Etappen insgesamt 29 351 Deutsche ausgesiedelt werden.

Aufgrund der verabschiedeten Richtlinien sollte die geschlossene Familie, d. h. das Ehepaar, seine Kinder bis 18 Jahre, Eltern des Ehepaars und erwachsene Kinder, die nicht arbeitsfähig waren, eine „Transfereinheit" darstellen. Durch ein amtliches Schreiben oder eine Bekanntmachung wurde der Familie ihre Einordnung in den Transport, die Stelle der Versammlung, notwendige Ausweise und Belege bekanntgegeben, und es wurde darauf hingewiesen, was man mitnehmen darf und wie die Wohnung oder das Haus geschlossen und gesichert werden sollte. Während des Transports in das Versammlungszentrum wurden eine ärztliche Aufsicht und ein Wachdienst sichergestellt. Da es nur wenige tschechische Ärzte in Aussig gab, arbeiteten im Zentrum auch deutsche Ärzte, die dann mit dem entsprechenden Transport auch ausgesiedelt wurden. Alle Deutschen mußten eine ordentliche Kleidung und entsprechendes Schuhwerk tragen sowie über eine Kopfbedeckung verfügen. Wenn die Übernahme-Organe an der Staatsgrenze in dieser Richtung Fehler festgestellt hätten, konnten sie die ungenügend gekleideten Personen zurückweisen. Für die ordentliche Bekleidung war die Bezirksverwaltungskommission verantwortlich.

Bei der Aussiedlung der deutschen Bevölkerung wurde darauf geachtet, daß es zu keinen weiteren wirtschaftlichen Verlusten und Schäden für den tschechoslowakischen Staat kommt. Deswegen wurden in die ersten Transporte vor allem die Personen jenseits des produktiven Alters aufgenommen, und erst mit dem fortgehenden Besiedlungsprozeß begann die Aussiedlung von Arbeitern und anderen Industriemitarbeitern. Die Deutschen durften in den amerikanischen Streifen 70 kg (in den sowjetischen nur 50 kg) an persönlichen Dingen und Lebensmitteln mitnehmen. Sie durften kein Geld und keine Sparbücher mitnehmen, es waren max. 1 000 Mark pro Familie erlaubt. Das Versammlungszentrum wurde auf dem Territorium des Internierungslagers in Všebořice errichtet. Anfang des Jahres 1946 (am 26. Januar) wurde das Zentrum, außer der Krankenhausabteilung, ins ehemalige Kriegsgefangenenlager auf dem Nachtigallfeld verlegt. Für kranke und alte Deutsche wurde ein spezielles Sammelzentrum in den Räumen des ehemaligen Bezirksarmenhauses auf Bukov errichtet. Der Umzug erfolgte in der Zeit, als noch die Quarantäne galt, die infolge einer Dysenterie- und Typhusepidemie verhängt worden war. Der Transport sollte mit dem Zug durchgeführt werden, nur in außerordentlichen Fällen sollten Schiffe auf der Elbe herangezogen werden. Ein Zug sollte 40 Waggons haben; jeder war für 30 Personen bestimmt, woraus folgte, daß in jedem Transport 1 200 Deutsche die Stadt verlassen sollten.

Der Transfer der Deutschen aus der Stadt und Umgebung begann Anfang April 1946. Die ersten sieben Transporte, die während dieses und des folgenden Monats abgefertigt wurden, gingen in die amerikanische Besatzungszone, weil die sowjetische Zone wegen der noch vom Jahr 1945 herrührenden Überfüllung keine weiteren Deutschen aufnahm. Den Elbweg nutzten für die Abfahrt aus der Stadt deutsche Antifaschisten. Die Vorsitzende der Bezirksverwaltungskommission Marie Vobecká schätzte im Juni den bisherigen Verlauf des Transfers und sein Tempo ein. Sie betonte in ihrer Rede, daß nach einer kurzen Pause bei der Aussiedlung der Deutschen der nächste Transport am 14. Juli die Stadt verlassen sollte, diesmal in die nähergelegene sowjetische Besatzungszone, nach Sachsen. Die Transporte erfolgten dann kontinuierlich und schnell bis zum 24. November, als der letzte, der 34. Transport, den Aussiger Bahnhof verließ. Im Rahmen dieser 34 Transporte, von denen einige weniger, andere mehr als die geplanten 1 200 Personen enthielten, wurden aus der Stadt und dem Bezirk insgesamt 42 618 Deutsche ausgesiedelt, davon 14 263 in die amerikanische und 28 355 in die sowjetische Besatzungszone.

Neben diesen Deutschen, die im Rahmen der Aktion des sog. ordnungsgemäßen oder organisierten Transfers ausgesiedelt wurden, gingen in demselben Jahr in selbständigen Aktionen 3 102 deutsche Kommunisten und 3 646 Sozialdemokraten weg. Obwohl damals das Prinzip der Kollektivschuld im Grunde nicht zur Geltung gebracht wurde, muß man feststellen, daß sich gleich nach der Befreiung ein spezifisches Verhältnis zu den deutschen Antifaschisten gebildet hatte. In der damaligen Lage war es - und besonders im

Grenzgebiet – nicht einfach, weil der Begriff „deutscher Antifaschist" selbstverständlich nicht definiert war und der elementare Haß gegenüber allen Deutschen bei der Mehrheit der tschechischen Bevölkerung, besonders der ins Grenzgebiet kommenden, nicht den Bemühungen half, festzustellen, wer von den deutschen Bewohnern das Recht hatte, als Antifaschist zu gelten und alle damit verbundenen Vorteile gegenüber anderen Deutschen zu bekommen. Für Antifaschisten wurden von Anfang an vor allem die Mitglieder der sozialdemokratischen und kommunistischen Partei aus der Vorkriegszeit und die Heimkehrer aus den Konzentrationslagern gehalten, wohin diese wegen ihrer politischen Gesinnung geraten waren. Diesen Personen wurden einige Erleichterungen gegenüber der übrigen deutschen Bevölkerung gewährt. So konnten die überprüften Antifaschisten z. B. Anspruch auf dieselben Zuteilungen von Lebensmitteln erheben, die die tschechische Bevölkerung hatte (andere Deutsche bekamen dieselbe „Norm", die sie während des Krieges für die Juden bestimmt hatten), sie unterlagen nicht der zwangsweisen Aussiedlung, es wurde für sie eine spezielle Kennzeichnung eingeführt (rotes Armband), sie wurden von verschiedensten Direktiven der lokalen Nationalausschüsse oder Bezirksverwaltungskommissionen bezüglich einer zwangsweisen Konzentration und einem Einsatz zu Arbeitsmaßnahmen nicht betroffen.

Nach der Anordnung des Innenministeriums vom 16. Mai 1945 sollten die Erleichterungen denjenigen Personen gewährt werden, die eindeutig nachweisen konnten, daß sie die Republik nicht verraten hatten und daß sie einen Kampf für deren Verteidigung in der Zeit vor München und während des gewaltsamen Anschlusses der Grenzgebiete an das Deutsche Reich geführt hatten. Eine weitere Konkretisierung brachte in dieser Richtung die Regierungsverordnung Nr. 6/1945 [Saml.], die auch kompetente Organe festlegte, die die Ansprüche auf eventuelle Erleichterungen beurteilen sollten.

Die Überprüfung der Antifaschisten führten beauftragte Mitglieder des Sicherheitsreferats der lokalen Nationalausschüsse unter der direkten Aufsicht ihrer Übergeordneten aus den Bezirksverwaltungskommissionen durch. In einigen konkreten Fällen in der Zeit unmittelbar nach dem Kriegsende wurden auch zwei Vertreter der Antifaschisten mit einer Beratungsstimme eingeladen, in der Regel handelte es sich um bereits überprüfte Personen.

Unter der tschechischen Bevölkerung, besonders unter den neuen Bewohnern, gab es von vornherein Mißtrauen gegenüber allen Deutschen. Die meisten Besiedler kamen ins Grenzgebiet mit einer vereinfachten Vorstellung, daß es ihre Hauptaufgabe ist, das Gebiet von Deutschen zu reinigen und es wieder in tschechische Hände zurückzugeben. Die Unkenntnis dortiger politischer Verhältnisse machte es besonders schwierig, die Stellung der deutschen Antifaschisten zu begreifen. Diesen wurde aus dem Verhalten einzelner Ämter und Institutionen, aber vor allem aus dem konkreten Verhalten der tschechischen Bevölkerung, immer klarer, daß sie unter diesen Bedingungen nicht in der Stadt bleiben konnten. Im Herbst, als den deutschen Antifaschisten aufgrund des Präsidentendekrets Nr. 33/1945 [Saml.] und damit zusammenhängenden Handhabungsverordnungen ermöglicht wurde, um die Erteilung der tschechoslowakischen Staatsbürgerschaft zu bitten, und als man begann, den organisierten Transfer der Deutschen vorzubereiten, veränderte sich die Lage noch mehr zum Nachteil der deutschen Antifaschisten. Es wurde vor allem ihre besondere Bezeichnung aufgehoben. Andere Deutsche nahmen das mit einer bestimmten Befriedigung auf, für die Antifaschisten bedeutete es aber eine definitive Umwertung ihres Standpunkts zur tschechoslowakischen Vorkriegsgesellschaft. Das bewies z. B. der Brief der deutschen Antifaschisten an die Bezirksverwaltungskommission und den Lokalen Nationalausschuß in Aussig. Deutsche Kommunisten erkannten im Bewußtsein ihrer Unkenntnis oder ihrer geringen Kenntnis der tschechischen Sprache selbst, daß ihre Situation auch bei der Erhaltung der persönlichen Freiheit und eventueller Erteilung der tschechoslowakischen Staatsbürgerschaft in der volksdemokratischen Republik schwierig sein würde. Sie gaben deshalb bekannt, daß sie sich in Übereinstimmung mit zuständigen Funktionären und nach deren Zustimmung entschieden hatten, mit etwa 250 Familien von ehemaligen KPČ-Mitgliedern aus Aussig und Umgebung nach Deutschland umzuziehen, und baten die Bezirksverwaltungskommission bzw. den Lokalen Nationalausschuß um ihre Zustimmung zu dieser Aktion.

Nicht nur das Innenministerium hatte in der Regel keine ernsten Einwände gegen den Auszug der deutschen Antifaschisten, wenn diese alle gegebenen Bedingungen erfüllten. Es durften aber nur diejenigen ausziehen, die von den Behörden der Nationalen Sicherheit eine Bestätigung bekamen, daß sie in der Zeit der für die Republik erhöhten Gefahr nicht gegen die Interessen des tschechoslowakischen Staates verstoßen hatten. Wenn aber die deutschen Antifaschisten als Spezialisten, Experten oder qualifizierte Arbeitskräfte in Betrieben arbeiteten, die für das wirtschaftliche Leben des Staates besonders wichtig waren, sollte ihnen der freiwillige Abgang einstweilen nicht erlaubt werden. Der Bewerber um die Erlaubnis zu einem freiwilligen Abgang mußte auch nachweisen, daß die Organe der Alliierten in der entsprechenden Besatzungszone nichts gegen seine Ankunft haben. Erst nach der Erfüllung aller dieser Bedingungen wurde den Antifaschisten der Auszug mit ihrem Eigentum erlaubt (bzw. konnten sie es verkaufen).

Die freiwilligen Abgänge der deutschen Antifaschisten nach Zustimmung der zuständigen Okkupationsverwaltung verliefen in unterschiedlicher Intensität bis zum Ende des Jahres 1945. Ein Teil der tschechischen Öffentlichkeit wies darauf hin, daß die Zahl der wirklichen Antifaschisten, die es verdienten, in der Republik zu bleiben, nur sehr gering ist, was überhaupt nicht der Zahl der Anträge um Erhaltung oder Rückverleihung der tschechoslowakischen Staatsbürgerschaft entspräche. Das beweist auch die damalige Presse, wo relativ oft Berichte davon erschienen, daß die Personen mit dem antifaschistischen Attest anderen Deutschen helfen, ihren Besitz übernehmen, geleistete

Erleichterungen mißbrauchen u. ä. Der Druck auf einen schnellen Abgang aller Deutschen – auch der Antifaschisten – steigerte sich. Die zuständigen Organe mußten eine neue Methode der Aussiedlungsaktion deutscher Antifaschisten erwägen. Nach den internationalen Verhandlungen wurden die Bedingungen des Abgangs der Antifaschisten in die sowjetische Okkupationszone durch ein Rundschreiben des Innenministeriums vom 20. März 1946 konkretisiert. Die Transporte in die amerikanische Zone konkretisierte dagegen ein analoges Rundschreiben vom 30. April 1946.

Im Jahre 1946 wurden so nach den erhaltenen Materialien im Aussiger Archiv 50 905 Deutsche ausgesiedelt, oder verließen freiwillig die Stadt und den Bezirk. A. Bohmann kam in seiner Arbeit aus dem Jahr 1955 über die Aussiedlung der Deutschen aus der Stadt und dem Bezirk zu etwas anderen Schlüssen. Am 1. November 1946 befanden sich im Aussiger Bezirk nur mehr 7 202 Deutsche. Bis Ende Januar 1947 wurde die Liste aller gebliebenen Deutschen zusammengestellt, die noch ausgesiedelt werden sollten. Während des Jahres 1947 verließ aber nur der sog. Zusatztransfer die Stadt, den das Internationale Rote Kreuz organisierte, um geteilte deutsche Familien zu verbinden. Außerdem handelte es sich noch um den Transfer einiger österreichischer Bürger, deutscher Juden, den die Organisation UNRRA im Aussiger Gebiet durchgeführt hat, und einige erlaubte Abgänge auf eigenen Antrag. Um die Wende von 1947 zu 1948 wurde dann über den Transfer der gebliebenen Deutschen und ihren Umzug ins Binnenland entschieden. Aus dem Aussiger Bezirk sollten so 242 Personen in die Bezirke Mělník, Kolín, Kralupy nad Vltavou, Rakovník und Beroun umziehen. Da es sich aber meistens um Arbeiter und Angestellte in solchen Branchen handelte, in denen die Ausbildung oder Einarbeitung von neuen Arbeitkräften sehr lange dauerte, und auch in Hinsicht auf die Unlust der tschechischen Arbeiter und Angestellten, in das neubesiedelte Gebiet umzuziehen, wo ihnen keine besonderen Vorteile wie unmittelbar nach dem Krieg winkten, wurde diese Maßnahme nicht in vollem Umfang realisiert.

Was die Struktur der Bevölkerung betrifft, machten die Stadt Aussig und ihre unmittelbare Umgebung aufgrund der oben bereits genannten Tatsachen in den ersten zwei Nachkriegsjahren eine riesige Veränderung durch. Während hier in den Vorkriegsjahren 77,5 % (in der Stadt selbst noch mehr) deutsche Bewohner lebten, betrug der Anteil der Deutschen an der gesamten Zahl der Bevölkerung im Jahre 1947, als die erste Volkszählung nach dem Krieg durchgeführt wurde, nur 3,8 %. Infolge der großen Migration nach dem Krieg bildete sich hier eine sehr bunte Struktur der Bevölkerung, in der auch verschiedene asoziale Elemente nicht fehlten. In den betrachteten Jahren war unter den neuen Bewohnern eine ziemlich große Fluktuation zu beobachten, ein Teil kehrte nach bestimmter Zeit ins Binnenland und zu ihren früheren Berufen zurück. Nach den großen Migrationsbewegungen in den ersten zwei Nachkriegsjahren kam es um die Wende von 1947 zu 1948 zu einer gewissen allmählichen Stabilisierung der Bevölkerung. Die neuen Siedler überwanden aber nur stufenweise und sehr langsam die verschiedenen nationalen, religiösen, sozialen und kulturellen Unterschiede und suchten noch lange Jahre ihre eigene Beziehung zu Landschaft und Stadt, die zu ihrer neuen Heimat wurde.

Literatur und Quellen:

Vojenský historický archiv Praha (Historisches Militärarchiv in Prag), Fond MNO 1945 – Hauptstab

Archiv der Stadt Ústí n.L./Aussig,
    Fond ONV ÚL 1945–48, inventář/Inventar
    Fond ONV ÚL 1945–48, odsun Němců/Vertreibung der Deutschen
    Fond Zápisy rady ONV v ÚL 1945–48
    Fond Zápisy pléna ONV v ÚL 1945–48
    Fond Zápisy rady MNV v ÚL 1945–48
    Fond Zápisy pléna MNV v ÚL 1945–48

Archiv der Stadt Prag, Pichl, A.: Kronika města Ústí n.L. za válečná léta 1938–1945, Handschrift

BENEŠ, E.: Paměti. Od Mnichova k nové válce a novému vítězství. Praha 1947

BENEŠ, E.: Šest let v exilu za druhé světové války. Praha 1946

Sbírka zákonů a nařízení republiky Československé. Jg. 1946–1948

Sbírka zákonů a nařízení republiky Československé. Doba svobody 1945

ŠEBESTÍK, J.; LUKEŠ, Z.: Přehled předpisů o Němcích a osobách považovaných za Němce. Praha 1946

ŠULC, S.: Národní výbory. Vývoj, správní základy, poslání a práce. Brno 1946

Osídlení pohraničí v letech 1945–1952. Praha SÚS 1953

BIMAN, S.; CÍLEK, R.: Poslední mrtví, první živí. České pohraničí květen – srpen 1945. Ústí n.L. 1989

BOHMANN, A.: Die Ausweisung der Sudetendeutschen dargestellt am Beispiel des Stadt- und Landeskreises Aussig. Marburg 1955

Na prahu nového života. Historické události, květen 1945. Ústí n.L. 1965

RADVANOVSKÝ, Z.: Národní výbory ústecké průmyslové oblasti a jejich podíl na osídlování pohraničí v letech poválečného revolučního procesu. In: Acta Litomericensia 1980. Litoměřice 1989, S. 3–29

RADVANOVSKÝ, Z.: Ústí n.L. na konci druhé světové války a vznik nových orgánů lidové moci. In: Sborník PF v Ústí n.L., řada historická 1984, Praha, SPN 1985, S. 73–96

STANĚK, T.: Odsun Němců z Československa 1945–1947. Praha 1991

UMLAUFT, F. J.: Geschichte der deutschen Stadt Aussig. Eine zusammenfassende Darstellung von der Stadtgründung bis zur Vertreibung der Deutschen. Bayreuth 1960

Flugschriften der tschechoslowakischen antifaschistischen Widerstandsbewegung

Aus: Tschechisches Privatarchiv

Manfred Alexander

Kriegsfolgen und die Aussiedlung der Deutschen

Das Thema „Kriegsfolgen" muß in unserem Zusammenhang mit der letzten Phase des Krieges selbst beginnen, denn die Ereignisse nach dem formalen Ende der Kriegshandlungen erklären sich z. T. durch die Monate vor der Kapitulation. Das rein militärische Geschehen läßt sich in wenigen dürren Sätzen wie folgt beschreiben:

Seit Ende März 1945 drangen die Truppen der Roten Armee in den Osten des früheren tschechoslowakischen Staates ein, brauchten aber mehrere Ansätze, um den deutschen Widerstand zu brechen. Die Amerikaner waren im April bis an die Grenze des Protektorates und am 6. Mai bis nach Pilsen vorgestoßen, wo sie verabredungsgemäß verharrten und auf die Rote Armee warteten. Das militärische Ende bereitete sich vor, als am 4. Mai 1945 sowjetische Truppen unter Marschall Koniev von Sachsen aus gegen Prag vorrückten. In dieser Situation kam es am 5. Mai in Prag zu einem Aufstand gegen die deutsche Besatzung, der auch von Einheiten der exilrussischen Armee unter General Vlassov unterstützt wurde. Am 6. und 7. Mai versuchten Einheiten der Waffen-SS und der Wehrmacht eine Rückeroberung Prags; durch Vermittlung des Internationalen Roten Kreuzes wurde am 8. Mai ein Vertrag unterzeichnet, der den deutschen Truppen den Abzug nach Westen erlaubte. Am 9. Mai erreichte die Rote Armee Prag von Norden her, vereinigte sich mit den aus Richtung Süden heranziehenden ukrainischen Verbänden und nahm die verbliebenen Einheiten der Wehrmacht gefangen.

In diesen Zusammenhang ist die Frage nach Flucht und Vertreibung der Deutschen zu stellen, sowie die von den deutschen Behörden verordneten Evakuierungsmaßnahmen, die oft vergessen werden. Der betroffene Bevölkerungsteil bestand einmal aus der einheimischen deutschen Bevölkerung, den „Sudetendeutschen", ferner aus den sogenannten „Reichsdeutschen", die als Amtsträger des nationalsozialistischen Regimes im Sudetenland oder im Protektorat tätig gewesen waren und aus solchen Menschen, die vor den Bombardierungen in diesen – relativ ruhigen – Gebieten Schutz gesucht hatten; dazu kamen evakuierte deutsche Bevölkerungsteile, etwa aus der Slowakei; zu nennen sind auch die Flüchtlinge aus den von der Roten Armee bereits besetzten Gebieten, z. B. aus Oberschlesien oder aus den Sprachinseln Mährens, und schließlich die deutschen Soldaten, die vor der Roten Armee geflohen waren, von den Amerikanern aber nicht aufgenommen und dann später an die Sowjets ausgeliefert wurden. Nimmt man dazu noch den tschechischen Bevölkerungsteil, der durch den Prager Aufstand und die deutschen Gegenmaßnahmen, sowie durch das herannahende Ende der Unterdrückung in höchstem Maße erregt war, so bekommt man ein Bild des Chaos, des Umbruchs und der

Erwartung, das die folgenden Ereignisse zwar nicht rechtfertigen, aber das Umfeld erläutern kann.

Die Menschen hatten im Weltkrieg lernen müssen, daß die festgefügte Welt des Dorfes und der Kleinstadt, die für die Böhmischen Länder typisch gewesen war, durch Gewaltmaßnahmen schon vor dem Kriegsausbruch gestört worden war. Die ersten Ausweisungen und fluchtähnlichen Bevölkerungsbewegungen waren – zunächst in relativ kleinem Umfang – schon nach dem Münchner Abkommen zu verzeichnen und betrafen Tschechen und Juden in den besetzten Sudetengebieten. Zwangsrekrutierung für die deutsche Kriegswirtschaft war ein weiterer Faktor der Gewalt gegen Menschen, und die Ausgliederung, Verhaftung und Internierung der Juden gehört ebenfalls erwähnt. Der Zweite Weltkrieg hat – wie kein Ereignis zuvor – Millionen von Menschen entwurzelt, verunsichert und der Heimat beraubt. Die Erfahrung, daß in erster Linie Zivilpersonen davon betroffen waren, daß auf Frauen, Kinder und Greise keine Rücksicht genommen wurde, hatten alle machen müssen, zumindest mitangesehen; die Juden waren in diesem Zusammenhang allerdings die am stärksten betroffene Gruppe, denn ihre erzwungene Wanderschaft endete zumeist in den Vernichtungslagern. Diese Erfahrung, daß Unschuldige zu Opfern wurden, gehört in das Umfeld der Brutalisierung menschlichen Verhaltens, das auch mit dem formellen Ende des Krieges nicht endete. Es gewann jedoch eine neue Dimension dadurch, daß nun die vorher Drangsalierten Gelegenheit zur Rache erhielten und sich damit – unbewußt oder mit sekundärer rechtfertigender Begründung – auf eine Ebene mit den vorher bekämpften Unterdrückern stellten. Dieser Zusammenhang und seine Konsequenzen soll im weiteren besonders betrachtet werden.

Richtet man den Blick nun auf die Deutschen, die nach Ende des Krieges zu Opfern der Gewalt wurden, so ist zunächst zwischen den Ereignissen in Prag und im Lande zu unterscheiden.

Unmittelbar mit dem deutschen Zusammenbruch und der Besetzung des Landes durch die Rote Armee war die Erfahrung der Recht- und Hilflosigkeit verbunden: Plünderung, Raub, Erschießungen und massenhafte Vergewaltigungen durch Soldaten und Zivilpersonen. An mehreren Orten bildeten sich tschechische Kampfgruppen, die die Flüchtlinge und zurückflutende Soldaten angriffen. Manche der evakuierten Sudetendeutschen versuchten in ihre Heimatdörfer zurückzugelangen, durften dazu aber keine Verkehrsmittel benutzen und mußten – aus Angst vor Übergriffen – die Hauptstraßen meiden. Gelang ihnen die Rückkehr, so fanden sie oft ihre Häuser zerstört, geplündert oder von fremden Menschen besetzt vor. Die Maßnahmen der neuen tschechischen Administration, die nach dem System der „Nationalausschüsse" unter Dominanz der Kommunisten gebildet wurden, zielten auf eine Außer-Recht-Stellung der Deutschen, die in der Einweisung in Internierungslager und Zuweisung zur Zwangsarbeit gipfelten. Tatsächliche und vermeintliche Angehörige der Protektoratsverwaltung wurden immer wieder aufgespürt und getötet.

Die Hoffnung auf eine Rückkehr zur Normalität der Vorkriegszeit war unmittelbar nach Kriegsende bereits illusorisch.

Schlimmer noch war die Lage der Deutschen in der Hauptstadt Prag, wo sich vor dem Aufstand etwa 200 000 Deutsche aufgehalten haben sollen. Aus den Kampfhandlungen der Aufständischen ging man geradewegs in die haßerfüllte Abrechnung über, die nicht nur belastete NS-Amtsträger betraf, soweit diese nicht geflohen waren, sondern gerade unschuldige Menschen, deren einziges Vergehen die deutsche Muttersprache war. Einzelheiten aufzuführen scheint nicht sinnvoll, da sich aus einer Auflistung von Grausamkeiten keine neue Erkenntnis über die Abgründe der menschlichen Seele ergeben, wenn die Instinkte von Haß und Rache entfesselt werden. Der Hinweis auf das Trauma von München, auf die Erniedrigungen während der Protektoratszeit und auf persönliche Schicksale erklärt nicht die Gewalt, sondern beschreibt nur das Umfeld.

Für die Zeit unmittelbar nach Kriegsende ist das Schicksal der Deutschen durch Ausweisung aus ihren Wohnungen, Internierung (z. B. in das KZ Theresienstadt), zwangsweiser Einsatz zu Arbeitsmaßnahmen (z. T. unter Mißhandlung durch den Mob), durch Rechtlosigkeit überhaupt bestimmt. Die Kennzeichnung von Häusern und Einzelpersonen als deutsch wies potentiellen Angreifern und Vergewaltigern den Weg. In dieser Zeit sind aus der amerikanisch besetzten Zone eine relativ normale Lebensweise und relativ „normale" Ausreiseaktionen überliefert; im übrigen Land gab aber nur *eine* spektakuläre Ausweisung, nämlich der sogenannte „Todesmarsch" der Deutschen aus Brünn, die am 30. Mai zum Verlassen der Stadt in Richtung österreichischer Grenze gezwungen wurden. Von einem daran Beteiligten ist mir einmal berichtet worden, daß die eigentliche Ausweisung aus der Stadt - so schlimm sie war - geradezu erleichtert aufgenommen wurde, weil die Zeit der Erniedrigung zuvor - in der Heimatstadt entrechtet und verfemt zu sein - menschlich nicht zu ertragen gewesen sei. Daß diese Menschen dann von Österreich nicht aufgenommen und provisorisch in einem Getreidesilo untergebracht wurden, wo viele an Entkräftung starben, ist ein weiterer Teil der Geschichte.

Neben einem Großteil von spontanen Maßnahmen der tschechischen Bevölkerung läßt sich hinter den Ereignissen aber auch Planung erkennen. Die Gründung der „Nationalausschüsse", wie im Kaschauer Programm vorgesehen, beendete die Tradition einer Gewaltenteilung auf kommunaler und regionaler Ebene. Vielfach wurden „Prozesse" veranstaltet, in denen die Beschuldigung und die Verurteilung direkt in der Exekution endeten. Sogenannte „Revolutionsgarden" unternahmen Strafexpeditionen in das Gebiet der kompakt siedelnden Deutschen, wo sie Terrormaßnahmen vollbrachten und Exekutionen vornahmen. Die Presse heizte die Stimmung gegen alles Deutsche weiter an, indem Schauergeschichten über angebliche - oder tatsächliche? - „Werwolf-Aktionen" verbreitet wurden; geradezu systematisch wurden damit die Deutschen diffamiert (Ivan Herben: „Der Teufel spricht deutsch") und der Gedanke populär gemacht, daß alle Deutschen schuldig und zu bestrafen seien. Auch solche Tschechen, die sich dieser Hysterie widersetzten – oder Verwandte deutscher Sprache hatten –, wagten kaum Hilfsaktionen, da in einigen Fällen solche Hilfe als Kollaboration gewertet und mit der Exekution bestraft worden war. Ein besonderes Beispiel einer kollektiven Hysterie war die Folge der Explosion der Munitionsfabrik in Aussig am 31. Juli 1945, die sowohl der Regierungspropaganda wie dem Straßenmob Anlaß zu wüsten Ausschreitungen gab.

Die Regierung gab durchaus den Ton an, um das in der Emigration und im Heimatwiderstand entwickelte Konzept einer Austreibung aller Deutschen aus dem Lande vorzubereiten. Während im Kaschauer Programm von einer – verständlichen – Bestrafung der Schuldigen die Rede gewesen war, zielten die Dekrete des Präsidenten Beneš weiter: das Retributionsdekret vom 19. Juni 1945 erweiterte den Bogen der zu Bestrafenden, und das Enteignungsdekret vom 21. Juni 1945 schuf die Grundlage für die Konfiskation und Enteignung allen deutschen Besitzes. Dies waren aber Maßnahmen, die nur offiziell das regelten, was durch die wilden Aktionen der sogenannten „Goldgräber" *(zlatokopce)* im Lande bereits geschah: die Plünderung und später Besetzung der ehemals deutschbesiedelten Gebiete.

Parallel dazu liefen in den Monaten Juni/Juli 1945 die wilden Vertreibungen nach einem mehr oder weniger gleichen Schema ab: Revolutionsgarden oder Soldaten zernierten eine Ortschaft und zwangen die Bewohner in kurzer Frist, sich mit wenig erlaubter Habe zur nächsten Grenze zu begeben. Dabei gerieten die Betroffenen – hauptsächlich Frauen, Kinder und alte Leute – häufig in einen Teufelskreis: aus der Internierung wurden sie in Trecks zu den Fußmärschen gezwungen, wurden sie jedoch an den Grenzen von der anderen Seite abgewiesen, so wanderten sie zwischen den Grenzposten verzweifelt hin und her, bis sie entweder wieder in einem Internierungslager und bei Zwangsarbeit landeten, oder in Eisenbahntransporten abgeschoben wurden. Eine Ausnahme bildete die amerikanisch besetzte Zone, aus der zahlreiche Deutsche – zumal nach den Entscheidungen der Potsdamer Konferenz – in geordneter Weise das Land verlassen konnten.

„Im ganzen waren im Verlauf der ersten Austreibungswelle etwa 700 000 bis 800 000 Sudetendeutsche aus der Tschechoslowakei, in erster Linie aus dem Ostsudetenland, den Industriegebieten des Nordsudetenlandes, der Iglauer Sprachinsel, den südmährischen Kreisen und aus Brünn entfernt worden, davon schätzungsweise 150 000 nach Österreich. Zehntausende waren in Lager eingewiesen oder nach Innerböhmen und -mähren zum Arbeitseinsatz verschleppt worden. Die Masse der Deutschen saß aber noch in den Heimatorten. Sie sah sich auch weiterhin einem unverminderten Druck ausgesetzt, und viele von ihnen zwang der individuelle Terror in den Herbstmonaten zum Verlassen der Heimat. Daneben schoben die Tschechen auch jetzt noch kleinere Transporte vorwiegend mit alten und kranken Leuten über die Grenzen ab.[1]"

Eine Zäsur stellte die Potsdamer Konferenz (17. Juli–2. August 1945) dar. Am 22. Juli hatte die tschechoslowakische Regierung den Plan einer Aussiedlung aller Deutschen vorgelegt. Die Konferenz billigte diese Maßnahmen, denen jene aus Polen und den Ländern Südosteuropas entsprachen, zwar prinzipiell, forderte aber eine zeitweilige Aussetzung des Vollzuges, um die Bedingungen für die Aufnahme der Betroffenen in den besetzten Gebieten Deutschlands zu prüfen. Eine Einschränkung der wilden Vertreibungen kann in der fast zynischen Formulierung gesehen werden, mit der gefordert wurde, daß die Bevölkerungsüberführungen („transfer") „in ordnungsgemäßer und humaner Weise" zu erfolgen habe.

Trotz einiger Proteste von amerikanischen Stellen wurden im weiteren Verlauf des Jahres 1945 weitere 70–75 000 Personen ausgewiesen; im wesentlichen aber wurden die organisatorischen Vorbereitungen für die Aussiedlung getroffen: in Prag schuf man ein Spezialreferat im Innenministerium, dessen Leitung Miroslav Kreysa übernahm. In einer Note vom 16. August, in der die tschechische Regierung zu den Beschlüssen von Potsdam Stellung nahm, wurde die Aussiedlung von 2,5 Millionen Deutschen angekündigt, von denen 10 % bereits im Dezember 1945 betroffen sein sollten. Die Einbindung in internationale Verträge – immerhin besaßen die Amerikaner eine Art Einspruchsrecht wegen der Aufnahmemodalitäten – bedeutete auch der Erlaß von Vorschriften über die Menge und Art des Gepäcks und die Verpflegung der Betroffenen, ohne daß dies jedoch der Willkür unterer tschechischer Stellen wesentlich Grenzen setzen konnte, was Umfang und Inhalt des Gepäcks oder die Art der Kontrollen betraf.

Am 25. Januar 1946 traf der erste Transport aus Budweis in Furth im Walde ein, und in der Folge kamen täglich 4 Züge, nach einer Unterbrechung ab 1. Mai 1946 täglich 6 Züge mit Vertriebenen, die nun – nach amerikanischen Interventionen – mehr Gepäck mitbringen konnten. Neben diesen Zwangsausweisungen müssen auch „freiwillige" Ausreisen von Personen erwähnt werden, die auf diese Weise möglichst rasch der Entrechtung und den entwürdigenden Lebensumständen, z. B. in den Internierungs- und Arbeitslagern, entkommen wollten.

„Unter dem Eindruck der konsequenten tschechischen Entrechtungspolitik, die alle Voraussetzungen für ein Weiterleben in der ČSR entzog, empfand der Großteil der sudetendeutschen Bevölkerung die Ausweisung für den Augenblick nicht in der ganzen Schwere, sondern eher als eine Befreiung von unerträglichem Druck. Daraus läßt sich auch erklären, daß in der Schilderung der Ereignisse, wie sie die Berichte geben, die Ausweisung selbst nur kurz er-

---

[1] Dokumentation der Vertreibung der Deutschen aus Ost-Mitteleuropa. Band IV/1. Die Vertreibung der deutschen Bevölkerung aus der Tschechoslowakei. In Verbindung mit Werner CONZE, Adolf DIESTLKAMP, Rudolf LAUN, Peter RASSOW und Hans ROTHFELS bearbeitet von Theodor SCHIEDER. Berlin 1957, S. 112.

wähnt wird. Sie trat im Bewußtsein zurück gegenüber dem Erlebnis der Rechtlosigkeit, des kümmerlichen Vegetierens in Dachkammern, Abstellräumen und Lagern aller Art, gegenüber Erniedrigungen aller Art. Das tschechische Verfolgungssystem hatte den Deutschen die Heimat zerstört, bevor sie sie verlassen mußten.[2]"

Insgesamt wurden im Jahre 1946 1111 Eisenbahnzüge mit insgesamt 1 183 370 Personen in die amerikanische Zone geleitet. Ab dem 10. Juni 1946 liefen die Ausweisungen in die sowjetisch besetzte Zone, die bis zum Oktober ca. 750 000 Personen aufnahm. Der Gesamtumfang der Aktion, die im Tschechischen mit „odsun" eher nüchtern umschrieben worden ist, umfaßt nach Auszählungen ca. 3 Millionen Menschen. Ungefähr 250 000 ehemals deutsche Staatsbürger verblieben in der Tschechoslowakei, und nach Auszählungen ist das Schicksal von ungefähr 215 000 Personen „ungeklärt", unter denen sich die Verluste der unmittelbaren Nachkriegszeit und der „ordentlich und humanen" Aussiedlungsaktionen befinden dürften. Mag über diese Zahlen gestritten und die eine oder andere Korrektur angebracht werden, so steht das Leiden der Betroffenen, über das in der „Dokumentation der Vertreibung der Deutschen aus Ost-Mitteleuropa" eine umfangreiche Veröffentlichung schon seit 1957 vorliegt, nicht in Zweifel. Es ist auch bemerkenswert, daß diese frühe deutsche Veröffentlichung bereits kritische Stimmen aus der tschechischen Öffentlichkeit aufgenommen hat, die erst in viel späteren tschechischen Arbeiten gewürdigt worden sind (Tomáš Staněk, Emilia Hrabovec, Jaroslav Kučera).

Eine Betrachtung der Folgen der Kriegs- und der skizzierten Nachkriegsereignisse kann hier nur unvollständig sein. Ich möchte sie auf vier Ebenen kurz umreißen:

Vom *ökonomischen* Standpunkt betrachtet war die Vertreibung der deutschen Bevölkerung, die in Böhmen mehr als 30 Prozent der Gesamtbevölkerung ausgemacht hatte, eine Katastrophe, handelte es sich bei diesen Personen doch im wesentlichen um solche, die im Gewerbe, in der Landwirtschaft und in der Kleinindustrie tätig gewesen waren. Der Verlust von Spezialisten und das Aussterben von traditionellen Wirtschaftszweigen war bewußt in Kauf genommen worden. Der Wiederaufbau der ehemals von Deutschen landwirtschaftlich genutzten Flächen in den Grenzgebieten ist in der ganzen Zeit seit dem Kriege noch nicht vollständig gelungen.

Politisch ist die Vertreibung nach außen- und innenpolitischen Konsequenzen zu bedenken. In der außenpolitischen Fernwirkung bedeutete sie eine Entfremdung zu den westlichen Demokratien, die über die Vertreibung – und über die Art, in der sie vorgenommen wurde – schon frühzeitig Warnungen und Proteste ausgesprochen haben, ohne an der Sache selbst allerdings etwas ändern zu können oder zu wollen. Mit Blick auf die Sowjetunion band sich die Tschechoslowakei auf Gedeih und Verderb an diesen Befürworter der

---

2   Ebd., S. 122.

Zwangsmaßnahmen, weil nur er die neuen Bedingungen zu garantieren geneigt war. Dies betraf insbesondere das Verhältnis zu Deutschland, das zunächst aus den Besatzungszonen bestand. Nach Gründung der Bundesrepublik Deutschland war die Vertreibung – neben dem Streit um die Gültigkeit des Münchener Abkommens – ein Hindernis auf dem Wege zu einem erträglichen Miteinander. Im Grunde haben die Vertreibungsfolgen über die menschliche Seite der Betroffenen hinaus das Verhältnis bis heute belastet, wenn hier auch innenpolitische Faktoren der Bundesrepublik Deutschland und die besondere Haltung der CSU zu den Sudetendeutschen zu beachten ist.

Für die Innenpolitik der Tschechoslowakei bedeutete die Vertreibung einen nationalen Zusammenschluß aller Kräfte, die auf den einfachsten Nenner „Rache an den Deutschen" über alle anderen Differenzierungen hinaus festgelegt waren. Die Möglichkeit, damit Andersdenkende zu diskriminieren, schuf ein breites Feld für Denunziationen und politische Manipulationen, die – zusammen mit der kommunistisch beherrschten Verfügung über das Verteilungssystem für den neuerworbenen Boden – eben der Etablierung der Führungsrolle der KPČ gedient hat. Der Legitimierung einer neuen Elite – nationalistisch, panslavisch bzw. russophil und kommunistisch wurde damit Vorschub geleistet.

Vom *ideologischen* Standpunkt aus betrachtet war die Vertreibung der Deutschen der letzte Schritt der tschechischen Nationalpolitiker, die damit das „Erzübel" der Geschichte der Böhmischen Länder tilgen zu können glaubten. Über Jahrhunderte war Böhmen – als Teil der mitteleuropäischen Geschichte und des Heiligen Römischen Reiches Deutscher Nation – von zwei Völkern (unter Einschluß der Juden) bewohnt worden, die im Laufe der Geschichte – über die Sprachgrenze hinweg – eine gemeinsame Kultur entwickelt hatten. Die Vorstellung, unter den Bedingungen der Mehrsprachigkeit einen tschechischen Nationalstaat begründen zu können, war seit 1848 immer klarer formuliert worden, ohne in die Praxis umgesetzt werden zu können. Die erste Tschechoslowakische Republik verstand sich zwar als ein Nationalstaat, war aber eine Fortsetzung der Vielschichtigkeit der alten Habsburger Monarchie auf kleinerem Territorium. Selbst wenn die nationalen Minderheiten an der politischen Repräsentation beteiligt waren und deutsche Minister von 1926 bis 1938 in der Regierung der Tschechoslowakei vertreten waren, so hat es immer eine Tendenz gegeben, den tschechischen Nationalstaat zu „vollenden". Die ungeahnte Chance zu der radikalsten denkbaren Lösung – der Vertreibung oder der Ermordung – hatte Hitler mit der Zerstörung des Staates selbst eröffnet. Den nationalsozialistischen Plänen einer „Umvolkung" der Tschechen und einer Vertreibung der dazu nicht würdig befundenen Teile anworteten die Tschechen mit einer entsprechenden eigenen Konzeption des „odsun", die im Verlaufe des Krieges sowohl in der Emigration wie im heimatlichen Widerstand immer mehr Anhänger gewonnen hatte. Der Vollendung des tschechischen Nationalstaates, die 1990 mit der Abspaltung der Slowakei eine unerwünschte Konsequenz haben sollte, war die Geschichte der Böhmischen Länder geopfert worden.

Damit hängt die letzte der betrachteten Ebenen eng zusammen, der *moralischen*. Die Vertreibung war eine Selbstamputation der tschechischen Nation, die im Verlaufe der Geschichte eben zu einer deutsch-tschechischen Symbiose geworden war, wie die Familiennamen, die Verwandtschaftsverhältnisse und Leben und Brauchtum beweisen. Eine solche Verletzung nennt die Medizin ein Trauma, und neben dem Münchner Abkommen, das den Tschechen von außen aufgezwungen wurde, ist der „odsun" ein Trauma, das man sich selbst zugefügt hat. Aus der verständlichen Abrechnung mit Verrätern, Verbrechern und Kollaborateuren war eine Aktion geworden, die nach der Vorstellung der „Kollektivschuld" alle Deutschen betraf, darunter auch jene, die nachgewiesenermaßen in der Protektoratszeit für den tschechoslowakischen Staat eingetreten waren (Auslandssoldaten, Kommunisten, Sozialdemokraten), ja, selbst die Juden waren miteingeschlossen, die – gerade der Ermordung durch deutsche Vernichtungspolitik entkommen – oft wieder in eine neue Unterdrückung gerieten. Dies zeigt, daß die Erfahrung von Erniedrigung in der Protektoratszeit bei den Opfern eine ähnliche Mentalität wie bei den vormaligen Tätern erzeugt hatte: aus den Opfern wurden nach dem Kriege Täter, die sich derselben verwerflichen Methoden bedienten.

Ein Gutteil der Schwierigkeiten der heutigen tschechischen Gesellschaft, diese Frage der Vertreibung objektiv zu diskutieren, liegt meines Erachtens in dieser traumatischen Erfahrung begründet. Es dürfte nicht so sehr das schlechte Gewissen jener sein, die sich schlicht bereichert oder die sich an emotionalen Aktionen gegen die Deutschen selbst beteiligt haben – die Zahl wird immer kleiner –, sondern es dürfte die – wohl nicht immer zugestandene – Erkenntnis sein, den moralischen Vorteil des Sieges verspielt zu haben. Viele Betrachter haben auf die Gleichung hingewiesen, die zwischen der „kollektiven Verfolgung" der Juden und der Deutschen gesehen werden kann, auch wenn der prinzipielle Unterschied – der geplanten Ermordung gegenüber *nur* der Vertreibung – herausgehoben werden muß.

Eine Reihe von Betrachtern der tschechoslowakischen Geschichte haben wohl zu recht betont, daß die Rechtfertigung von offensichtlichem Unrecht im „Dienste einer höheren Idee" der Wiederherstellung der Demokratie in der Tschechoslowakei am meisten geschadet hat. Wo war der grundsätzliche Unterschied zwischen einer Gewaltpolitik im Dienste der Nation und jener im Dienste der kommunistischen Idee? Vielleicht erklärt sich daraus die Tatsache, daß die Tschechoslowakei mit der am tiefsten verwurzelten demokratischen Tradition in allen Ländern Ostmitteleuropas in den Jahren der stalinistischen Herrschaft zu den unsympathischsten Erscheinungen im Moskauer Herrschaftsbereich gehört hat, bis das Jahr 1968 eine Neubesinnung ermöglichte.

Wie sehr gerade der moralische Aspekt die tschechische Intelligenz – jedenfalls problem- und faktenbewußte Historiker – beschäftigt hat, ist in einem anderen Zusammenhang mit Blick auf die Diskussion seit Veröffentlichung der Thesen von „Danubius"/Mlynárik behandelt worden[3].

Der letzte hier zu behandelnde Komplex ist die Frage, wie die Ereignisse und ihre Konsequenzen in Lehr- und Schulbüchern der Tschechischen Republik heute dargestellt werden, und ich beziehe mich in diesem Zusammenhang auf jene Bücher, die mir zu diesem Zwecke zugesandt worden sind, über deren Repräsentativität ich also keine Aussage machen kann. Die Texte lagen in Ablichtung vor, so daß Bilder und farbliche Hervorhebungen nicht berücksichtigt werden konnten.

Der erste Text[4] ist offensichtlich ein Schulbuch: er enthält knappe Informationen in einer einfachen Sprache und wenig Wertung. Im Zusammenhang mit einer ausführlichen Darstellung des Prager Aufstandes und der dabei zu beklagenden Opfer wird die Vertreibung und auch der Umstand kurz erwähnt, daß *alle* Deutschen vertrieben wurden, wobei der Zusammenhang mit den Entscheidungen der Großmächte in Potsdam betont wird; Umstände, Zahlen und Konsequenzen werden nicht erörtert[5].

Der zweite Text[6] ist anspruchsvoller und bietet mehr Hintergrundinformationen; allein anderthalb Seiten sind dem Prager Aufstand und der damit verbundenen Brutalität gewidmet, eine halbe Seite berichtet über die Vertreibung und erwähnt die Kollektivschuldthese sowie die Opfer[7]; die Konsequenzen (im wirtschaftlicher, politischer und moralischer Hinsicht) sind genannt, aber nicht ausgeführt; die Umstände der Vertreibung fehlen.

Der dritte Text[8] berichtet ausführlich über die Geschichte der Protektoratszeit, schildert die militärischen Ereignisse an allen Fronten, berichtet vom Alltag, der Unterdrückung und den entgangenen Lebensmöglichkeiten, über Sport und Kultur. In diesem Zusammenhang werden auch die Pläne zur Aussiedlung der Deutschen auf einer halben Seite erörtert, aber die Fragen der Karpatenukraine nehmen mehr Platz ein[9]. Da das Kapitel mit dem Kriegsende Anfang Mai schließt, ist die Vertreibung selbst nicht mehr behandelt.

Der vierte Text[10] ist sehr umfangreich, reflektierend und der anspruchsvollste der hier behandelten Lehrbücher, offenbar für den akademischen Unterricht verfaßt. Der Verfasser behandelt ausführlich die Neuordnung Europas

---

[3] Manfred ALEXANDER: Die tschechische Diskussion über die Vertreibung der Deutschen aus der Tschechoslowakei und deren Folgen. In: Bohemia 34 (1993) 390–409; Die Diskussion über die Vertreibung der Deutschen in der Tschechoslowakei. In: Robert STREIBEL (Hg.), Flucht und Vertreibung. Zwischen Aufrechnung und Verdrängung. Wien (Picus-Verlag) 1994, S. 158–173.

[4] Miloš HÁJEK, Jarmila RYŠÁNKOVÁ a kolektiv: Svět a Československo ve 20. století [Die Welt und die Tschechoslowakei im 20. Jahrhundert], Prag, S. 62–81.

[5] Ebd., S. 72.

[6] České a československé dějiny II (od roku 1790 do současnosti) [Tschechische und Tschechoslowakische Geschichte von 1790 bis zur Gegenwart], Prag, S. 80–100.

[7] Ebd., S. 95.

[8] Dějiny zemí Koruny české. Léta 1939–1945 [Geschichte der Länder der Böhmischen Krone], Prag, S. 201–248.

[9] Ebd., S. 225 f.

[10] Karel KAPLAN: Československo v letech 1945-48. [Die Tschechoslowakei in den Jahren 1945 bis 48.]. Prag (Maschinenschrift) S. 5–37.

und die Grenzprobleme der Tschechoslowakei. Die Entwicklung der Vertreibungspläne und die Umstände der „wilden" und der „geordneten Abschiebung" werden behandelt, die Folgen erörtert und die damit verbundene Gewalt mit einer Angst vor einem neuen „München" begründet[11].

Der fünfte Text[12] ist eine populär aufgemachte Darstellung mit vielen Abbildungen, die bis zum Mai 1945 reicht. Die sachliche Darstellung behandelt die Vertreibungskonzeption, die deutsche Brutalität während der Protektoratszeit und bringt die wesentlichen Informationen über die Vertreibung der Deutschen in einer Sonderrubrik am Ende des vorletzten Kapitels des Buches: darin wird die Kollektivschuldthese erwähnt, die Umstände werden jedoch nicht dargestellt[13], in Zahlen werden der Umfang der Vertreibung und die mutmaßlichen Todesopfer genannt.

Je nach der Zielgruppe wird man also feststellen, daß die Grundtatsachen des „odsun" damit behandelt worden sind, wenn auch nicht immer in der richtigen Proportion im Vergleich mit anderen dargestellten Fakten; aber hierüber zu richten würde einem deutschen Betrachter schwer fallen, da vergleichbare deutsche Schulbücher noch weniger Informationen bieten. In einigen der Bücher scheint in der ausführlichen Schilderung der deutschen Brutalität in den letzten Kriegstagen ein Verständnis für die folgenden tschechischen Gewalttaten anzuklingen, ohne daß dies jedoch thematisiert wird. Eine platte Rechtfertigung ist nirgends gegeben, die Konsequenzen für die Tschechoslowakei erscheinen wenigstens andeutungsweise. Was jedoch durchgehend fehlt, ist ein Hinweis auf die genaueren Umstände der Vertreibung, auf die Probleme der Eingliederung der betroffenen Menschen in den Aufnahmegebieten; vor dem Hintergrund der böhmischen Geschichte ist außerdem schmerzlich festzustellen, daß die Vertreibung des deutschen Bevölkerungsteiles nicht als ein epochales Ereignis in der Geschichte der Böhmischen Länder gesehen wurde, mit dem ein jahrhundertlanges Zusammenleben der beiden Völker (wieder unter Einschluß der Juden) in diesem Lande ein gewaltsames Ende fand. Die Texte spiegeln die Selbstverständlichkeit des tschechischen Anspruchs auf die Böhmischen Länder wider, aus dem die Deutschen als Störenfriede vertrieben wurden; damit entsprechen sie wohl dem Lebensgefühl der Tschechen und besonders der jungen Generation von heute.

---

[11] Ebd., S. 13 f., 17.
[12] Jiří JOŽÁK: Dějepis. 3. díl [Geschichtsschreibung. Teil 3]. Prag. Bemerkenswert ist, daß im Text deutsche Namen in phonetischer tschechischer Orthographie verdeutlicht werden.
[13] Ebd., S. 91.

Diskussionsverlauf I
Themenfeld: Historiographische Probleme, Vertreibung

F. SEIBT:
Es wurde hier ein Überblick gegeben über die Entwicklung der tschechoslowakischen Historiographie seit 1945. Ich muß in der Tat sagen: Das war schon einmal in den 60er Jahren ein großes Thema für mich. Es war aufregend, nur seid mir nicht so sehr enttäuscht, es war nicht so sehr aufregend, weil es um die tschechoslowakische Geschichte ging, es war aufregend, weil es um Geschichte ging. [...] Nur was für mich aufregend war und womit die tschechischen Kollegen nach meinem Dafürhalten ein bißchen die Ehre von uns Historikern gerettet haben, die ja in diesem Jahrhundert immer wieder angegriffen worden ist, das war, daß sie sich trotz allen politischen Drucks zu bestimmten kritischen Passagen durchgerungen haben, und daß sie im Ganzen gesehen – zwischen 1948 und 49, als das nun begann und 1968, als das aufgehört hat – Geschichte immer wieder gegen den politischen Trend der Zeit geschrieben haben. Das war mir ganz wesentlich. In diesem Zusammenhang schien mir die Leistung der tschechischen Kollegen auch ganz bemerkenswert neben der Leistung der polnischen Kollegen, die offener reden konnten. Ich habe Anfang der 70er Jahre bei den deutsch-polnischen Schulbuchgesprächen erlebt, daß Herr Trawkowski aufstand, um sich zu Wort zu melden. Sein erster Satz war: „Sie wissen alle, ich bin kein Marxist". Da ist mir zunächst mal der Mund offengestanden, weil ich wußte, wer neben ihm saß. Das ging damals. Und Herr Trawkowski ist nicht eingesperrt worden, als er nach Hause kam. Insofern hatten die polnischen Kollegen jedenfalls damals andere Chancen. Wir wissen alle, daß dort eine katholische Universität bestanden hat. In der Tschechoslowakei war das anders. Das fand ich ganz bemerkenswert und das würde ich auch in jeder Geschichte der Historiographie, in einer generellen Geschichte des Rückblicks auf diese 40 Jahre ungern vermissen. Das ist etwas wichtiges, wobei wir alle wissen, welche personellen Unterschiede es gab usw. Das will ich hier nicht ausführen.

Nun haben sie gesagt, was denn jetzt Not tut, und haben eine ganze Liste weißer Flecken aufgeführt. Zum Teil möchte ich und zwar jetzt maßgeblich die deutschen Kollegen in dieser Angelegenheit generell entschuldigen. Wir konnten keine Archive benützen. Es ist sinnlos, eine Biographie zu schreiben, wenn man die Akten nicht hat. [...] Wir sind jetzt in einer gewissen Schwierigkeit, weil der Elan für die Erforschung dieser Zeit in der Generation, der ich noch angehöre, größer war, als er es in der nächsten Generation sein wird. Aber man kann natürlich damit auch die Hoffnung verbinden, daß dies der Sachlichkeit zugute kommt. Schon jetzt gibt es ganz interessante Aufschlüsse – beinahe nur vom Hörensagen – über das, was in tschechischen Archiven zu finden wäre. Schon jetzt würde ich manche Passagen – meinetwegen in meinem letzten Buch – ein bißchen anders formulieren, nach dem, was in Prag zu lesen wäre. Sie, Herr Křen, haben unter anderem, und damit bin ich doch am Rande des Vertreibungsthemas, die Geschichte mit den Zahlen ins Gespräch gebracht. Sie können sich erinnern, bei unserem ersten Treffen wollten wir mit großem Idealismus ein Buch *des gemeinsamen Leids* schreiben über jenes Jahrzehnt, das sich – Gott sei Dank – mit einem gewissen Erfolg seit langem als zusammengehörig betrachtet; Historiker hantieren schon mit dem Begriff der Epoche, gemeint sind die Jahre zwischen 1938 und 1948. Damit haben wir eine Interpretationsgrundlage, die mir ganz berechtigt vorkommt. Aber tatsächlich hat ein entsprechender Antrag an die DFG zu der Antwort geführt, methodisch sei hier kein Fortschritt zu erkennen.

Herr Brandes hatte nun eine sehr intelligente Idee, nämlich die, generell nach dem sogenannten „schwebenden Volkstum" zu fragen. Das ist, glaube ich, ein Ausdruck aus der Zwischenkriegszeit. – *Einwand: Sag' lieber „Nationalitätenwechsler".* – Das ist auch eine gute Idee. Ob uns diese Idee die Antwort bringt, bleibt dahingestellt. Eines hätten wir jedenfalls erreichen müssen, und daß wir das nicht geschafft haben, ist unser Fehler: Seit 40 Jahren habe ich versucht zu sagen, daß die Zahl von 250 000 Vertreibungsverlusten, ein Verlust der Statistik ist und nicht ein Verlust an Menschen. Über 250 000 Menschen konnten zwei Statistiker keine Auskunft geben anhand der Daten der 50er Jahre. Seither hat man das nicht mehr von neuem versucht. Vor zwei Jahren gab es eine merkwürdige Auskunft aus der ehemaligen sowjetischen Besatzungszone. Da waren es plötzlich 200 000 mehr. Ob das nun mal stimmt, oder ob das etwas einbringt, das weiß ich nicht. Man hätte es besser von neuem versucht. Vielleicht wäre man zu einer großen Korrektur gekommen. Die Zahl 250 000 erschien mir von vornherein unglaubhaft. Ich glaube, zum ersten Mal habe ich vor 40 Jahren in der „Zeitschrift für Ostforschung" darüber geschrieben, daß dies fast jeder zehnte Sudetendeutsche gewesen wäre. Das erscheint mir wahrhaft unglaubhaft nach den alltäglichen Erfahrungen, und die sagen ja auch noch etwas aus. Ich verfolge das Projekt noch heute mit einer Hand. Es läuft noch immer eine Anfrage an den bayerischen Finanzminister. Es ist noch nicht endgültig abgelehnt. Im Ergebnis würde es uns wohl zeigen, daß wir in dieser Sache einen Fehler gemacht haben, indem wir stillschweigend eine Zahl ständig kolportiert haben, die auf jeden Fall nur aus der Statistik hervorgegangen ist. Das ist eine Lücke in der Statistik. Man kann sie nicht gleichsetzen mit einer Lücke in der Bevölkerungsentwicklung. [...]

Ich kann mich überhaupt nicht anfreunden mit der Feststellung, daß die Vertreibung ein Genozid gewesen sei. Das erscheint mir unerklärlich, einfach aus der schlichten Überlegung, daß es doch nun ein Unterschied ist, ob man Menschen in Gas treibt oder in die Freiheit. Und wer diese Monate nach dem Mai '45 mitgemacht hat, der weiß doch, was die Freiheit ist, die man uns damals offerierte. Auch wenn wir daraufhin monatelang ohne festen Wohnort waren. Das kann man doch nicht vermischen, das ist doch eine Brüskierung, das ist eine Nichtachtung der Menschen, die vor 1945 ins Gas gefahren sind, auch wenn es dieselben Waggons gewesen sind. Ich glaube, wir müssen hier aufpassen, daß wir nicht Begriffe gebrauchen, die unangemessen, wenn nicht gar makaber, irreführend sind, auch wenn der eine oder andere etwas ganz anderes vielleicht damit gemeint hat. Ich glaube im ganzen, daß wir sowohl in der Historikerkommission als auch anderswo einen Fehler gemacht haben, wenn ich mir überlege, welchen Umfang diese ganze Vertreibungsdiskussion im Laufe der Zeit angenommen hat. Ich muß gestehen, ich habe es unterschätzt. Ich muß gestehen, ich habe mir gesagt, daß die Vertreibung ein weltgeschichtliches Ereignis ist und kein böhmisches. Und vor weltgeschichtlichen Voraussetzungen nimmt das Ganze doch völlig andere Formen an. Da ist ein Friedensplan Europas, ein Friedensgerüst, eine Friedensstruktur, die bei allen möglichen quer laufenden Urteilen – das ist völlig gleich – doch jedenfalls beschlossen wurden und die bei allen Ungerechtigkeiten von 1918 an durch 20 Jahre funktionierten. Das alte europäische Problem des Gleichgewichts wurde neu aufgebaut. Das hielt, bis da unten ein Stein herausgeschlagen wurde und der ganze Bau zusammenfiel. Ich will jetzt nicht erklären, daß die gesamte europäische Politik immer eine Gleichgewichtspolitik gewesen ist vom Spätmittelalter an. Jedenfalls war dies die Ratio staatlichen Handelns und immer wieder hat man das versucht mit solchen Mitteln, mit diesen jenen Vorzeichen, mit diesen jenen Ungerechtigkeiten. Ich will die Verträge von Versailles jetzt gar nicht qualifizieren – es war ein Friedensprojekt und man hat sich darauf geeinigt, und dann ist ein Stein herausgestoßen worden und das Ganze rollte zusammen. Es ist doch klar, daß dies dann Folgen hat, die unter Umständen jahrhundertewährende Situationen umkehren, und das war der Fall. Bitte vergessen Sie nicht – das hat uns Hans Lemberg einmal gezeigt –, daß 1915 die Diskussion um Vertreibungen von einem Schweizer Juristen eröffnet wurde. Vergessen Sie nicht, daß Fridtjof Nansen, der doch wohl als Wohltäter der Menschheit in unserer Erinnerung steht, die Vertreibung anders bezeichnet, nämlich als den Transfer von Menschen, als das einzige Mittel, um scheinbar unlösbare Nationalitätenkonflikte zu lösen. Ganz aufschlußreich war mir der Hinweis von Herrn Křen, daß man in einem Quellenstück von 1940 Deutsche und Tschechen vereinigt in der Feststellung findet, daß kein Miteinanderleben mehr vorstellbar sei. Ob das berechtigt war? Natürlich war es nicht berechtigt nach allen möglichen Gesichtspunkten, aber so drückte sich die Mentalität der Situation aus. Aus dem Kopf machen Menschen Geschichte. Und vergessen Sie nicht, daß niemand anderer als Lodgman von Auen – jahrelang schweigsam nach seiner großen politischen Niederlage 1925 – im April 1938 in einer in der Tschechoslowakei erscheinenden deutschen Zeitschrift festgestellt hat, man solle vor Vertreibungen nicht zurückschrecken, um endlich, nachdem sich Europa einmal entschieden hat, in Nationalstaaten zu leben, die notwendige Einheit herzustellen. Ich glaube nicht, daß der an eine Vertreibung der Deutschen gedacht hat bei diesen Sätzen. Angesprochen hat er damals in diesem Aufsatz ausdrücklich die Juden. Im übrigen hat er das offen gelassen. Das sind nicht etwa Sätze aus einer populären, sondern aus einer bestimmten Welt des politischen Nachdenkens. Und sie sind brutal genug und sie haben nichts zu tun mit der Situation hier innerhalb des Landes im Jahre 1940 oder so.

Ich bin ganz einig mit Herrn Brandes – mit geringerer Sachkenntnis –, daß die Vertreibung in der vollzogenen Form nicht eine Idee des tschechischen Widerstands war oder nicht ursächlich vom tschechischen Widerstand kam. Sie ist ein Unternehmen der Alliierten gewesen. Die englische Diskussion darüber ist sehr aufschlußreich und man sollte nicht verkennen, daß die Exilregierung in London doch in der Situation eines Bittstellers gestanden hat. Die kriegsführenden Mächte waren doch die Alliierten. Insofern würde ich sagen, daß der tschechische Hinweis auf die Entscheidung in Potsdam wohl seine Berechtigung hat. Peinlich und unpassend nach meinem Dafürhalten war die ganze Begleitmusik in Prag jüngst bei der Annahme des deutsch-tschechischen Vertrags. Also man kann ganz sicher nicht mit einer allgemeinen Zustimmung rechnen, wenn man auf tschechischer Seite sagt: Das waren die Alliierten, wir können nichts dafür. Denn die Annahme und die Durchführung und alles mögliche hängen ja zusammen. Das muß man ruhig zur Kenntnis nehmen. Aber daß das ein Stück Kriegsende war, in der Planung derjenigen Leute, die den Krieg auch geführt haben, das muß man doch bei alldem sehen. Schließlich und endlich haben weder die Schlesier noch die Pommern noch die Ostpreußen mit dem Vertrag von München oder mit dem Krieg oder sonst etwas zu tun; und zählten auch in der Mehrzahl sogar zu den Betroffenen. Man muß doch das Ganze sehen im Anliegen einer neuen Friedensordnung, die sich aus heutiger Sicht als unglaublich stabil erwiesen hat. Die Alliierten waren damals der Meinung, sie müßten die deutsche Grenze nach Westen verschieben, um auf diese Weise die Zustände, wie sie sie haben wollten und wie sie nach dem mühsam gewonnenen Krieg notwendig erschienen, zu stabilisieren. Das ist der sachliche Zusammenhang. Etwas ganz anderes ist, nach wie vor, die Art der Durchführung.

D. BRANDES:
Wenn ich mich jetzt melde, dann natürlich um zu denjenigen Punkten Stellung zu nehmen, bei denen ich anderer Ansicht bin als Kollege Křen und nicht bei jenen, wo ich mit ihm übereinstimme. Sicherlich kann man die Bedeutung der inneren Entwicklung im „Protektorat Böhmen und Mähren" nicht leugnen, also in diesem Fall die Stimmung der tschechischen Bevölkerung und besonders der Widerstandsbewegung, die die Zwangsaussiedlung forderte. Ich habe jedoch das Gefühl, daß man die Bedeutung übertreibt, wenn man die innere Entwicklung als den wichtigeren Teil darstellt. Wenn man von der Nečas-Mission und dem Gespräch mit dem französischen Bot-

schafter während der September-Krise, also vor München, ausgeht, und sich die damaligen Vorstellungen Beneßs ins Gedächtnis ruft, dann liegt es nahe, in der Vertreibung eine Antwort auf die sudetendeutsche Politik vor München zu sehen und nicht eine Reaktion auf die Besatzungspolitik. Ich würde auch weitergehen, was die Alliierten betrifft. Diese begründen, soweit ich die Dokumente kenne, so gut wie niemals ihre Neigung zum Transfer mit der deutschen Besatzungspolitik, sondern mit dem Verhalten der Sudetendeutschen vor München und mit dem Münchener Abkommen. Ja, sogar in den Begründungen für den Grundsatz eines allgemeinen „Transfers" der Deutschen aus Ostmitteleuropa – und hier spielen die Briten lange Zeit die größte Rolle – taucht das Argument auf, daß das Verhalten der Sudetendeutschen gezeigt habe, daß es nicht sinnvoll sei, eine deutsche Grenzminderheit in einem Nachbarstaat zu belassen – oder aber man müsse eben die Grenze verschieben. Das ist eine Schlußfolgerung, die aus „München" gezogen worden ist. Ich weiß, daß es auch Gegenargumente gibt, nämlich z. B. die Tatsache, daß der Grundsatzbeschluß zum Transfer kurz nach der *Heydrichiáda* gefaßt wurde, d. h. der nationalsozialistischen Terrorwelle nach dem Attentat auf Heydrich. Dennoch behaupte ich, daß diese Grundsatzentscheidung bei den alliierten Großmächten schon vorher herangereift ist, und zwar nicht nur im tschechoslowakischen Fall, sondern besonders auch im Falle Polens. Sodann möchte ich bezüglich der Kollektivschuld eine Gegenposition beziehen: In den Diskussionen der tschechoslowkischen Exilregierung mit den Alliierten spielte der Begriff der Kollektivschuld fast keine Rolle. Alle waren froh, daß Beneš eine Idee hatte – ich übertreibe vielleicht etwas – nämlich, wie man die schwierige Frage beantworten kann, wer denn vertrieben werden sollte. Die Alliierten wußten, wie schwierig es ist, das Verhalten jedes einzelnen zu untersuchen und dann zu entscheiden, gehört dieser nun zu den Guten oder jener zu den Bösen bzw. was mit den Grauen zu machen sei. Beneßs Idee war, alle auszusiedeln, die die deutsche Staatsbürgerschaft erhalten hatten, und dann wenige Ausnahmen zu machen. Diese Idee wurde von den Alliierten übernommen. Das Argument einer Kollektivschuld wurde dann nur hilfsweise herangezogen, weil man die Aussiedlung bzw. Vertreibung natürlich auch propagandistisch vertreten mußte. International und zu Hause. [...]

Bezüglich der Zahl der Vertreibungsopfer haben wir uns ja alle Gedanken gemacht. Das Problem war, daß man wahrscheinlich mit den bisherigen Methoden – also entweder schätzen und rechnen oder aber umgekehrt die Schätzung und Rechnung anzuzweifeln nicht furchtbar viel weiterkommt. Und deswegen war es das Problem, nach einer Methode zu suchen, die vielleicht etwas weiter führt, wenigstens in einer Teilfrage. Nun haben wir immerhin das Projekt, das die DFG fördert und das darauf abzielt, die Nationalitätenwechsler – ich halte sie auch für die wichtigste Gruppe – in den Mittelpunkt zu stellen und einfach mal nur diese zu untersuchen. Ich glaube, das kann weiterführen.

Vielleicht aber können andere Projekte uns in anderen Teilfragen weiterbringen.

Und dann noch zur *Dokumentation der Vertreibung*. Da hatten wir schon einmal einen Gegensatz in einer anderen Diskussion. Wenn man die Berichte in der *Dokumentation der Vertreibung* liest und die Berichte zum Teil gelesen hat, die nicht aufgenommen wurden – es sind ja viel mehr gewesen –, dann bekommt man nicht den Eindruck, daß die extremsten Berichte ausgewählt wurden für eine Anklageschrift. Und die Veröffentlichung ist ja nun gerade von seiten der Landsmannschaft besonders kritisiert worden, weil sie eines macht, was die Landsmannschaften gar nicht wollten, nämlich den Zusammenhang zwischen Krieg und Vertreibung herzustellen. Es wird ja in einigen Berichten und nicht nur in der allgemeinen Einleitung auch über die Protektoratszeit, auch über die Zeit im Sudetenland geschrieben, und es wird nicht die Vertreibung isoliert. Also ich bin immer noch der Meinung, daß die *Dokumentation der Vertreibung* eine hervorragende Arbeit ist. Gut, man könnte mal versuchen, systematisch Einzelpersonen zu charakterisieren. So ein biographischer Apparat wäre vielleicht nicht schlecht. Aber es kommt ja in den Berichten auch heraus, was sie vorher gemacht haben.

J. KŘEN:
Die Zahl der Opfer der Vertreibung muß erneut sorgfältig untersucht werden, und zwar gleich aus zwei prinzipiellen Gründen. Der erste ist ihre Anfechtbarkeit, der zweite dann die Tatsache, daß diese in der Öffentlichkeit immer wieder wiederholt wird. Auch nicht nationalistische deutsche Tageszeitungen und Zeitschriften führen an, daß die Vertreibung 250 000 Opfer hatte. Keines der deutschen Mitglieder der tschechisch-deutschen Historikerkommission hat dabei diese Zahl irgendwann bestätigt. Die tschechischen und deutschen Historiker haben lange Diskussionen darüber geführt, weil gerade diese Angaben ein ernstes Hindernis der gesamten tschechisch-deutschen Annäherung darstellen. Es scheint, daß für die Erforschung dieser Problematik eine neue Methodik gefunden werden muß. Es wird wahrscheinlich nicht mehr möglich sein, von solchen Kategorien auszugehen, wie „tschechische Opfer" oder „jüdische Opfer". Was verbirgt sich nämlich hinter solcher Bezeichnung? Jüdische Opfer wären z. B. tschechoslowakische, tschechisch- oder deutschsprachige Bürger, die nach den Nürnberger Gesetzen als Juden bezeichnet wurden, obwohl viele von ihnen sich selbst nicht für Juden hielten. Diese Menschen begannen sich erst unter dem Druck der Nazi-Persekution als Juden zu fühlen. So würden wir die Nazi-Terminologie einfach übernehmen. Und es gibt eine ganze Reihe weiterer Probleme.

Wenn es um die inneren Ursachen der Vertreibung geht, gehen die Meinungen der tschechischen und deutschen Historiker nicht weit auseinander. Ich persönlich bin der Meinung, daß die Tatsache in Betracht gezogen werden muß, daß das Problem der Sudetendeutschen sich in einem Licht vor dem

Münchner Abkommen und in einem anderen nach der Heydrichiade oder am Ende des Krieges gezeigt hatte. Ein wesentlicher Teil der britischen Politik hielt z. B. den Standpunkt der Sudetendeutschen für die Realisierung des Prinzips der Selbstbestimmung. Sie begann – und sogar in vielerlei Hinsicht – erst im Lichte der neuen Tatsachen, die im Verlauf des Krieges erschienen, ihre Meinungen zu ändern. Wir wissen aber heute, daß diese Betrachtung nicht fehlerlos war. Als Beispiel würde ich dieselbe Argumentation für die Begründung der Vertreibung der Deutschen aus dem polnischen Gebiet nennen, obwohl sich die deutsche Minderheit im damaligen Polen an den Ereignissen des Jahres 1939 bei weitem nicht so stark engagiert hatte, wie es 1938 in der Tschechoslowakei der Fall war. Es gibt hier aber Spezialisten für diese Fragen, Herrn Kollegen Brandes und Herrn Kollegen Valenta.

[...]

F. SEIBT:
Ich bin nicht ganz einverstanden mit der Eingangsbemerkung von Herrn Kural. Er sagte, daß Beneš in der deutschen Literatur generell als der Urheber der Vertreibung dargestellt werde. Ich möchte darauf hinweisen, daß ich 1967 in einer Studie zu zeigen versucht habe, daß sich Beneš im Lauf der Entwicklung, Jahr für Jahr, während seines Londoner Exils der Situation angepaßt hat, und daß im Lauf der Zeit der Umfang der Vertreibungsabsichten immer größer wurde. Aber ich brachte zum Ausdruck, daß nicht Beneš der Urheber sei, sondern die Alliierten. Mir scheint diese Feststellung ganz wichtig. Getroffen habe ich sie seinerzeit auf eine Weise, die in der Zeitgeschichte ungewöhnlicher ist. In der zeitgeschichtlichen Forschung geht man gewöhnlich nach sogenannten positivistischen Maßstäben vor. Etwas ist zu belegen, oder es ist nicht zu belegen. Es gibt natürlich auch Zeitgeschichtsforscher, die ganz andere Wege gehen. Ich hatte damals nichts anderes zur Verfügung als Benešs Buch mit dem Titel „My War Memoirs". [...] Ich hatte den englischen Text und bin mit dem englischen Text so umgegangen, wie man manchmal in der Mediävistik mit einem Text umgeht. Ich habe also versucht, ihn sprachlich zu analysieren, stilistisch, nach Angaben eines möglichen Vorher oder Nachher; ich habe mich bemüht, den Aufbau des Ganzen in einer Weise zu lesen, wie man das üblicherweise in der Mediävistik macht, wo es wenige Quellen gibt, während die zeitgeschichtliche Forschung auf viele Quellen zurückgreifen kann. Das ist 1967 veröffentlicht worden. Es war allerdings damals, damit haben Sie recht, eine ungewöhnliche Darstellung. Vor drei Jahren hat mich nun Herr Brandes in einer Untersuchung über die Exilregierungen nach den Londoner Akten bestätigt, einer Arbeit, die in der deutschen Literatur ohne Konkurrenz ist. Ich will nicht meinen Aufsatz von 1967 so hochreden, ich wollte nur sagen, das war zum ersten Mal und hat mir auch nicht sehr viel Freude eingetragen. Aber Herr Brandes hat nun jetzt mit positiven Aktenbelegen bestätigt, daß es eine sehr allmähliche Entwicklung des Prinzips gegeben hat. Zwischendurch gab es

eine Veröffentlichung des Briefwechsels zwischen Beneš und Jaksch, von Herrn Prinz ediert. Diese Veröffentlichung ist vor kurzem bei Ihnen sehr kritisiert worden. [...]

Wir werden in der nächsten Zeit noch Gelegenheit haben, diese ganze Entwicklung in einem großen Maßstab zu sehen. Man darf nicht nur die tschechische oder tschechoslowakische Entwicklung sehen, man muß das gesamte Vertreibungskonzept von Ostpreußen bis nach Ungarn oder Jugoslawien in Betracht ziehen.

J. VALENTA:
Ich möchte nur ein paar Worte zur Problematik der Quellenbasis sagen, aus der wir die Ansichten des in- und ausländischen Widerstandes kennenlernen. Von dem inländischen Widerstand haben sich unvergleichlich weniger schriftliche Quellen erhalten als von dem externen. Das ist logisch, weil die Bedingungen, unter denen beide Teile des Widerstands gearbeitet hatten, ganz unterschiedlich waren. Im Exil wurde alles, eingeschlossen die Konzepte, sorgfältig archiviert. Das war beim inländischen Widerstand natürlich nicht möglich, und darüber hinaus wurde die erste Garnitur des Widerstandes 1942 liquidiert. Die Meinungsentwicklung im Exil kann man deswegen wörtlich Schritt für Schritt nachverfolgen, während die Meinungen zu Hause nur in kurzen, eindeutig formulierten Depeschen ins Exil überliefert sind.

Und ich muß auch darauf aufmerksam machen, daß man vom totalen Transfer der deutschen Bevölkerung aus der ČSR erst nach 1942 zu sprechen begann. Früher wurde nur ein teilweiser Transfer oder eine Grenzverschiebung erwogen. Und das ist bei weitem nicht das selbe. Allegorisch gesagt, ist es ein Unterschied wie etwa zwischen einer Operation des kranken Beins und dessen Amputation.

Einen anderen Standpunkt vertrat übrigens die polnische Exilregierung. Diese hatte bereits 1940 eindeutige Forderungen auf die Beschlagnahme der durch Deutsche bewohnten Gebiete, z. B. Ostpreußens, erhoben. Und sie verlangte dies als ein leeres Land, das die Polen wieder besiedelten. Die britische Regierung protestierte gegen diese Ansicht auf keine Art und Weise. Von hier ging auch die Idee der mitteleuropäischen Konföderation hervor, der sich Beneš nur langsam anschloß. Es ist bemerkenswert, daß in den Verhandlungen darüber den Problemen der Verfassung der Konföderation mehr Raum als dem „deutschen Problem" gewidmet wurde.

J. KŘEN:
Ich glaube, daß Sie die Lücken der Geschichtsschreibung sehr genau aufgezählt haben. Ich möchte unterstreichen, daß in der tschechischen Geschichtswissenschaft eine übersichtartige Arbeit über die Integration der vertriebenen Deutschen in Deutschland besonders fehlt. Der tschechische Leser hat nun wenigstens zwei kleine übersetzte Arbeiten der Kollegin A. Vágnerová zur Verfügung.

Wir sollen uns auch freuen, daß es gelungen ist, eine Situation herbeizuführen, in der sich die tschechischen und die deutschen Historiker in zwei zueinander nahen und offenen Gemeinden gegenüberstehen. Die deutsche ist selbstverständlich zahlenmäßig stärker und kann deswegen schneller vorankommen, die tschechische hat zwangsläufig größere Lücken. Aber das Beispiel des Collegium Carolinum, mit seiner achtunggebietenden Aktivität und Produktion, ist ein Beweis dafür, was man auch mit einem Minimum an Arbeitskräften erreichen kann.

Ein großes Defizit der deutschen Geschichtsschreibung hat seine Ursache jedoch in der Unzugänglichkeit tschechischer (tschechoslowakischer) Archive. Dies ist in einer Reihe Arbeiten erkennbar. Um zu helfen, dieses Defizit zu überbrücken, gibt die tschechisch-deutsche Historikerkommission jetzt einen Überblick über die erhaltenen Sudetika in unseren Archiven heraus.

Zur Problematik des sog. „Brünner Todesmarsches" führte J. Valenta an, daß man folgende zwei Tatsachen in Betracht ziehen muß: Erstens lebte in Brünn eine starke deutsche Minderheit und deswegen herrschte während der ganzen Zeit der Okkupation eine gewissermaßen andere Situation als in anderen tschechischen Städten. Zweitens war Brünn die einzige tschechische Stadt, um die es wirklich Kämpfe gegeben hat. Die tschechischen Bewohner von Brünn hatten also die Erfahrung wirklicher Kämpfe, und dies war ohne Zweifel ein drastisches Erlebnis. Drastisch war auch die spätere Revanche. O. Urban knüpfte mit der Überlegung darüber an, inwieweit der Krieg alle Menschen „zur Entgleisung brachte", wie weit sich die Wahrnehmung moralischer Werte verschob. Man sprach aber dann 40 Jahre lang von dem ganzen Problem nicht mehr, es war tabuisiert; die Zeitgenossen selbst pflegten oft zu sagen, „lassen wir es sein, berühren wir es nicht mehr". Der Abstand von diesen Ereignissen ermöglicht eine differenzierte Auffassung. Die tatsächlichen Nazi-Sudetendeutschen flohen in den meisten Fällen selbst. Ausgesiedelt wurden dann diejenigen, die nicht so große Verantwortung trugen – und die in vielen Fällen auch unschuldig waren. Und es flüchteten nicht nur Deutsche, sondern auch Tschechen, die eine Vergeltung fürchteten – wie z. B. L. Baarová. Wissen wir also wirklich, gegen wen sich der Haß der Roten Garden richtete?

J. Havránek unterstützte die Ansicht, daß vor allem diejenigen von sich aus flüchteten, die Angst vor einer Strafe hatten. Vielen Grausamkeiten lag auch die persönliche Erfahrung aus dem Konzentrationslager zugrunde. Grausame Gewalt war somit manchmal eine Revanche für die im KZ erlebten Schrecken. Von dem Erlebnis des Protektorats und Krieges waren auch einige Diskriminierungen motiviert, die für Deutsche nach dem Krieg galten und die antijüdische Maßnahmen der Nazis kopierten, wie z. B. den Einkauf in Geschäften, der nur zu bestimmten Stunden erlaubt war, die Beschränkungen bei der Benutzung des Stadtverkehrs u. ä. Und schließlich projizierten sich in das Verhalten gegenüber den Deutschen auch politische Interessen einzelner politischer Parteien.

113

Die Diskussion befaßte sich des weiteren mit dem Problem der Interpretation und Einschätzung der Persönlichkeit und Politik des Präsidenten Dr. E. Beneš. Ein wesentlicher Teil der deutschen, aber auch ungarischen Historiographie und besonders Publizistik sieht ihn eindeutig negativ. Er wird dort z. T. regelrecht dämonisiert (O. Urban). E. Maur wies darauf hin, daß E. Beneš – im Unterschied zu T. G. Masaryk – auch von einigen böhmische und mährischen Deutschen sehr negativ eingeschätzt wird, weil sie ihre persönlichen Erfahrungen aus der Zeit der Wirtschaftskrise und des Nazi-Regimes assoziieren. In seiner Persönlichkeit wird so die ganze Epoche personifiziert. J. Havránek bemerkte, daß das Problem des Beneš-Phänomens darin besteht, daß die Nachbarn der durch Beneš repräsentierten Tschechoslowakei eine Revision des Versailler-Vertrags anstrebten, den Beneš im Interesse der ČSR verteidigte. Deswegen kam es zu jener zugespitzten Personifizierung. V. Kural fügte noch eine kurze Frage hinzu, ob die Idee der Kollektivschuld in den tschechischen Betrachtungen erscheint. Er stellte fest, daß diese Idee in einigen Überlegungen des tschechischen inländischen Widerstandes auftaucht. Bei Beneš aber gibt es sie – bis etwa zum Jahre 1943 – nicht. Später traten weitere Faktoren hinzu: Wie wird sich Deutschland nach dem Krieg entwickeln? Wie kann man die Ursachen minimieren, die zu einem neuen Kriegskonflikt führen könnten. Die Beseitigung der deutschen Minderheiten aus der ČSR, aus Ungarn und Polen wurde zunehmend als etwas angesehen, was die Gefahr von Konflikten beseitigte. Diese Vorstellung vertraten nicht nur politische Repräsentanten der betreffenden Völker, sondern auch einige der Verbündeten, besonders die Briten, die selbst bereits im Jahre 1941 diese Idee ventilierten. Zum entscheidenden Moment für die Verwirklichung der Vertreibung der deutschen Minderheiten wurde so eine internationale Interessenkonstellation, nicht die Wünsche der Tschechoslowaken, Ungarn und Polen.

Themenfeld: Okkupation, Kollaboration, Widerstand

M. ALEXANDER:
Ich hätte eine Frage an die Zeitzeugen: Inwieweit hat man im Protektorat im Laufe der Zeit das Schicksal anderer besetzter Länder wahrgenommen? Ist es durchgedrungen, was mit den Polen geschehen ist, die ja im Herbst 1939 unmittelbar Opfer von Vertreibung geworden sind. Inwieweit hat sich das auf die Protektoratsbevölkerung ausgewirkt? Was wußte man davon?

J. VALENTA:
Meiner Meinung nach hielten sich gewisse Illusionen über die Absichten der Nazis noch bis zum Beginn des Krieges und sogar noch in den ersten Kriegswochen. Es läßt sich nicht so einfach feststellen, weil es eben Stimmungen, Vorstellungen usw. sind. Über die realen Verhältnisse in Polen wußte man hier fast nichts. Ich habe jahrelang Spuren von Kontakten der tschechischen und polnischen Widerstandsbewegung gesucht – vergebens. Ich habe in Polen etwas gefunden, und zwar in Papieren der Hauptkriegsabteilung der AK. Es

waren aber Auskünfte aufgrund von zwei oder drei zufälligen Reisen, die jemanden aus diesem Kreis nach Prag zu einem Verwandten oder so unternommen hatte. Die Informationen betrafen nur die dortigen Zustände. Der betreffende Mensch hatte keine Verbindung zur tschechischen Widerstandsbewegung hier. Es handelte sich um Informationen über die Verhältnisse im allgemeinen. Selbstverständlich war das ein großer Unterschied im Vergleich zu den täglichen Bedingungen, unter denen das besetzte Warschau litt. [...] In polnischen Städten waren Massenverhaftungen von Passanten auf der Straße keine ungewöhnliche Erscheinung. Es half vor der Inhaftierung nur ein Ausweis mit dem Stempel, der bestätigte, daß der Inhaber des Ausweises in einem deutschen kriegswichtigen Betrieb arbeitete, nichts anderes. Passanten wurden wahllos auf Lastwagen geladen, zum Bahnhof verfrachtet und als Zwangsarbeiter nach Deutschland geschickt. Das nannte man „von der Straße wegfangen". Das kann man ins Tschechische überhaupt nicht übersetzen mit einem Wort, denn hier gab es keine solchen Aktionen auf der Straße usw. Man wußte im Protektorat nur das, was man aus London und eventuell während der zweiten Hälfte des Krieges aus Moskau hörte. Das war sehr wenig. Alle diese Radiosendungen waren ziemlich strikt nur auf die einheimischen Verhältnisse orientiert. Ebenso verhielt es sich mit den polnischen und tschechischen Sendungen, wo man sehr wenig – und wenn schon, dann bezogen auf die jüngsten Ereignisse – über die Politik im Nachbarland informierte. Über die Zwangsaussiedlungen aus dem Wartheland war praktisch nichts bekannt. Gewisse Informationen waren in Nordmähren, speziell im Gebiet von Ostrava, im Umlauf, allerdings nicht infolge von Verwandtschaftsverbindungen usw., sondern durch die Erzählungen von Eisenbahnangestellten, die dienstlich weiter nach Krakau fuhren und gerade von dort zurückkehrten.

D. BRANDES:
Ich habe den „Alltag" ein wenig vermißt. Zwar hat Herr Gebhart über die Auswirkungen der Besatzungspolitik auf den Alltag gesprochen, doch müßte man in dieser Richtung weiterforschen. Ich komme auf das Stichwort „Überleben" zurück: Heute vormittag habe ich die tschechischen Protektoratszeitungen der letzten Wochen vor der deutschen Kapitulation durchgeblättert. Bis zum letzten Moment wird in diesen Zeitungen den Menschen gesagt: Wir haben den 15. März 1939 ohne große Verluste hinter uns gebracht, dann sollten wir auch noch diese letzten Wochen oder Tage überstehen, ohne etwas zu riskieren. Auch bei dieser Lektüre habe ich den Eindruck gewonnen, daß man eine Vorstellung von dem Schicksal der Polen unter deutscher Besatzung hatte. Denn in fast jeder Ausgabe, die ich heute gesehen habe, warnen die Nazis und die Protektoratsregierung: „Seid vorsichtig! Wir waren es, die euch bewahrt haben vor dem Schicksal der Polen." Also, eine allgemeine Vorstellung hat es schon gegeben, mit dem Schicksal der Polen wurde doch verglichen.

(Tschechischer Einwurf: Es war vornehmlich der Krieg, der Polen verwüstet hat, nicht die Okkupationspolitik.)

[...]

F. SEIBT:
Gab es denn zwischen dem tschechischen Widerstand und dem deutschen Widerstand Verbindungen? Gab es zwischen dem tschechischen Widerstand und dem sudetendeutschen Widerstand Verbindungen? Es ist ja bekannt, daß es wiederholt auch Aktionen aus England mit per Fallschirm abgesetzten Agenten gab, die versuchen sollten, unter den sudetendeutschen Sozialdemokraten die loyale Haltung vor dem September 1938 wieder zu beleben und entsprechendes zu organisieren. Gab es da Verbindungen zum örtlichen tschechischen Widerstand? Eine weitere Frage: Hat der tschechische Widerstand Aktionen unternommen zugunsten der zunächst bedrohten und schließlich verfolgten Juden? Ich erinnere mich an entsprechende Beispiele aus dem deutschen Widerstand: Ich erinnere daran, daß in Berlin 1 500 Juden versteckt wurden, zum Teil in ganz privaten Aktionen, zum Teil in konspirativen Zusammenhängen. Ich erinnere an die Aktionen in Polen zum Schutz der verfolgten Juden und wollte mich erkundigen, ob es Vergleichbares im tschechischen Widerstand gegeben hat. Schließlich noch eine Frage: Wie schätzt man die Tatsache ein, daß Hitler im Zusammenhang mit den Aktionen des tschechischen Widerstands einmal eine Anordnung zurückgenommen hat, nämlich die, mindestens 10 000 Tschechen zu erschießen. Wenn ich an das denke, was ich so von allen möglichen Berichten aus dem militärischen Bereich über den Umgang mit Hitler weiß, kommt mir in den Kopf, daß Korrekturen oder eine Opposition gegen diese und jene Maßnahme Hitlers etwa von deutschen Generälen stets als wenig erfolgreich, wenn nicht aussichtslos dargestellt wurde. Wie schätzt man also die Tatsache ein, daß Karl Hermann Frank hier Erfolg hatte? War er möglicherweise imstande, mit den Argumenten, die Herr Brandes vorgetragen hat, Hitler zu überzeugen? Dann noch eine Frage: Es gab eine Unternehmung des tschechischen Widerstands, die weitgehend auch im sogenannten Altreich kursierte, eine Unternehmung, die für die sonst unwissende deutsche Bevölkerung ein erstaunliches Zeugnis von der Existenz dieses Widerstands ablegte. Im allgemeinen war es ja doch deutsche Politik, Sabotageakte des Widerstands nicht bekanntzugeben, um nicht die Bevölkerung sozusagen in irgend einen Schneeballeffekt zu ziehen. Es wurde möglichst die Existenz des Widerstands verschwiegen. Auf der anderen Seite gab es Vorsichtsmaßnahmen, aber das alles im Geheimen. Diese eine Aktion, von der ich spreche, bestand darin, daß der tschechische Widerstand das englische Siegeszeichen übernahm. Es war ein großes „V" und eines Tages fuhren durch das ganze Reichsgebiet, entsprechend der wirtschaftlichen Verbindungen und der Militärtransporte, plötzlich Lokomotiven mit dem englischen „V", die man nachts auf die Lokomotiven gemalt hatte. Plötzlich war das englische Sieges-

zeichen weit verbreitet in Deutschland. Das hat sehr gewirkt, das hat die Leute damals fragen lassen: Wo kommt das her? Wer hat das gemacht? Was sind das für Leute? Und das war, wie gesagt, eine Aktion, deren Echo mich interessierte. Man hat dann deutscherseits, also offiziellerseits versucht, das Ganze zu übertrumpfen, indem offizielle Stellen plötzlich überall hin ein „V" gemalt haben, um auf diese Weise diese Aktion auszuspielen, aber das war schon merkwürdig.

Schließlich könnte man die Frage nach den Verbindungen aufwerfen - natürlich ist das ein eigenes Thema, aber es gehört ja wahrscheinlich doch in den Zusammenhang. Die Frage gilt also der Rolle des Widerstands bei dem Aufstand vom 5. Mai. Wieviel lief da aufgrund eines Organisationsschemas des Widerstands, wieviel geschah völlig spontan, unter anderem auch deswegen, weil - wie sowohl Herr Brandes als auch Herr Kural gesagt haben - der Widerstand in den letzten sechs Monaten stark dezimiert gewesen ist. Neben diesen Detailfragen möchte ich noch eine indikative Frage stellen: Wie muß man eigentlich die Rolle des Widerstands im Protektorat im Vergleich zu den anderen besetzten Gebieten einschätzen, und zwar sowohl im Vergleich natürlich zu Polen als auch zu Frankreich, aber auch zu kleineren Ländern, zu kleineren Einheiten mit ähnlichen oder noch schlechteren geographischen Bedingungen? [...] Im Gegensatz etwa zur Slowakei waren die räumlichen Gegebenheiten in den sehr dicht zivilisierten Ländern Böhmen und Mähren für die Entfaltung von Widerstandsaktionen natürlich schlechter. Aber es gibt ja Vergleichsmöglichkeiten mit der Situation in Holland oder in Dänemark, auch im nördlichen Frankreich, wo der Widerstand ja maßgeblich operierte - alles sehr offene, dicht besiedelte Landschaften. Kurz: Hat man in einem Vergleich die Rolle des Widerstands eingeschätzt?

[...]

D. BRANDES:
Mir scheint, daß ein wichtiges Element des Unterschiedes z. B. zu Polen ist, daß die Parteien eine geringe Rolle im Widerstand gespielt haben. Der Grund liegt wohl darin, daß sie keine Tradition in Konspiration hatten, was bei allen polnischen Parteien der Fall war. Ich würde mich sogar in einem bestimmten Sinne der Kritik des tschechischen Widerstandes an dem Parteiwesen, die ich sonst sehr mißtrauisch betrachte, anschließen. Sie waren bürokratische Apparate und eigneten sich in dieser bürokratischen Form kaum zum Widerstand. Dennoch können wir, finde ich, eine erstaunliche Schwäche des Widerstandes registrieren. Schauen Sie sich etwa das Schicksal der wenigen Fallschirmspringer an, die aus dem Exil ins Protektorat geschickt wurden. Wie wenig Leute waren bereit, sie aufzunehmen. Wie wenig Kontakte mit Organisationen konnten sie knüpfen. Vergleichen Sie dies etwa mit den Massen von Fallschirmspringern, die nach Polen geschickt wurden, wieviele von diesen im Vergleich zu den tschechischen Fallschirmspringern aktiv werden konnten

und den Krieg überlebt haben. Das sind Begebenheiten, bei denen eigentlich schon eine Familie viel hätte bewirken können, wenn sie zur Aufnahme bereit gewesen wäre. Zu der Frage der Rücknahme des Befehls Hitlers: Darüber ist schon vor langem ein Dokument veröffentlicht worden: Franks Niederschrift über seinen Besuch bei Hitler. Ich erinnere mich nicht mehr an alle Einzelheiten, aber an die Beurteilung. Das Protektorat spielte eben doch eine kriegswirtschaftlich wichtige Rolle, wobei ich auf ein Element hinweisen will, das aus den Speer-Memoiren z. B. hervorgeht: Die Skoda-Ingenieure haben noch während des Krieges die Produktion so verbessert, daß die Panzerproduktion, deren Umfang unter den Bombenangriffen in Deutschland sank, im Protektorat im Prinzip aufrecht erhalten wurde; die Bedeutung wuchs eher mit der Zunahme des Krieges. Die tschechischen Ingenieure waren recht erfindungsreich bei der Verbesserung der deutschen Produkte. Vielleicht noch ein Vergleich: Wenn man sich die deutsche Polenpolitik ansieht, dann wird man feststellen, daß es ein Ausnahmegebiet in der Härte der deutschen Polenpolitik gibt, nämlich Ost-Oberschlesien und meines Erachtens aus genau demselben Grund. Die Fragen, die Herr Seibt am Anfang gestellt hat, finde ich alle interessant, aber ich weiß auf keine eine Antwort. Ich habe nie etwas gefunden über Kontakte zwischen deutschem und tschechischem Widerstand; ich habe auch nie etwas gefunden über Verbindungen zwischen tschechischem und sudetendeutschem Widerstand. Die paar Fallschirmspringer, die der britische Geheimdienst da über dem Sudetengebiet absetzte, wurden schnell liquidiert. Das einzige, was wir immer wieder erwähnt haben, sind die paar Sudetendeutschen unter den Kommunisten, die z. B. in der Slowakei, in den sowjetisch-kommunistischen Partisanengruppen aktiv waren. Ich weiß auch nichts von Aktionen des tschechischen Widerstand zugunsten der Juden.

Diskutiert wurde noch die Art und Weise, wie die Nationalsozialisten die „Bekämpfung des tschechischen Geschichtsmythos" betrieben. R. Maier hatte die Vermutung geäußert, daß es effektiver ist, einen Mythos mit einem „Gegenmythos", einer Ersatzidentifikation, zu bekämpfen als ihn lediglich zu verbieten oder mythologisch entrückte Zeiten „schwarz einzufärben". Seine Frage zielte darauf ab, ob es in der Anfangszeit Angebote von seiten der Besatzungsmacht an bestimmte Gruppen gab und wie sie aufgenommen wurden.

Themenfeld: Judenverfolgung und -vernichtung

D. BRANDES:
Ich habe aus dem heutigen Referat von Herrn Kárný, wie schon aus seinen Veröffentlichungen, den Schluß gezogen, daß das, was ich früher gemacht habe, höchst problematisch war, nämlich in meiner Geschichte des Protektorats die Judenverfolgung und -vernichtung praktisch auszuklammern. Damals als Doktorand war ich davon ausgegangen, daß die Judenvernichtung eine

allgemeine Erscheinung in Hitlers Europa war und die Einzelheiten für die Charakterisierung der besonderen Situation der einzelnen Provinzen vielleicht nicht so wichtig sind. Herr Kárný hat mit seinen Arbeiten gezeigt, daß sich aus der genauen Analyse der Politik gegenüber den Juden neue Informationen und besser begründete Urteile über die allgemeine Besatzungspolitik, die Kollaboration und den Widerstand im Protektorat Böhmen und Mähren gewinnen lassen. Das hat auch sein heutiges Referat deutlich gezeigt. Ich möchte noch einmal an einer bestimmten Stelle nachhaken: Es wurde gesagt, daß Karl Hermann Frank die Kontinuität der antijüdischen Politik verkörpere. Auf der anderen Seite hat Kárný gezeigt, daß sich v. Neuraths Position in dieser Frage nicht sonderlich von der Franks unterscheidet. Kárnýs Referat habe ich entnommen, daß auch die Protektoratsregierung nicht so unschuldig ist. Ich frage mich, ob das Urteil, der Sudetendeutsche Karl Hermann Frank sei quasi die Speerspitze der antijüdischen Maßnahmen gewesen, richtig ist. Eine zweite Frage möchte ich anschließen: Kárný sprach von der Flucht und de facto Vertreibung der Juden aus den besetzten Grenzgebieten bzw. aus dem künftigen Sudetengau. Wieviele Juden blieben eigentlich übrig, um dann noch Opfer von fanatischen Sudetendeutschen werden zu können? Bisher war ich der Meinung, daß dies nicht mehr viele waren.

M. KÁRNÝ:
Das ist alles sehr kompliziert. Ich versuche es kurz zu charakterisieren. Es bestand doch ein Unterschied zwischen v. Neurath und Karl Hermann Frank. Letzterer war der Treibende. In Nürnberg hat sich v. Neurath folgendermaßen verteidigt: Die Verordnung vom 21. Juni 1939 (über das jüdische Vermögen) habe er unter dem Druck aus Berlin herausgegeben. Er habe sich lange gewehrt dies zu tun, und so hätten die Juden drei oder vier Monate Zeit gewonnen, sich vorzubereiten. Eigentlich war es aber umgekehrt. Die Juni-Verordnung ging weiter als Hitlers Weisungen, die Stuckart (der Staatssekretär im Reichsinnenministerium) am 25. März vorgetragen hatte. Ähnlich war es auch bei den Verhandlungen über die Regierungsverordnung zur Ausschaltung der Juden aus dem öffentlichen Leben im Protektorat. Stuckart hatte dagegen Einwendungen erhoben – und dies widerlegt m. E. v. Neuraths Verteidigung in Nürnberg. Mit der eigentlichen Ausarbeitung der Juni-Verordnung hat jedoch v. Neurath – soweit ich es ermitteln konnte – nichts zu tun. Diese war aufgrund von Beratungen im Amt des Reichsprotektors unter Aufsicht von K. H. Frank vorbereitet worden. V. Neurath hat dann die Zustimmung gegeben und die Verordnung unterschrieben. Die führende und treibende Kraft war er dabei nicht.

Man könnte ferner als Beispiel die Episode mit der öffentlichen Kennzeichnung der Protektoratsjuden im Sommer 1941 anführen. Die Initiative ging von K. H. Frank aus. Er wandte sich an Lammers, den Chef der Reichskanzlei, und wollte die Kennzeichnung durchsetzen, obwohl diese Maßnahme im Reich noch nicht eingeführt war. In einem persönlichen Brief bat er

Lammers um Unterstützung und verhandelte mit ihm. Dann sandte er an v. Neurath ein Telegramm in folgendem Sinne: Wir können die Juden im Protektorat kennzeichnen; es liegt ausschließlich in Ihrer Kompetenz. Und v. Neurath stimmte sogleich zu. Die Juden sollten durch Armbinden gekennzeichnet werden. Bevor die Maßnahme realisiert werden konnte, hatte Hitler jedoch entschieden, daß man im ganzen Reich eine einheitliche Kennzeichnung der Juden einführen soll. An der Tatsache ändert dies nichts: Frank hatte den Vorschlag unterbreitet – v. Neurath hatte zugestimmt. An solchen Beispielen läßt sich die Rolle der beiden Politiker in der deutschen Judenpolitik im Protektorat exemplarisch zeigen.

Über die Vertreibung der Juden aus dem Sudetengau gibt es keine zusammenfassende Publikation, aber auf regionaler Ebene existieren Materialien. Z. B. ist in Rakovnik eine Dokumentation erschienen, und darin sind die Dokumente der Grenzbehörden wiedergegeben, die eine Vorstellung aufkommen lassen, wie die Vertreibung wirklich war: Sie haben dazu Waggons genommen, das war schon vor dem 9. November, aber auch nach dem 9. November; sie haben die Juden über die Grenze gejagt und sich geweigert, sie zurückzunehmen. Aber hauptsächlich war es die Arisierungswelle, die große Wellen schlug. Das war eine massenhafte Erscheinung. Aber bei alledem sollte man im Rückblick nicht nur das Negative, sondern auch das Positive sehen. Menschen wurde auch geholfen.

M. ALEXANDER:
Im Grunde haben Sie meine Frage schon halb beantwortet. Sie haben von der Gewalt von Sudetendeutschen gegen Juden berichtet und exemplarisch die Arbeit von Wlaschek herausgegriffen. Sie haben dabei Begriffe gebraucht wie Raserei und wilde Arisierung. Das ist ja nicht unwichtig für die Beurteilung der späteren Vertreibung der Deutschen, wo wir ähnliche Phänomene auf der anderen Seite haben. Meine Frage geht in diese Richtung: Sie haben gesagt, daß es sich um eine massenhafte Erscheinung handelte. Können Sie dazu etwas mehr sagen? Welche Bereiche waren betroffen? Kann man dies nach Gebieten unterscheiden oder gar nach gesellschaftlichen Gruppen, um ein bißchen weiter zu differenzieren und um pauschale Zuweisungen zu vermeiden?

M. KÁRNÝ:
Das kann ich Ihnen nicht beantworten, aber ich hoffe, in etwa zwei Jahren dazu in der Lage zu sein.

F. SEIBT:
Herr Kárný hat sich in seinen Ausführungen von vornherein auf die Entwicklungen im sogenannten Reichsgau Sudetenland und dann auf das Protektorat beschränkt. Gibt es Forschungsarbeiten in der Slowakei über die Vorgänge

bezüglich der slowakischen Juden? Gibt es irgend jemanden, der sich um die möglicherweise zahlreichste Gruppe kümmert, nämlich um die Juden in der Karpato-Ukraine? Oder findet man dort nichts zur Aufklärung dieser Frage?

M. KÁRNÝ:
In der Slowakei sind gute Forschungsarbeiten erschienen. Ich denke dabei besonders an die Studien von Ivan Kamenec. Die Abteilung „Jüdische Kultur" im Slowakischen Nationalmuseum hat eine dreiteilige Dokumentation zur „Lösung der Judenfrage in der Slowakei 1939-1945" herausgegeben. Eine andere Edition enthält diplomatische Dokumente über das Verhältnis des Vatikans zur Slowakischen Republik. Die Geschichte der Juden, die in den von Ungarn besetzten tschechoslowakischen Territorien gelebt hatten, ist eigentlich Teil der Geschichte der ungarischen Juden geworden. Die Mehrheit der sog. „ungarischen Transporte" nach Auschwitz waren Juden aus Siebenbürgen, aus der Karpato-Ukraine und aus der Slowakei. Die diesbezügliche Forschung ist gut entwickelt, wird aber hauptsächlich durch ungarische, amerikanische und israelische Historiker vertreten.

F. SEIBT:
Gibt es eigentlich Berichte des Sicherheitsdienstes über die Reaktion der Bevölkerung im deutschen Sprachgebiet, im Reichsgau Sudetenland auf die Pogromnacht?

M. KÁRNÝ:
Der Regierungspräsident von Troppau versandte als Rundschreiben an die zuständigen Behörden einen Fragebogen, um die Auswirkungen des Reichspogrom zu ermitteln. Darin wurde gefragt, was ausgebrannt und was beschädigt wurde, in welchem Zustand die betreffenden Gebäude sind usw. Die Antworten sind erhalten. Ich nehme an, daß auch in Aussig und Karlsbad diese Befragung durchgeführt wurde. [...]

J. HAVRÁNEK:
Ich hätte zwei Fragen. Die erste betrifft die Politik der Protektoratsregierung. Es muß meiner Meinung nach die Kontinuität der Politik der Regierung der Zweiten Republik mit der der Protektoratsregierung verfolgt werden. Die Entlassung der Juden aus dem Staatsdienst wurde noch durch die Beran-Regierung, also die Regierung der Zweiten Republik, durchgeführt. Das hat seine Folgen gehabt. Im Schulwesen wurde z. B. zwischen dem 10. und 15. März 1939 ein Erlaß herausgegeben, der die Verwirklichung auch sehr kurioser Dinge ermöglichte. Zu Ehren des aufgrund dieser Verfügung entlassenen Brünner Professors jüdischer Nationalität R. Jakobson gab der Verband der Studenten der Masaryk-Universität noch einen Gedenksammelband heraus mit der Widmung „In Dankbarkeit und Liebe". Es enthält sein Photo, ein Gedicht von V. Nezval und vor allem eine große Laudatio des Rektors der Universität, Prof. A. Novák. Bereits das Protektoratsministerium unter der

Leitung von J. Kapras veröffentlicht in seinem Anzeiger im April und Mai 1939 die Dankesbriefe des Ministers für Schulwesen an entlassene jüdische Oberschulprofessoren. Ich sehe darin einen Teil des tschechischen *Schwejktums*. Auch in weiteren ähnlichen Fällen kommen übrigens die Befehle in einem Augenblick, als die Sache selbst schon irgendwie durchgeführt wurde. Die Frage ist, ob es sich nicht sowohl um eine Alibi-Äußerung der Protektoratsregierung, wie auch um die Bemühung handelt, sich an der Lösung der jüdischen Frage zu beteiligen. Wir dürfen doch nicht vergessen, daß das beschlagnahmte jüdische Eigentum auf einem einzigen Konto bei der Credit-Anstalt deponiert wurde. Im Herbst 1939 wurden die Juden auch aus der Anwälte- oder Ärzte-Kammer ausgeschlossen, und hier waren die Maßnahmen sehr hart. Die Protektoratsregierung von Eliáš war hier aber wahrscheinlich nicht mehr initiativ, weil die Anregung nicht von ihr ausging.

M. KÁRNÝ:
Selbstverständlich existierte eine Kontinuität in der Politik der Regierungen der Zweiten Republik und der Protektoratsregierung. Die Regierungen der Zweiten Republik standen in ihrer Judenpolitik einerseits unter deutschem Druck, waren gleichzeitig aber in starkem Maße gebremst, vornehmlich durch die Politik der britischen Regierung. Diese hatte der Zweiten Tschechoslowakischen Republik als „Entschädigung" für München zehn Millionen Pfund Sterling versprochen – einen Teil als Anleihe und den anderen Teil als Übertragung ohne Rückzahlung. Es wurde jedoch zur Bedingung gemacht, daß in der Politik und in der Legislative jegliche Diskriminierung aus rassischen oder nationalen Gründen unterbleibt. Es war also auf tschechoslowakischer Seite stets eine gewisse Angst mit im Spiel, das Geld nicht zu bekommen oder etwa einen Boykott des Exports heraufzubeschwören. Am 16. März 1939 wurde das Protektorat deklariert und am 17. März fand die erste Sitzung der Protektoratsregierung statt. Schon auf dieser wurde eine Reihe von Entscheidungen getroffen, die die jüdischen Ärzte und Juristen diskriminierten. Geschah dies, weil auf einmal die Rücksichtnahme auf London entfiel? Es wurde dort auch die Entscheidung gefällt, daß alle Juden aus den führenden Stellen der Wirtschaft entfernt werden sollten. Vom Standpunkt der Okkupationsbehörden aus war dies eine vorzeitige Aktion angesichts der schlechten Erfahrungen mit Österreich. Bei der Ausschaltung der Juden aus der Wirtschaft, bei den Arisierungen, war die österreichische bzw. deutsche Wirtschaft sehr geschädigt worden. Wenn man liest, was H. Göring am 12. November 1938 über diese österreichischen Erfahrungen aussprach, dann wird vieles klar. Auch die Weisungen, die Göring am 16. März 1939 zur Eingliederung des Protektorats in den deutschen Wirtschaftsraum herausgegeben hat, sind vor diesem Hintergrund zu sehen. Er hatte Angst, daß solche Schäden auch im Protektorat entstehen könnten. Er warnte davor und intervenierte.

[...]

Zdeněk Beneš

Das Bild des Zweiten Weltkriegs in tschechoslowakischen und tschechischen Geschichtsschulbüchern

Das Schulbuch ist ein sehr verbreiteter Typus von Geschichtsliteratur. Wenn man sagt, daß es in erster Linie für den Unterrichtsprozeß bestimmt ist, scheint dies eine banale Feststellung zu sein. Trotzdem verbirgt sich hinter solcher Feststellung nicht nur ein wesentlicher, sondern auch ein wichtiger Aspekt, der die formale und inhaltliche Seite des Lehrbuches und dessen Interpretation beeinflußt. Und gerade die Problematik der Interpretation soll hier betrachtet werden. Das Lehrbuch kann von unterschiedlichen Gesichtspunkten aus analysiert[1], bewertet und kritisiert werden. Unter den verschiedenen Herangehensweisen hat zweifellos auch diejenige ihre Berechtigung und ihre Vorzüge, die von der Semiologie ausgeht.[2] Dies um so mehr, als ein Geschichtslehrbuch ein kompliziertes Ganzes darstellt, das primär aus zwei semiologischen Koden besteht – einem verbalen und einem ikonischen. Diese Kodes stehen darüber hinaus nicht nebeneinander, sondern verbinden sich miteinander und bilden abhängig vom Charakter dieser Verbindung einen neuen Bedeutungskomplex, d. h. eine neue Interpretation der historischen Tatsache, ihr neues Bild. In unserem Beitrag möchten wir nicht nur die verbale und ikonische Darstellung des Zweiten Weltkrieges in tschechoslowakischen und heute tschechischen Geschichtsschulbüchern charakterisieren, sondern auch auf die Methoden hinweisen, durch die beide semiologischen Kodes verknüpft werden.

Das Bild des Zweiten Weltkriegs im Geschichtsbuch machte in den letzten fünfzig Jahren selbstverständlich einen beträchtlichen Wandel durch. Wir werden unsere Aufmerksamkeit zwar verschiedenen Entwicklungssprüngen zuwenden, konzentrieren uns aber vor allem auf die Darstellung in den 50er Jahren. Wir haben dafür zwei Gründe, einen historiographischen und einen methodischen. Es war gerade die Darstellung aus den 50er Jahren, die während der folgenden drei Jahrzehnte modifiziert und transformiert wurde, d. h. sie stellte die Ausgangsposition für die weitere Auffassung dieses Krieges im

---

[1] Aus der reichen Literatur siehe besonders: K. BERGMANN, Handbuch der Geschichtsdidaktik, Artikel Schulbuchanalyse (Autor D. Scholle), Darmstadt 1985², S. 291 ff.; Schulbücher auf dem Prüfstand, Hrsg. K. P. FRITZSCHE, Studien zur internationalen Schulbuchforschung, Bd. 75, Frankfurt (M.) 1992; Schulbuchverbesserung durch internationale Schulbuchforschung, Hrsg. H. SCHISSLER, Studien zur internationalen Schulbuchforschung, Bd. 40, Braunschweig 1986.

[2] Zu den möglichen semiologischen Methoden in der Untersuchung der historischen Texte sowie der Schulbücher siehe Z. BENEŠ, Historický text a historická kultura (Historischer Text und historische Kultur), Prag 1995. Ich stütze mich in diesem Beitrag auf allgemeine Ausgangspunkte und Beschlüsse dieser Arbeit. Zur Analyse der Funktion der Bilder in Schulbüchern siehe Heft 4 (Jg. 16, 1994) der *Internationalen Schulbuchforschung* (Zeitschrift des Georg-Eckert-Instituts).

tschechoslowakischen Geschichtsunterricht dar. Daraus ergibt sich auch der zweite Grund: Die Analyse der Darstellung aus den 50er Jahren macht es uns relativ einfach, die grundlegenden charakteristischen Züge jener Kriegsdarstellung zu enthüllen, die sich unter dem Einfluß der kommunistischen Ideologie herausgebildet haben.

Weniger Aufmerksamkeit widmen wir dem neuen, Anfang der 90er Jahre entstandenen Bild. Auch dafür können wir zwei Gründe nennen: der erste ist die Tatsache, daß es sich um ein Bild handelt, das noch immer der Formung unterliegt; der andere ist die Tatsache, daß die Analyse dieses Bildes von anderen Beiträgen dieses Sammelbandes geleistet wird.

Die semiologische Analyse der Schulbücher verlangt die Definition von zwei Grundbegriffen. Jeder für sich selbst sowie ihre Verbindung bilden die Ausgangsebene für jede semiologisch orientierte Geschichtsforschung. Der erste Begriff ist der historische Text, der andere die historische Kultur.[3] Als historischen Text bezeichnet man jeden Zeichenkomplex, der den Charakter eines Ganzen hat und eine Information über eine historische Tatsache auf solche Weise und in solchem Umfang trägt, daß diese Information genutzt werden kann. Eine solche Abgrenzung des historischen Textes ist ausreichend eindeutig, um ihn von anderen in der Geschichtswissenschaft gebrauchten und die Quellengrundlage bezeichnenden Kategorien unterscheiden zu können, zugleich aber ist sie breit genug, um alle sehr unterschiedlichen Formen des Textes erfassen zu können. Für die Zwecke dieser Studie reicht es, wenn wir an dieser Stelle zwei Grundtypen erwähnen, die sich in drei Formen realisieren. Diese zwei Typen entsprechen zwei Artikulationen der Welt, nämlich einer verbalen und einer ikonischen. In Rücksicht auf die Tradition der historischen Kommunikation können wir dann unter verbalen historischen Texten zwei Teiltypen unterscheiden: den gesprochenen und den geschriebenen Text. Der Unterschied zwischen diesen zwei Formen des verbalen Textes ist bei weitem nicht nur ein „technischer". Er bezieht sich auch auf tiefere inhaltliche und semantische Ebenen. Der gesprochene Text ist „eliptischer", seine Struktur reflektiert unmittelbarer die Psyche des Autors und seine noetische Methode. Der gesprochene Text scheint den Denkprozeß des Autors zu kopieren, während der geschriebene nach bestimmten formalen Regeln konstruiert wird.

Den schriftlichen Text vertritt im Lehrbuch vor allem der Erklärungstext, weiter Quellen- und Literaturzitate und ein didaktischer Apparat, d. h. Fragen, Aufgaben u. ä. Den ikonischen Text stellen Illustrationen, Karten, Schaubilder und weitere nonverbale Elemente dar. Das Lehrbuch ist aber auch primär zum Gebrauch im Unterricht bestimmt, d. h. zum Gebrauch in einer spezifischen

---

[3] Z. BENEŠ, Historický text a historická kultura, Prag 1995. Teil II – Historischer Text und Teil III – Historische Kultur.

Kommunikation, die überwiegend mündlich verläuft.[4] Das Buch wird hier mehrmals interpretiert und so auch zum mündlichen Text.

Aus diesen Gründen kann das Lehrbuch als ein didaktisch-historischer Text bezeichnet werden, also als historischer Text, der bestimmte spezifische Funktionen erfüllt, denen auch die Struktur und Informationen des Buches entsprechen.

Der zweite Begriff – die historische Kultur – bezeichnet ein sozialbestimmtes Ganzes des historischen Denkens, das sowohl das Denken konkreter Einzelpersonen, als auch von sozialen Gruppen und der ganzen Gesellschaft umfaßt.

Es scheint für die folgende Analyse der tschechoslowakischen und tschechischen Geschichtsschulbücher am günstigsten zu sein, die historische Kultur als ein aus Funktionsfeldern bestehendes Ganzes zu interpretieren, wie sie die folgende Graphik zum Ausdruck bringt.[5]

Funktionsfelder der Geschichtskultur

---

[4] Siehe P. GAVORA u. a. Pedagogická komunikácia (Pädagogische Kommunikation), Bratislava 1988, P. MAREŠ - J. KŘIVOHLAVÝ, Komunikace ve škole (Kommunikation in der Schule), Brno/Brünn 1995, K. EHLICH, J. REHBEIN (Hrsg.), Kommunikation in Schule und Hochschule, Tübingen 1983. Dort auch weitere reiche Lit.

[5] Siehe Z. BENEŠ, Historický text ..., S. 157. Die Graphik wurde für den Zweck dieser Studie teilweise geändert.

Im Zentrum ihrer Struktur steht die Geschichtswissenschaft (oder ein Komplex von Geschichtswissenschaften). Diese zentrale Stellung gehört ihr vor allem deswegen, weil sie die Norm und dadurch auch den Maßstab für die Stufen und die Wahrhaftigkeit unserer Erkenntnis der historischen Tatsache bildet. Aus ihr entspringt auch die erste der Achsen, die das Ganze der historischen Kultur durchschneiden. Diese Achse ist die historische Rationalität, die wir in Übereinstimmung mit dem russischen Historiker A. I. Rakitov als einen im Prinzip konventionellen, d. h. historisch und soziokulturell gebildeten „Komplex allgemein wichtiger Regeln, Kriterien und Muster, die zum Erlangen systematisierter Kenntnisse über die Vergangenheit bestimmt sind" hervorheben.[6] Die zweite der Achsen, die den Charakter der historischen Kultur bestimmen, ist die historische Mythologie, die außerhalb der Sphäre der historischen Kultur entspringt und deren Funktionsfelder bis zur Sphäre der Geschichtswissenschaft durchgeht und in die Wissenschaft eingreift.

In der Polarität dieser zwei Achsen bildet sich auch unser Denken über die Geschichte, unser historisches Denken. Darin können wir drei relativ selbständige Typen unterscheiden: Der erste ist die historische Erkenntnis, also das systematisierte, durch die Regeln der historischen Rationalität bestimmte und dadurch zur Geschichtswissenschaft gehörende Wissen über die historische Tatsache. Der zweite Typ ist das historische Wissen, das die zentrale Kategorie des gesamten historischen Denkens bildet. Auch dieses ist eine systematisierte Reflexion der historischen Realität, aber anders als die historische Erkenntnis. Ihren Stellenwert haben hier sowohl die mittels der historischen Rationalität gewonnen Informationen als auch die mythologisierten Kenntnisse. Die beiden Typen der Kenntnisse werden durch die kulturellen Kontexte der Gegenwart miteinander verknüpft. Eine Folge der Verbindungsart ist dann die Tatsache, daß ein charakteristischer Zug des historischen Bewußtseins die Vergegenwärtigung des Vergangenen ist, d. h. daß das Vergangene durch das Prisma der Gegenwart wahrgenommen und bewertet wird. Und schließlich der dritte Typ – das historische Bewußtsein. Dabei geht es um die am wenigsten strukturierte Form, die aus dem sozio-kulturell gegebenen Interesse für die geschichtliche Realität entspringt. Dank diesem Interesse gelangen ins Bewußtsein jedes Menschen Infomationen über geschichtliche Tatsachen, die aber unsystematisch und sehr vielfaltig sind. Sie werden dann aufgrund des psychologischen Bedürfnisses an der Verbindung der Informationen in größere Komplexe verbunden. Das historische Bewußtsein bildet so den „soziokulturellen Hintergrund", der für die Bildung der systematisierten Formen des historischen Denkens nötig ist.

Gerade der Geschichtsunterricht in der Schule kann als eine der institutionalisierten Formen der Übermittlung, Bildung und Erhaltung von historischem Wissen betrachtet werden. Darauf haben sich alle Konzeptionen der

---

[6] A. I. RAKITOV, Istoričeskoje poznanije (Geschichtserkenntnis), Moskau 1982, tschechisch: Historické poznání, Prag 1985, S. 63.

Geschichtsdidaktik geeinigt, die sich ansonsten in vielen Dingen unterscheiden. Aus dem Schema der Funktionsfelder wird dann offenbar, daß der Geschichtsunterricht in der Schule ein selbständiges Feld dieser Kultur ist, das an der Grenze zwischen der Sphäre der Wissenschaft und der ihr zugehörigen Rationalität und der nichtwissenschaftlichen Sphäre liegt, deren Reflexion und Interpretation der historischen Tatsachen durch andere Rationalitäten bestimmt werden, die wiederum zu unterschiedlichen Typen der Kunst und des gesellschaftlichen Denkens gehören.

Das Geschichtsbild des Zweiten Weltkriegs begann sich in den tschechoslowakischen Schulbüchern in der ersten Hälfte der 50er Jahre herauszubilden, und seine Gestalt entsprach dem Schema der stalinistischen Auffassung über die Entwicklung der menschlichen Gesellschaft. Die Ausgangsebene war die Interpretation der Geschichte nach 1917 als eines Kampfes zwischen Sozialismus und Kapitalismus.[7] Eine didaktische Folge dieser Auffassung ist, daß wir in den Lehrbüchern aus dieser Zeit den Zweiten Weltkrieg als ein selbständiges Kapitel der modernen Geschichte nicht finden. Im Lehrbuch Dějiny doby nejnovější (Geschichte der neuesten Zeit) wird der Anfang und die erste Etappe des Krieges (1939-1941)[8] im letzten (13.) Kapitel des Themenbereichs „Erste Etappe der allgemeinen Krise des kapitalistischen Weltsystems (1918-1939)"[9] behandelt. Diese Krise gipfelt in dem Angriff Nazi-Deutschlands auf die UdSSR, wobei die kleinen, von den faschistischen Regimen unterworfenen Nationen sich um Befreiung und Erneuerung ihrer demokratischen Freiheiten bemühten und ihre Hoffnungen gerade mit der Sowjetunion verbanden. „Den Imperialisten Englands, Frankreichs und der Vereinigten Staaten war hingegen an einer Abschwächung des Kampfes dieser freiheitsliebenden Völker gelegen."[10] Der 22. Juni 1941 bildet somit einen wesentlichen Markstein; dem Verlauf und Charakter des „Großen Vaterländischen Krieges" der Sowjetunion (1941-1945) wird aus diesem Grund ein selbständiges Kapitel gewidmet, auf das alsbald die Erklärung von der „Welt des Sozialismus und Kapitalismus" und von der „zweiten Etappe der allgemeinen Krise des kapitalistischen Weltsystems" folgt.[11]

Noch zugespitzter ist die Auffassung im Buch *Dějiny doby nové a nejnovější*[12], also im Lehrbuch für die 8. Klasse, das für fünfzehnjährige Schüler bestimmt war. In diesem Buch fehlt der Zweite Weltkrieg de facto in der di-

---

[7] „Die Existenz der Sowjetrepublik neben den imperialistischen Staaten ist für eine längere Zeit unmöglich. Es wird letzten Endes entweder das Eine oder das Andere siegen ..." V. I. Lenin auf dem IV. gesamtrussischen Tag der Sowjets 1921. V. I. LENIN, Sebrané spisy (Gesamtwerk), Bd. 27, Prag, S. 177.
[8] Dějiny doby nejnovější pro 11. ročník (Geschichte der neuesten Zeit für die 11. Klasse). Autoren-Kol. J. HÁJEK, V. SOJÁK, J. VÁVRA, J. VOŠAHLIK, Prag 1954.
[9] Ebenda, S. 226.
[10] Ebenda, S. 142.
[11] Ebenda, S. 226.
[12] Dějiny doby nové a nejnovější pro 8. ročník všeobecně vzdělávacích škol (Geschichte der neuen und neuesten Zeit für die 8. Klasse der allgemeinbildenden Schulen). Autoren-Kol. J. KOPÁČ (Hauptautor), M. PRAVDOVÁ, M. KROPILÁK, A. SOSÍK, E. STRAČÁR, A TEICHOVÁ, Prag 1958.

daktischen Aufteilung des Lehrstoffes. Das Kapitel (das sechste), das die Zeit vor dem Krieg behandelt, trägt die Bezeichnung „Zeit der bürgerlich-demokratischen Tschechoslowakischen Republik und der Weg zum Sozialismus", und umfaßt die Jahre 1918–1941. Den letzten Abschnitt dieses Kapitels bildet die Erklärung des „Verrats von München". Dazugeschlagen wurde noch die Darlegung des Kriegsverlaufes bis zum Überfall Deutschlands auf die UdSSR am 22. 6. 1941. Das folgende – siebte – Kapitel heißt dann „Der Große Vaterländische Befreiungskrieg der UdSSR".[13]

Die unausweichliche Folge dieses Ausgangsstandpunktes ist die Betonung der entscheidenden Rolle der Roten Armee am Sieg in diesem Krieg. Die Schlacht bei Stalingrad war jener Augenblick des Krieges, nach dem sich ge-

Abb. 1: Hiroschima nach dem 6. August 1945
Aus: M. Dohnal (Hg.): Dějepis pro 9. ročník. Praha 1975, S. 216;
erneut abgedruckt in: M. Dohnal (Hg.): Dějepis pro 8. ročník. Praha 1987, S. 99

---

[13] Ebenda, S. 175.

zeigt hatte, daß die „sowjetische Armee das faschistische Deutschland selbst schlagen und die europäischen Länder aus der hitlerschen Okkupation befreien kann." Das war – nach der Argumentation des damaligen Schulbuchs und nicht nur dieses – letztlich auch der Grund, weshalb sich die westlichen Verbündeten entschieden, eine zweite Front, zuerst in Italien und später in Frankreich zu eröffnen.[14] Eine ähnlich entscheidende Rolle habe die sowjetische Armee auch bei der Niederlage Japans gespielt.

In der Darstellung der letzten Phase des Krieges spielte die Interpretation des Atombombenabwurfes der USA auf Hiroschima und Nagasaki eine wichtige Rolle. Diese Kriegsereignisse werden konsequent im Rahmen der schon genannten Konturen erklärt. Der Bombenabwurf habe keine militärische Bedeutung gehabt, weil die Landtruppen in Asien auch danach unbetroffen blieben. Das wirkliche Ziel der Verwendung von Atomwaffen sei es gewesen, die Sowjetunion abzuschrecken und den Hauptverdienst an der Niederlage Japans sich selbst zuzuschreiben. Die verbale Interpretation wird dann auch durch die Reproduktion eines bekannten Photos vom zerstörten Hiroschima illustriert *(siehe Abb. 1).*[15] Im gegebenen semantischen Kontext wird dieses Bild zu einer anschaulichen Illustration der Barbarei der westlichen Verbündeten.

Die Rote Armee sei durch die Politik der Alliierten nolens volens in die Rolle des Befreiers geraten, indem diese den Kämpfen im Westen, in Afrika, Asien und im Pazifik ausgewichen seien. Sie sollen dort halbherzig gekämpft und dadurch einen verborgenen Kampf gegen die UdSSR geführt haben, die sie auf diese Weise ausbluten lassen wollten. Zugleich seien sie aber schwächer als der Feind gewesen und hätten – wenn es die Sowjetunion nicht gegeben hätte – den Kampf gegen den Faschismus verloren. Dadurch, daß die Rote Arme die schwersten und entscheidenden Kämpfe des Krieges getragen habe, erschöpfte sie die deutschen Kräfte und bewahrte so die westlichen Armeen vor der Niederlage. Die Schuld an der Kriegsentfesselung treffe auch die Alliierten, weil es gerade die imperialistischen Mächte waren, die den Faschismus vorbereitet und später unterstützt hätten.[16] Ihr Vorhaben sei es gewesen, Hitler gegen die UdSSR zu lenken, und für dieses Ziel seien sie bereit gewesen, auch das Schicksal Polens aufs Spiel zu setzen: die polnische Politik richteten sie auf den Kampf gegen die Sowjetunion aus und nicht gegen Deutschland. Deswegen seien die Polen im Krieg so schnell geschlagen worden, obwohl die einfachen Soldaten – mit den Kommunisten an der Spitze (!) – heroisch gekämpft hätten.[17]

Die militärische, materielle und moralische Kraft der sowjetischen Armee sei ein Ergebnis dessen gewesen, daß sich die ökonomische, militärische und

---

[14] Ebenda, S. 154-155.
[15] Das Bild des zerstörten Hiroschima bildet einen wesenlichen Teil des Illustrationsbeiwerks der tschechoslowakischen und tschechischen Schulbücher bis zur Gegenwart.
[16] Dějiny doby nejnovější (Geschichte der neuesten Zeit), S. 146-148, Dějiny doby nové ... (Geschichte der neuen Zeit ...), S. 138.
[17] Dějiny doby nejnovější (Geschichte der neuesten Zeit), S. 135.

moralische Kraft des ganzen sowjetischen Volkes gerade in der Armee konzentrierte. Es sollte sich vor allem zeigen, daß der Sieg im Krieg den „Sieg der sowjetischen Gesellschaftsordnung bedeutet, die sich lebenskräftiger und fester als jede andere gezeigt hat".[18] Und die Stärke des sowjetischen Gesellschaftssystems habe darauf beruht, daß es „mit festen Banden der gegenseitigen Freundschaft und brüderlichen Zusammenarbeit mit allen Völkern der UdSSR unverbrüchlich verbunden war und damit befähigt, die sozialistische Heimat siegreich zu verteidigen". Dieses Band sei auch die Ursache dafür gewesen, daß sich das ganze sowjetische Volk geschlossen gegen die Okkupanten stellte. Durch die Verlagerung der sowjetischen Industrie weit hinter die Front habe die Sowjetunion auch den „entscheidenden wirtschaftlichen Sieg über den Feind" erzielt:[19] „Durch das beispiellose Arbeitsheldentum des sowjetischen Volkes wurde die sowjetische Wirtschaft in kürzester Zeit auf Kriegszwecke umgestellt, und ihre Produktion wurde im Verlauf des Krieges so erweitert, daß sie der sowjetischen Armee die entscheidende materielle Oberhand über den Feind gewann".[20]

Die sichtbarste und militärisch bedeutsame Demonstration des allgemeinen Volkswiderstandes gegen die Okkupanten war – gemäß der Schulbuchdarstellung – die Entstehung und Erweiterung der Partisanenbewegung. Die Partisanen – „die Volksrächer"[21] – brachten dem Feind schwere Verluste in seinem Hinterland bei, zerstörten nicht nur militärische, sondern auch ökonomische Ziele und schwächten so den Feind. Einen deutlichen Anteil an der Partisanenbewegung hatten junge Leute, besonders die Komsomol-Mitglieder. Die Lehrbücher betonten die Rolle der „Jungen Garde" aus dem Donbass[22] oder die der Zoja Kosmodemjanskaja: „Sehr mutig war die sowjetische Jugend, die im Komsomol erzogen worden war. Im Moskauer Gebiet trat in den ersten Monaten des Krieges die Schülerin der 10. Klasse Zoja Kosmodemjanskaja der Partisanengruppe bei und nahm den Namen Tanja an. In ihrer Abteilung wurde sie mit wichtigen Aufgaben beauftragt. Zoja zerstörte Telephonverbindungen und setzte Häuser in Brand, die von Faschisten bewohnt waren. Schließlich wurde sie von Faschisten gefangengenommen und grausam gefoltert, um aus ihr herauszupressen, was sie über die anderen Partisanen wußte. Zoja sagte kein Wort. Deswegen wurde sie öffentlich hingerichtet."[23]

Eine ähnliche Position wie Zoja nahm im Bild des tschechischen und slowakischen Widerstands gegen den Nationalsozialismus der kommunistische Journalist und Mitglied der II. Illegalen Leitung der Kommunistischen Partei der Tschechoslowakei Julius Fučík ein. „Im Jahre 1942 gelang es der Gestapo, Fučík gefangenzunehmen. Er wurde einer grausamen Folterung unterzogen.

---

[18] Ebenda, S. 169.
[19] Ebenda.
[20] Ebenda, S. 157.
[21] Ebenda, S. 156.
[22] Ebenda, S. 157.
[23] Dějiny doby nové ... (Geschichte der neuen Zeit ...), S. 136.

Fučík verriet aber nichts und blieb fest bis zum letzten Moment. Er sagte den Nazis ins Gesicht, daß sie den Krieg verlieren würden und verheimlichte seine Überzeugung über den Sieg der Sowjetunion nicht. Im Gefängnis schrieb er sein berühmtes Buch „Reportage, unter dem Strang geschrieben."[24]

Die Hervorhebung von Persönlichkeiten und ihren Taten ist ein weiterer charakteristischer Zug der Darstellung des Zweiten Weltkriegs. Am stärksten wurde selbstverständlich die Rolle von J. W. Stalin unterstrichen. Sein Anteil am Sieg war entscheidend, sowohl im Bereich der direkten Kriegsführung als auch in der Kriegstheorie. „Im Angesicht der Todesgefahr trat das sowjetische Volk festgefügt den Kampf auf Leben und Tod gegen die faschistischen Angreifer an. Durch die Entscheidung der Bolschewistischen Partei und sowjetischen Regierung wurde am 30. Juni 1941 das Staatskomitee für die Verteidigung der UdSSR gebildet, in dessen Händen die gesamte Macht im Staat konzentriert wurde. J. W. Stalin, der Vorsitzende des Rates der Volkskommissare, wurde zum Vorsitzenden des Staatskomitees für die Verteidigung und zum Oberbefehlshaber der Streitkräfte der Sowjetunion ernannt. J. W. Stalin, der die gesamten politischen, wirtschaftlichen und militärischen Bemühungen des sowjetischen Volkes, Staates und der Armee anleitete, gewann das unsterblichen Verdienst am endgültigen Sieg über das faschistische Deutschland", erzählt eines der Schulbücher über die höchste Persönlichkeit.[25]

Dasselbe Buch betont die Rolle Stalins bei der Verteidigung der Sowjetunion noch durch die Reproduktion des Bildes von I. I. Finogenow: Stalin, Woroschilow und Rokossowski in der Verteidigungslinie vor Moskau *(Abb. 2)*; dessen semantischer Wert wird dadurch unterstrichen, daß es neben dem Photo von den Kämpfen in den Straßen von Stalingrad das einzige Begleitbild zu dem ganzen Text über den Krieg ist.

Stalins Verdienste am Sieg sollten nach den Autoren des Lehrbuches in der Begründung der sowjetischen Militärwissenschaft beruhen, für die gerade er die Grundlagen gelegt hätte. Sein Beitrag sollte vor allem in der definitorischen Unterscheidung der transitorischen und der permanent wirkenden – und deshalb entscheidenden – Kriegsfaktoren liegen. Zu den letzten gehören nach Stalin die Festigkeit des Hinterlandes, der moralische Geist der Armee, die Menge und Qualität von Divisionen sowie die Ausrüstung und Organisationsfähigkeit des Kommandos. Gerade dank der wissenschaftlich begründeten Erkenntnis der entscheidenden Rolle des Hinterlandes im modernen Krieg habe die Sowjetunion den Krieg gewonnen. Ihr Sieg sei so der Sieg der Wissenschaft – und im Prinzip auch der wissenschaftlichen Weltanschauung gewesen. Auch auf diese Weise sollte gezeigt werden, daß der Krieg den Konflikt zweier historisch unterschiedlicher sozialer Systeme bedeutete, von denen das fortschrittlichere und wissenschaftlichere gewann.[26]

---

[24] Ebenda, S. 152 f.
[25] Dějiny doby nejnovější (Geschichte der neuesten Zeit), S. 145.
[26] Ebenda, S. 169–170.

Abb. 2: Stalin, Vorošilov und Rokossovskij in der Verteidigungslinie vor Moskau (Wandbild von K. I. Finogenov)

Aus: V. Soják, J. Vávra, J. Vošahlík: Dějiniy doby nejnovější pro 11. ročnik. Praha 1954, S. 148

Das Bild des Zweiten Weltkriegs, das in den 50er Jahren gebildet wurde, kann man am ehesten als heroisierend oder sogar heroisch bezeichnen. Es dominieren hier reine Kriegsereignisse, Schlachten und Frontbewegung etc., und erst daran binden sich politische, wirtschaftliche und soziale Ereignisse. Das heroisierende Element kommt im Stil des Erzählens zum Ausdruck: Wir haben aus dem Text der Schulbücher absichtlich relativ lange Ausschnitte zitiert, damit dieser Zug sichtbar wird. Das Bild, das entsteht, ist bereits auf den ersten Blick sehr beschränkt. Die Schulbücher widmen keine Aufmerksamkeit dem Holocaust, dem Alltagsleben im Hinterland oder an der Front. Wir haben aber nicht nur ein Bild vor Augen, in dem eine Reihe von wesentlichen Tatsachen fehlt, wir sehen ein Bild, das voll von Fälschungen ist.

Ohne Mühe finden wir nicht nur viele Ungenauigkeiten, sondern auch ausgesprochene Unwahrheiten. Dank der vor kurzem erschienenen authentischen und kritischen Ausgabe der „Reportage, unter dem Strang geschrieben" wissen wir z. B., daß Fučík im Gefängnis nicht schwieg, obwohl er nicht zum Denunzianten wurde, wessen er verdächtigt worden war.[27] Ein anderes Bei-

---

[27] J. FUČIK, Reportáž psaná na oprátce. První úplné, kritické a komentované vydání (Reportage, unter dem Strang geschrieben. Erste vollkommene, kritische und kommentierte Ausgabe). Hrsg. F. JANÁČEK, Prag 1995, S. 90. Hier siehe auch F. JANÁČEK, Pochybnosti i jistoty (Zweifel und Sicherheiten), S. 304 und 313ff. Nach der Ausgabe dieses Buches erschienen in der *Revue Střední Evropa* (Mitteleuropa), Nr. 51–52 weitere Dokumente, die Fučík wesentlich negativer darstellen und wieder die Frage seines Verhaltens nach der Verhaftung eröffnen. Eine eventuelle Tätigkeit Fučíks als eines Konfidenten erwog V. ČERNÝ, Křik Koruny české. Paměti 1938–1945 (Der Schrei der böhmischen Krone. Memoiren 1938–1945), Brno/Brünn 1992, S. 260 ff.

spiel ist das erwähnte Bild von Finogenow, das die Kämpfe vor Moskau völlig lügenhaft interpretiert. Es ist eine gut bekannte Tatsache, daß Stalin während des Zweiten Weltkriegs keine der Frontenlinien besuchte. Bemerkenswert ist am Bild auch die Auswahl der Personen, weil hier nicht der für Moskaus Verteidigung zuständige Kommandeur Marschal Schukow Darstellung findet.[28] Man kann mit an Sicherheit grenzender Wahrscheinlichkeit davon ausgehen, daß gerade dieser Mann den Vorsitzenden des Komitees für Verteidigung der Sowjetunion bei solchem Besuch begleitet hätte. Wir könnten im Bild des Krieges weitere derartige Deformationen anführen. Es erübrigt sich jedoch, weil es uns um das Bild selbst, nicht um seine geschichtliche Abbildungstreue geht.

Das heroische Bild des Krieges bildete die grundlegenden Konturen für die Darstellung des Zweiten Weltkriegs in den tschechoslowakischen Schulbüchern für die gesamte folgende Zeit während des Sozialismus, d. h. bis zum Ende der 80er Jahre. Es kam aber seit den 60er Jahren zu partiellen – und nicht unwichtigen – Korrekturen. Die Änderungen in der Darstellung des Krieges lassen sich in den verbreitetsten Schulbüchern aus den 60er und 70er Jahren, in der *Weltgeschichte* von J. Charvát und in der *Tschechoslowakischen Geschichte* von V. Husa gut nachweisen.[29] Der Zweite Weltkrieg wird hier zu einer selbständigen Geschichtsperiode, und der Große Vaterländische Krieg (also der Kampf der UdSSR gegen das faschistische Deutschland und seine Verbündeten) wird nur als einer seiner Teile verstanden.[30] Schon diese Tatsache bedeutet eine wesentliche Abschwächung der Ideologisierung des Bildes. Eine Reihe von Teilurteilen bleibt aber ohne Korrektur: Polen wird von den Westalliierten weiter auf den Kampf gegen die UdSSR, nicht gegen Deutschland orientiert,[31] das entscheidende Gewicht des Krieges liegt auf der Roten Armee,[32] eingerechnet der Niederlage Japans. Das Kriegsende im Fernen Osten wird nur mit größerer historischer Genauigkeit, aber von demselben ideologischen Standpunkt aus wie in den 50er Jahren betrachtet.

Der Atombombenabwurf sollte eine „abschreckende Demonstration" der Macht der Vereinigten Staaten sein und ihren Weltprimat in der Atomwaffenentwicklung unter Beweis stellen. Der Gebrauch der Atomwaffe verursachte den „augenblicklichen Tod oder das allmähliche Sterben von Hunderttausenden Zivilpersonen, zerstörte aber nicht die entscheidenden japanischen Landtruppen. Diese waren in der Mandschurei und in Korea konzentriert und

---

[28] Zur Geschichte des Zweiten Weltkriegs siehe: Dějiny druhé světové války 1939–1945 IV (Geschichte des Zweiten Weltkriegs 1939–1945), Prag 1978, S. 92 ff.
[29] J. CHARVÁT, Světové dějiny (Weltgeschichte), Prag 1967¹, V. HUSA, Československé dějiny (Tschechoslowakische Geschichte), Prag 1961¹.
[30] J. CHARVÁT, Československé dějiny (Tschechoslowakische Geschichte), Prag 1984¹¹ (aus dieser Ausgabe wird auch weiter zitiert), S. 499–518. Es geht strukturell um den 5. Teil des VI. Kapitels *Socialistický řád* (Die sozialistische Ordnung), das mit der Großen Sozialistischen Oktoberrevolution 1917 beginnt.
[31] Ebenda, S. 499.
[32] „Die größten Schäden wurden der Sowjetunion zugefügt, deren Völker die schwerste Last des Krieges tragen mußten und sich auch um den Sieg über den europäischen Faschismus und japanischen Militarismus entscheidend verdient machten." Ebenda, S. 517.

wurden durch die Offensive der sowjetischen Truppen bekämpft. Die Sowjetunion hatte am 8. Juni 1945 Japan den Krieg erklärt; erst nach der Aussetzung von amerikanischen Truppen auf den Japanischen Inseln (Ende August 1945) unterschrieb Japan die Kapitulation".[33] Auch die zweifellos ausschlaggebende Rolle der Ostfront für den Krieg in Europa wird weiter ideologisch interpretiert als der historisch entscheidende Zusammenstoß zwischen Sozialismus und Kapitalismus.[34]

In scharfen Kontrast zu den Westalliierten wird auch die Rolle der Sowjetarmee bei der Befreiung der Tschechoslowakei gestellt. V. Husa betont in seinem Lehrbuch, daß die Prager Operation der sowjetischen Armee eine wirkliche Rettungsaktion war, denn „die Rote Armee kam in Prag in den schwersten Augenblicken an". Dagegen drang die „amerikanische Armee vom Westen bis auf unser Gebiet vor".[35] Die gebrauchte Formulierung ruft sogar den Eindruck hervor, als ob der Vormarsch der amerikanischen Armee gegen die Verträge der Verbündeten verstoße. In dem Text von Husa finden wir aber einen inneren Widerspruch, der für die Darstellung vom Kriegsende in Europa kennzeichnend ist: Die Rote Armee soll zwar der Stadt Prag im letzten Augenblick zu Hilfe gekommen sein, gleichzeitig war aber schon der Waffenstillstand zwischen dem deutschen Kommando und dem tschechischen Nationalrat unterschrieben worden, und die deutsche Armee verließ Prag. Diejenigen, die noch an einigen Stellen kämpften, waren die SS-Truppen.[36]

Die weiter oben zitierten Sequenzen aus dem Lehrbuch von J. Charvát, veranschaulichen, zu welcher Änderung es in der Darstellung des Krieges dennoch gekommen war. In einem wesentlich größeren Maße als in den 50er Jahren beschreiben die Schulbuchtexte das Kriegsgeschehen im Hinterland. Das Bild des Krieges bekommt so neben dem ausschließlich militärischen Aspekt auch eine soziale Dimension. Diesen neuen Akzent betont auch die Hervorhebung der wirtschaftlichen Faktoren der Kriegsführung, der gesamten menschlichen und wirtschaftlichen Kriegsverluste.[37] Desweiteren werden Ausführungen über die Kultur während des Krieges und ihre Bedeutung im Kampf gegen den Faschismus eingestreut.[38] Die Kunst- und Kulturaktivitäten

---

[33] Ebenda, S. 517.
[34] „Während des Zweiten Weltkriegs haben sich die Vorteile der sowjetischen Ordnung gegenüber der kapitalistischen eindeutig bestätigt." Ebenda, S. 517.
[35] V. HUSA, Československé dějiny (Tschechoslowakische Geschichte), S. 130 und 133.
[36] Ebenda, S. 132-133. Mit dieser Darlegung wird die Befreiungs- und sogar Rettungsrolle der Roten Armee vertieft. Es ist erwähnenswert, daß in dem selben Jahre, in dem das Lehrbuch für Oberschulen erschien, auch seine erweiterte Version unter dem Namen „Dějiny Československa" (Geschichte der Tschechoslowakei, Prag 1961) herausgegeben wurde. Diese wurde als tschechoslowakische Geschichte für die breiteste Öffentlichkeit konzipiert und später in deutscher (Geschichte der Tschechoslowakei, Prag 1963), russischer, bulgarischer, polnischer und slowenischer Sprache herausgegeben. Im Kapitel vom Zweiten Weltkrieg sind beide Bücher fast völlig gleichlautend.
[37] Siehe z. B. J. CHARVÁT, Světové dějiny (Weltgeschichte), S. 506-507 und besonders das Kapitel *Rozvoj vědy a techniky* (Die Entwicklung der Wissenschaft und Technik) im folgenden 6. Teil mit dem Namen *Vznik světové socialistické soustavy a soudobý kapitalismus* (Die Entstehung des sozialistischen Weltsystems und der gegenwärtige Kapitalismus), S. 519-520.
[38] Siehe z. B. J. HÁNL u. a.. Dějepis pre II. ročník odborných škol (Geschichte für die II. Klasse der Fachschulen), Bratislava 1960¹ (slow.), Beschreibungen zu den Reproduktionen der Bilder der slow. Maler C. Ma-

werden dabei allgemein als ein wichtiger Teil der Gestaltung des gesellschaftlichen Bewußtseins verstanden. Es ist verständlich, daß besonders diese Begleiterscheinung der Kriegsereignisse bei der Darstellung der tschechoslowakischen Geschichte betont wird.

Zu den Korrekturen in der immer noch ideologisch geprägten Kriegsdarstellung kam es ohne Zweifel infolge der allgemeinen politischen Entspannung in der Tschechoslowakei in den 60er Jahren. Es ist kennzeichnend, daß das Lehrbuch von Husa, Ende der 50er und Anfang der 60er Jahre verfaßt, seit 1962 in einer korrigierten Fassung erschien, in der die Darstellung mit der Entstehung der Tschechischen Republik 1918 endete. Die politisch und ideologisch belastetsten Themen wurden also herausgelassen. Das Buch von Charvát erschien zum ersten Mal im Jahre 1967, also in der Zeit, als die politischen Verhältnisse schon wesentlich entspannter waren. Die Möglichkeiten, die diese Lockerung mit sich brachte und die sich im Bereich der Politik und Kultur im Jahre 1968 so augenfällig auswirkten, teilten sich aber den Schulbüchern nicht mehr mit. Die Okkupation der Tschechoslowakei im August dieses Jahres und die nachfolgende „Normalisierung", die zur allgemeinen Rückkehr zu den erstarrten Dogmen führte – wir können diese Rückkehr mit Recht als „Neostalinismus" bezeichnen – wirkte sich auf die Schulgeschichtsschreibung, genauso wie auf die Gesellschaftswissenschaften generell, in gravierender Weise aus.

Im Geschichtsbild des Zweiten Weltkriegs in den Schulbüchern können wir schon bald eine neue Ideologisierung und Einschränkung seiner Plastizität beobachten. Es kam aber nicht – und wie wir später sehen werden, war dies soziokulturell einfach nicht möglich – zur Rückkehr zum heroischen Kriegsbild. Die während der 60er Jahre aufgekommene um soziale Themen erweiterte Darstellungsweise setzte sich fort, sie wurde aber durch verstärkte politische Eingriffe gebremst. Wir finden deswegen sogar eine Interpretation wieder, in der der Krieg als eine selbständige Periode der modernen Geschichte verschwindet. Im Lehrbuch für die Oberschulen wird der Zweite Weltkrieg im Rahmen des Kapitels betrachtet, das – kennzeichnend – „Die Zeit des Übergangs vom Kapitalismus zum Sozialismus" genannt wird. Dieses Kapitel erinnert in seiner Struktur stark an die Aufteilung, die uns Ende der 50er Jahre begegnete.[39] Auch die Bewertung des Krieges ähnelt der grundliegenden Charakteristik, die wir schon im „heroischen Bild" herausgearbeitet haben: „Im

---

[39] jerník und V. Hložník, S. 354 und 360; vgl. auch V. HUSA, Československé dějiny (Tschechoslowakische Geschichte), S. 118, wo die Bedeutung des Werkes eines der bedeutendsten Schriftsteller dieses Jahrhunderts Vladislav Vančura betrachtet wird, oder S. 121, wo von Fučíks „Reportage, unter dem Strang geschrieben" gesprochen wird.
Dějepis II pro 2. roč. středních odborných škol a pro I. roč. středních odb. učilišť (Geschichte II für die 2. Klasse der Fachoberschulen und Lehranstalten). O. FLOREK, V. ČAPEK, Z. MACEK, M. SUTTÝ. Praha 1983. Die Darlegung des Krieges wird hier in folgende Teile strukturiert: Der Kampf der UdSSR und der kommunistischen Parteien gegen die Vorbereitungen des Zweiten Weltkriegs, das Münchner Diktat und der Beginn des Zweiten Weltkriegs, der nationale Befreiungskampf der Tschechen und Slowaken während des Zweiten Weltkriegs, die Niederlage des Faschismus im Zweiten Weltkrieg, die Entwicklung der Wissenschaft und Kultur, S. 106–122.

Krieg bestätigten sich deutlich die Vorteile der sowjetischen sozialistischen Ordnung gegenüber der kapitalistischen. Es zeigte sich eindrucksvoll die politische und moralische Einheit der sowjetischen Gesellschaft".[40]

Wir werden also erneut konfrontiert mit der Hervorhebung des Krieges als eines wichtigen Zeitabschnitts jener Etappe, in der die Menschheit den Übergang vom Kapitalismus zum Sozialismus vollbringt. Der Krieg habe in entscheidendem Maße zur Bildung des sozialistischen Weltsystems beigetragen, und dadurch den geschichtlich notwendigen Sieg der höheren Gesellschaftsordnung befördert (das Buch *Dějepis pro 3. roč. gymnázia* ordnet die Darstellung des Krieges in das Kapitel „Vom Sieg der sozialistischen Revolution in einem Land bis zur Bildung des sozialistischen Weltsystems" ein).[41] Der Kriegsverlauf selbst, vom Münchner Diktat bis zum Kriegsende (1. 9. 1938 bis zum 2. 9. 1945) wird aber in breiteren sozialen, politischen und militärischen Zusammenhängen betrachtet. Das Lehrbuch für die Gymnasien kehrt am Anfang der Kriegsdarstellung zu den internationalen Beziehungen vor dem Krieg zurück und nennt die Ursachen, die zum Krieg geführt haben.[42]

Wir haben bislang die Darstellung des Krieges in tschechoslowakischen und tschechischen Schulbüchern auf seine Faktenkorrektheit hin untersucht. Wir charakterisierten die zahlreichen Abweichungen als verzerrend und falsifizierend und deshalb vom Standpunkt der Geschichtswissenschaft aus als unannehmbar. Es gibt aber noch eine Herangehensweise, die mit ihren Interpretationsmethoden eine andere, teilweise schon außerhistoriographische Ebene erfaßt. Diese Herangehensweise hat im Bereich der historischen Kultur ihren völlig berechtigten Platz; während sich das erstgenannte Verfahren auf die Achse der historischen Rationalität stützt, geht das letztgenannte von der mythologisierenden Achse aus. Wenn wir dieses Verfahren wählen, bewerten wir nicht die historische Sachlichkeit und Richtigkeit der Darstellung, sondern wir beobachten, welche breiteren soziokulturellen Faktoren die Darstellung beeinflussen, und wie es dazu kommt. Die Darstellung des Krieges in Geschichtsbüchern werden wir so als einen Teil der Kultur allgemein verstehen.

Als Ausgangspunkt nehmen wir wieder die Darstellung in den Schulbüchern aus den 50er Jahren. Uns steht heute die semiologische Analyse einiger Kennzeichen der tschechischen Literatur dieser Zeit zur Verfügung.[43] Diese

---

[40] Ebenda, S. 118.
[41] Dějepis pro 3. roč. gymnázia (Geschichte für die 3. Klasse der Gymnasien). S. CAMBEL, I. KAMENEC, Z. MACEK, J. SÝKORA, Praha 1987. Dieses Kapitel hat drei Teile: A. Die Anfänge der Koexistenz des Sozialismus und Kapitalismus in der Welt, B. Der Kampf der Fortschrittskräfte um die kollektive Sicherheit, gegen den Faschismus – unter der Führung der UdSSR, der kommunistischen Internationale, kommunistischer und Arbeiterparteien, sowie C. Der Zweite Weltkrieg. Das III. Kapitel trägt den Namen *Die Entstehung und Entwicklung des sozialistischen Weltsystems*. Siehe S. 5–7.
[42] Ebenda; der Teil C beginnt inhaltlich mit folgenden Themen: „Internationale Beziehungen vor dem Zweiten Weltkrieg; Ursachen des Ausbruchs des Zweiten Weltkriegs; Ursachen der Niederlage Polens und der weitere Verlauf des Krieges." Siehe S. 6.
[43] V. MACURA, Šťastný věk. Symboly, emblémy a mýty 1948–1989 (Glückliche Zeit. Symbole, Embleme und Mythen 1948–1989), Prag 1992. Der führende tschechische Literaturtheoretiker und -historiker nutzte hier die semiologische Analyse der Kultur, die er schon früher im Buch *Znamení zrodu* (Ein Zeichen der Geburt),

ermöglicht es uns, breitere – und oft überraschende – kulturelle Zusammenhänge in der heroischen Darstellung des Zweiten Weltkriegs aufzufinden. Den Weg durch die mythologisierende Ebene beginnen wir mit der Betrachtung der Persönlichkeit. Als Beispiele bieten sich zwei Persönlichkeiten an: J. W. Stalin und J. Fučík. Diese Beispiele werden uns sogar sowohl durch den verbalen als auch durch den ikonischen Teil der Schulbücher nahegebracht.

Die führende Rolle von J. W. Stalin in der Kriegsführung wird mehrmals durch das bereits erwähnte Bild von Finogenow präsentiert. Die Mythologisierung der historischen Begebenheit ist hier dreifach. Das Thema des Bildes – ein Ereignis, das nicht passierte – bildet eine fiktive Realität, deren Kern die Behauptung ist, daß selbst der große Stalin persönlich direkt auf dem Schlachtfeld darüber entscheidet, wie die Hauptstadt der Sowjetunion verteidigt werden soll. Es wird hier so die Vorstellung suggeriert, daß der Sieg der Roten Armee bei Moskau vor allem Stalins Verdienst ist. Dem entspricht übrigens auch der im Text betonte Beitrag Stalins zur Kriegswissenschaft.

Der zweite Typ der Mythologisierung verbirgt sich in der Ikonographie des Bildes. Die Szene ist in der indirekten Perspektive gemalt, der Zuschauer sieht die Gestalten „vis a vis". Er wird so zu einem direkten Teilnehmer am Geschehen, zu einer der Gestalten. Zugleich wird er aber durch eine Schneewehe mit Resten von vermutlichen Panzerabwehrsperren von den abgebildeten Personen getrennt. Dieses Moment ist nicht nur kennzeichnend, sondern auch grundlegend. Dieser „unerreichbaren Erreichbarkeit" begegnen wir auf vielen Bildern der stalinistischen Kunst, aber genauso auch in der Regie von Massenversammlungen der totalitären Regime.[44]

Der dritte Typ der Mythologisierung ist indirekter, kontextueller Art. Als Illustration im Lehrbuch dient hier nämlich die Reproduktion eines Wandbildes. Und gerade das Wandbild, einen Staatsmann oder eine andere wichtige Persönlichkeit darstellend, ist einer der semiologisch bedeutendsten Teile der sozialistischen Kultur, insbesondere in ihrer stalinistischen Version. „Vor allem das Staatsmannsporträt kommunizierte mit dem Bürger, war eine Versachlichung, Konkretisierung jenes mystischen ‚Er ist mit uns'; es wurde dabei aber mehr zum symbolischen sakralen Objekt, es war nicht nur eine Ikone des ‚lebendigen Gottwald (oder einer anderen Person) und der Werte, die das Bild verkörperte, sondern seine Transsubstanziation", schreibt zu diesem Thema V. Macura.[45]

In allen drei Fällen geht es also um die absichtliche Bildung einer neuen Realität, die einem ideologischen (politischen oder nur propagandistischen)

---

[44] Prag 1985[1], 1995[2] geltend machte. In diesem Buch analysierte er auf eine analoge Weise die tschechische Kultur zur Zeit der nationalen Wiedergeburt, also in der 1. Hälfte des 19. Jhs.
Siehe H. GASSNER, E. GILLER, Od utopické skici společenského řádu k smířlivé ideologii ve světle estetiky (Von der utopischen Skizze einer Gesellschaftsordnung zur versöhnlichen Ideologie im Licht der Ästhetik). In Agitace ke štěstí. Sovětské umění stalinské éry (Agitation zum Glück. Die sowjetische Kunst der stalinistischen Ära). Katalog zur Ausstellung im Prager Rudolfinum 13. 7.–25. 9. 1994, S. 36, 42–43, 50.

[45] V. MACURA, Šťastný věk (Glückliche Zeit), S. 49.

Vorhaben entsprechen soll, dessen Ziel es ist, eine „Musterrealität" zu bilden. Nach dieser soll sich dann auch die faktische Realität richten.[46]

Sehr ähnliche Züge finden wir auch in der didaktisch-historischen Darstellung J. Fučíks. Aus dem kommunistischen Journalisten und Mitglied der illegalen KP-Leitung, der im September 1943 hingerichtet wurde, schuf die Nachkriegspropaganda ein Symbol des „Nationalhelden" (dieser Titel wurde ihm offiziell zugesprochen). Die Person Fučíks bot sich für eine solche Manipulation direkt an. Ein überzeugter, parteilich disziplinierter, gebildeter Mann, der für die Freiheit seines Volkes und die kommunistischen Ideale im Kampf gegen den Nationalsozialismus sein Leben opferte. Zugleich war er auch ein relativ junger (geboren 1903) und physisch schöner Mann. In der Person Fučíks verbanden sich so alle wichtigen Attribute, die für die Bildung eines Personenkults notwendig sind. Fučík wurde ein Ideal, Vorbild, Idol. Es entstand ein echter Fučík-Kult, der weit bis in die 60er Jahre hinein überlebte.[47]

Wir interessieren uns jetzt aber nicht für die Attribute und für das Schicksal dieses Kultes, sondern für den Prozeß, wie sich dieser in das historische Wissen einordnet. Wir wählen nur ein einziges, aber sehr charakteristisches Beispiel. Nach dem Krieg schrieb der sowjetische Schriftsteller Petr Ojfa einen Brief an Fučíks Frau Gusta, in dem stand: „Die berühmten Verteidiger von Leningrad erfuhren mit Stolz, daß im Goldenen Prag Fučík die Tschechen in den Kampf gegen den gemeinsamen Feind, um unsere gemeinsame Sache, um das Glück der Slawen führt." Nicht eine einzige Angabe dieses Satzes, den die Presse der Öffentlichkeit vorlegte, ist wahr. Fučík führte keine Tschechen in den Kampf, in Leningrad wußte man in der Zeit der Blockade nichts über Fučík, und der Kult, der dem Satz von Ojfa zugrundeliegt, existierte damals noch nicht. Anders gesagt, wir haben erneut eine mythische Realität vor Augen: das Heldentum der Bürger von Leningrad wird aufgrund der mythisierenden Attribute eng mit dem Heldentum von Fučík verbunden.[48]

Wir gelangen so von der Persönlichkeit zum Kollektiv, zur Masse. Der Übergang ist weder überraschend noch bruchhaft. Die mythenbildenden Attribute der Persönlichkeit lassen sich einfach auf das Kollektiv übertragen. „Der sowjetische Mensch" ist ein außerordentlicher, für andere Völker vorbildlicher Mensch, genauso wie die „sowjetischen Menschen" – und auch der sowjetische Staat; Eine zeitgenössische Parole sagt: „Die Sowjetunion, unser Vorbild!" Wie also der Einzelne, so wird auch die Masse heroisiert, die aus außerordentlichen Menschen besteht.

Diese Leute tragen eine übermenschliche Aufgabe, welche eine große historische Sendung ihnen aufgibt, auf ihren Schultern. Am besten wird diese historische Aufgabe der „neuen Menschen" in der Poesie zum Ausdruck gebracht. František Hrubín, einer der größten tschechischen Dichter des

---

[46] Ebenda, S. 40–41.
[47] Zum Fučík-Kult allgemein siehe ebenda, S. 39 ff. und Studie in J. FUČIK, Reportáž psaná na oprátce (Reportage, unter dem Strang geschrieben), 1995.
[48] Zit. nach V. MACURA, Šťastný věk (Glückliche Zeit), S. 39–40.

20. Jahrhunderts, ließ sich auch von dieser Vorstellung hinreißen. Wir finden bei ihm einen charakteristischen Vers: „Während in der Ferne die schönen Menschen die unmenschliche Last des sechsten Kontinents tragen."[49] Es erscheint hier wieder der Motiv der „schönen" Menschen.

Bei dem Fučík-Kult müssen wir noch auf ein Moment hinweisen. Fučík erlebte nicht das Kriegsende. Er gehört in die Galerie der heroisch gefallenen jungen Kommunisten, die für die neue Welt gekämpft und diese selbst nicht mehr erlebt hatten. Wir haben schon die Aufgabe beschrieben, die den jungen Komsomol-Mitgliedern oder Partisanen in den Schulbüchern zugeschrieben wurde. Auch hier handelt es sich um ein Topos. Es gehört zu der traditionellen Ausstattung der revolutionären demokratischen Literatur. Auch in dieser erlebt der Hauptheld-Vorkämpfer nicht das Ziel seines Strebens und erst seine Nachfolger können seine Träume verwirklichen.[50] Daraus kann man auch das erzieherische Ziel aller solcher Fälle ableiten, sowohl in der Literatur, im Theater, Film oder anderen Kultursphären, wie auch in der Schulgeschichte bzw. in anderen Fächern.

Und schließlich kann man daraus auch die letzte – zugleich die historisch konsequenteste – Ebene dieser mythologisierenden Darstellung der Geschichte ableiten. Die historische Mission dieser schönen, neuen, jungen Menschen ist es, den entscheidenden Kampf zwischen dem Alten und dem Neuen, zwischen dem Kapitalismus und dem Sozialismus zu führen. Deswegen findet man im Wortschatz dieser Zeit (und natürlich auch in den Schulbüchern) so häufig aus der Militär-Terminologie übernommene Wendungen. Man sprach von der „Kulturfront", man „kämpfte um den Frieden", bei der Ernte um „das Korn" und natürlich auch um den „neuen Menschen", und wir könnten in der Aufzählung ähnlicher Beispiele noch lange Zeit fortfahren.[51] In die durch mythologisierende Attribute vergegenwärtigte Vergangenheit wird so auch die Zukunft integriert, die dann notwendig auch zum wichtigsten Tempus avanciert. Denn es geht gerade um sie: „Völker hört die Signale, auf zum letzten Gefecht," erklang bei jeder feierlichen Gelegenheit.

Dieser Mythologisierungsprozeß in der tschechoslowakischen Kultur begann aber nicht erst nach dem Kriege, sondern schon zu dessen Anfang. Er gipfelte dann in der ersten Hälfte der 50er Jahre und klang während der 60er Jahre allmählig ab.[52] Ein charakteristisches Zeichen seines Ausklangs ist die Ironisierung. Als ein Beispiel sei die Interpretation der Persönlichkeit und Rolle von J. Fučík im Milan Kunderas Roman *Der Scherz* angeführt, aus der der Abstand zum Fučík-Kult und der ironisierende Akzent überaus deutlich

---

[49] F. HRUBÍN, Jobova noc (Die Hiobsnacht), Prag 1945, weiter V. MACURA Šťastný věk. Symboly, emblémy a mýty 1948–1989 (Glückliche Zeit), S. 37.
[50] Siehe J. M. LOTMAN, Über das typologische Studium der Kultur in J. M. Lotman, Kunst als Sprache, Leipzig 1981, S. 49–66 und V. MACURA, Šťastný věk, S. 19–22.
[51] Siehe V. MACURA, Šťastný věk, S. 19–20.
[52] Ebenda, S. 11 ff.

Abb. 3: Begrüßung der Sowjetarmee auf dem Platz der Republik in Prag am 9. März 1945
Aus: V. Husa: Československé dějiny. Učebnice pro 11. ročník všeobecně vzdělávacích škol. Praha 1961, Abb. Nr. 112

wird.[53] Wir müssen in diesem Zusammenhang jedoch auch Kunderas Gedicht *Der letzte Mai* vom Jahre 1955 erwähnen, das gerade wegen der Deheroisierung des Persönlichkeitsbildes von Fučík große Kritik hervorrief.[54]

Im Geschichtsbild der 60er Jahre wird die Deheroisierung durch die Betonung der sozialen Ebene des Individuums und des Kollektivs realisiert. Der Krieg wird hier zu einer totalen sozialen Erscheinung, die in alle Bereiche des Lebens greift, auch in die Kultur. Und obwohl oftmals dieselben Werke wie in den 50er Jahren angeführt werden – z. B. die *Junge Garde* von Fadejew – dient

---

[53] M. KUNDERA, Žert (Der Scherz), Prag 1967[1]. Der Roman wurde am Ende des Jahres 1965 vollendet. Im Nachwort zur zweiten Ausgabe schreibt M. Petříček, daß der Roman ein „Roman einer gesellschaftlichen Selbsterkenntnis" sei, in dem wir erkennen, daß unsere privaten Scherze nur ein Bestandteil eines großen geschichtlichen Scherzes gewesen seien, dessen sowohl Objekte als auch gemeinsame Urheber wir gewesen seien. M. KUNDERA, Žert (Der Scherz), Praha 1968, S. 280.

[54] Siehe z. B.: Fučík, wir gehen, sagt Böhm. / Fučík steht aber wie betäubt / Auf den gepeitschten Fußsohlen. / Die Fahnen der Dächer und Säbel der Fenster / marschieren ihm in die Augen ein. / Er richtete seinen schmerzenden Körper auf. / Und machte sich auf den Weg." M. KUNDERA, Poslední máj (Der letzte Mai), Prag 1961[2], S. 7.

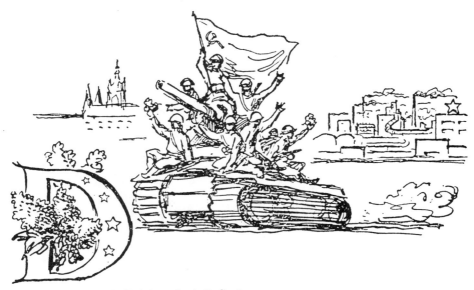

*Abb. 4: Darstellung der Befreiung durch die Sowjetarmee
(in Form einer Ausschmückung der Initiale am Kapitelanfang)*

Aus: V. Husa: Československé dějiny. Učebnice pro 11. ročník všeobecně vzdělávacích škol. Praha 1961, S. 251

ihr Inhalt nicht der Mythologisierung der Geschichte. Sie werden lediglich als Kunstrealität bezeichnet, deren Aufgabe es war, „den Patriotismus zu entzünden".[55] Aus den bisher neu herausgegebenen Lehrbüchern gewinnt man den Eindruck, daß die gegenwärtige Darstellung des Krieges auf eine noch tiefere Verknüpfung des sozialen und kulturellen Geschehens zielen wird, deren Symbolik sowohl als historischer Faktor während dessen Fortgang wirkte, als auch rückwirkend auf verschiedene Arten interpretiert und auf dieses Geschehen bezogen wurde.[56]

---

[55] Dějepis pro 8. roč. ZŠ (Geschichte für 8. Klasse der Grundschule), 1. Bd., Aut.-Kol. M. DOHNAL, R. DOBIÁŠOVÁ, Š. ZELENÁK, Praha 1983, Kap. Česká a slovenská kultura v letech druhé sv. války (Die tschechische und slowakische Kultur zur Zeit des Zweiten Weltkriegs), S. 87–94. Dezidert in: J. PÁTEK, Československé dějiny 1939–1948. Praha 1979, S. 67–75.

[56] Nach dem Jahre 1990 behandeln folgende Schulbücher das Geschichtsbild des Zweiten Weltkriegs (ich nenne hier keine Neuausgaben älterer Schulbücher): J. und J. KUKLÍK, Dějiny 20. století (Geschichte des 20. Jahrhunderts), 1995; J. MAREK u. a., České a československé dějiny II (Tschechische und Tschechoslowakische Geschichte II), 1991; V. OLIVOVÁ, Dějipis – Nová doba II (Geschichte – Neuzeit II), Prag 1993; V. OLIVOVÁ, Dějiny nové doby (Geschichte der Neuzeit), Prag 1995; J. JOŽK, Dějepis – Nová doba III (Geschichte – Neuzeit III), Prag 1993. Neben den Schulbüchern wurden für den Schulbedarf auch einige Begleittexte geschrieben: J. DOLEŽAL, Druhá světová válka o obnova Československa (Der Zweite Weltkrieg und die Wiederherstellung der Tschechoslowakei), Prag 1991; J. GEBHART, Rok zkoušek a zklamání (Československo od jara 1938 do jara 1939) (Das Jahr der Prüfungen und Enttäuschungen – Die Tschechoslowakei vom Frühling 1938 zum Frühling 1939), Prag 1990; M. TEJCHMAN, Druhá světová válka (Der Zweite Weltkrieg), Prag 1991.

Abb. 5: Begrüßung der Sowjetarmee (allegorische Darstellung)
Aus: V. Husa: Československé dějiny (Teilband 2), Praha 1961, Umschlag

Zusammenfassend läßt sich sagen, daß sich bezüglich der Darstellung des Zweiten Weltkriegs in tschechoslowakischen und heute tschechischen Geschichtsschulbüchern drei verschiedene „Bilder" ausmachen lassen. Sie folgen chronologisch aufeinander und stehen in einem unmittelbaren Verhältnis zu den politischen Veränderungen, die die tschechische Gesellschaft im letzten halben Jahrhundert durchmachte.

Das erste Bild wurde bereits Anfang der 50er Jahre geprägt und legte die Grundkonturen der Kriegsdarstellung im Geschichtsunterricht bis 1989 fest. Seine Grundlage war stark ideologisch und hinsichtlich der Wissenschaft falsifizierend. Diese erste didaktisch-historische Darstellung des Krieges war dem Heroismus verhaftet, denn es betonte den Verlauf der Kämpfe und das Heldentum konkreter Personen oder ganzer Kollektive in den Kämpfen. Konstitutiv war die Identifizierung einer bestimmten Sichtweise der Geschichtsrealität mit dieser Realität selbst; als Realität wurden die künstlerischen Darstellungen des Krieges ausgegeben, die die zeitgenössische Literatur und teilweise auch die bildende Kunst schufen. Deswegen kann man diese Interpretation des Krieges in ähnlicher Weise wie das mythologisierende Bild behandeln.

In den 60er Jahren wurde das Bild des Krieges modifiziert. Aus politischen und ideologischen Gründen blieben seine Konturen erhalten, innerhalb dieses Rahmens kam es jedoch zu größeren Verschiebungen in der Interpretation und der Gewichtung. Die Aufmerksamkeit der Autoren von Geschichtsschulbüchern verlagerte sich auf die Erklärung des Krieges als einer sozialen Erscheinung. Größere Aufmerksamkeit wurde dem Geschehen im Hinterland, dem Anteil von Wissenschaft und Technik am Kriegsverlauf und -ergebnis, bzw. auch der Nachkriegsentwicklung gewidmet. Die während des Krieges entstandenen Kunstwerke wurden als ein Überbau-Aspekt der Geschichte, als ein Agitations- und Appellationsinstrument betrachtet. Der Kunst wurde so eine selbständige Aufgabe zuerkannt, die geistig auf das eigentliche Kriegsgeschehen einwirkte. Nach 1968, in der Zeit der sog. Normalisierung, die eine Rezidive des Stalinismus (Neostalinismus) bedeutete, kam es wieder zu einer entsprechenden Reideologisierung der Betrachtungsweise des Zweiten Weltkriegs. Diese Rezidive ergriff aber nicht die Interpretation des Krieges in der Schulgeschichte als ein Ganzes. Das Bild des Krieges war in dieser Zeit sozialgeschichtlich. Man kann es deshalb als eine Variante des in den 60er Jahren entstandenen Geschichtsbildes ansehen.

Ein völlig neues Bild des Krieges brachten neue tschechoslowakische und tschechische Geschichtsbücher aus den 90er Jahren, d. h. aus der Zeit nach dem Zusammenbruch des kommunistischen Regimes. Der Interpretation werden keine politischen und ideologischen Hindernisse mehr in den Weg gestellt, es kommen Ergebnisse der neuen und neuesten Forschung und Beurteilung des Krieges frei zum Ausdruck. Eine gründlichere Analyse und Beurteilung dieser Interpretation überschreitet aber den gewählten Rahmen dieses Beitrags.

Zum Schluß bleibt noch die Stellung der geschichtsdidaktischen Darstellung des Krieges zu definieren. Wenn wir die Schulgeschichte als eine institutionalisierte Form der Bildung, Erhaltung und Tradierung des historischen Wissens betrachten, dann ist offensichtlich, daß wir auch (nur) mit seiner institutionalisierten Form etwas zu tun haben. Es bedeutet, daß – besonders im Falle des totalitären politischen Systems, in dessen Rahmen sich der überwiegende Teil der bisherigen Interpretationen vom Zweiten Weltkrieg entwickelt hat – ein Unterschied zwischen dem auf diese Weise gebildeten und übergebenen Wissen und der Art und Struktur des historischen Wissens außerhalb der Schule existieren wird. Dieses Problem zu analysieren, ist aber eine andere Aufgabe, die in diese Studie nicht gehört.

Ankunft eines Transports im Ghetto Theresienstadt (ca. 1942).

Gefängnis „Kleine Festung" in Theresienstadt unweit des Konzentrationslagers.
Aus: Tschechisches Privatarchiv

Heidrun Dolezel

Die Tschechoslowakei während des Zweiten Weltkriegs in der Darstellung tschechischer Schulbücher nach 1989

Die Jahre zwischen dem Münchener Abkommen vom 29. September 1938 und dem Kriegsende gehören zu den dramatischsten in der Geschichte der böhmischen Länder und der Slowakei. Am Beginn dieser Zeitspanne stand die gerade 20 Jahre alte Republik für wenige Wochen im Brennpunkt der Weltaufmerksamkeit, hing doch von der „Lösung" der Sudetenkrise der Weltfrieden ab. Nach dem deutschen Einmarsch ins Sudetenland am 1. Oktober 1938 und der Zerschlagung der Rest-Tschechoslowakei am 14./15. März 1939 geriet die Region der Weltöffentlichkeit aus den Augen. Nahezu sechs Jahre lang konzentrierten sich die Bemühungen der ins Ausland geflüchteten Politiker unter Leitung von Präsident Beneš und die Hoffnungen ihrer Anhänger im Inland auf die Wiederherstellung der Vormünchener ČSR; das Schicksal des Landes sollte sich nach Kriegsende freilich völlig anders gestalten.

Die Ereignisse der Zeit zwischen 1938/39 und 1945 haben heute hauptsächlich in den Geschichtsbüchern für die oberen Klassen der Grundschule (základní škola) einen hohen Stellenwert; für den Schultyp sind zu diesem Thema zwischen 1991 und 1995 gleich drei Unterrichtstexte in verschiedenen Verlagen erschienen. Weniger herausgehoben hingegen scheint diese Epoche im Geschichtsunterricht der Gymnasien; jedenfalls behandeln die entsprechenden Lehrbücher den Stoff relativ gleichberechtigt mit demjenigen zu anderen Abschnitten der tschechischen Geschichte.

Die seit der „samtenen Revolution" für alle Schultypen neu entstandenen und ministeriell zugelassenen tschechischen Lehrbücher unterscheiden sich nach Inhalt und Gestaltung grundlegend von den Einheitstexten der vorhergehenden kommunistischen Schulbuchgeneration; viele – freilich nicht alle – Stereotypen von einst[1] sind verschwunden. Für die vorliegende Untersuchung standen aus den Beständen des Georg-Eckert-Instituts (Braunschweig) und des Collegium Carolinum (München) insgesamt sieben tschechische[2]

---

[1] Siehe hierzu insbesondere die Beiträge von Manfred Alexander, Stephan Dolezel und Reiner Franke in: Deutsch-tschechische Beziehungen in der Schulliteratur und im populären Geschichtsbild, hrsg. von Hans Lemberg und Ferdinand Seibt, Braunschweig 1980 (Studien zur internationalen Schulbuchforschung. Schriftenreihe des Georg-Eckert-Instituts. 28).
[2] Slowakische Schulbuchtexte sowie die Auswirkung der Teilung der Tschechoslowakei vom 1. Januar 1993 auf die jüngsten Unterrichtsmaterialien wurden nicht berücksichtigt. Hier wären insbesondere Differenzen in der Beurteilung der slowakischen Prag-Politik in den Krisenjahren 1938/39 und der Rolle des slowakischen Staates 1939–1945 von Interesse. Zu neuen Deutungsversuchen im Rahmen der deutsch-tschechischen und deutsch-slowakischen Historikerkommission siehe die Beiträge von Jörg K. Hoensch und Ladislav Suško, in: Der Weg in die Katastrophe – Deutsch-tschechoslowakische Beziehungen 1938–1947, hrsg. von Detlef Brandes und Václav Kural, Essen 1994 (Veröffentlichungen des Instituts für Kultur und Geschichte der Deutschen im östlichen Europa. 3).

Unterrichtswerke aus den Jahren 1991 bis 1995 zur Verfügung. Es waren dies neben drei Geschichtsbüchern für die Grundschule zwei Lehrbücher für den Gymnasialunterricht sowie zwei als Hilfsmittel konzipierte Darstellungen der tschechoslowakischen Geschichte, eines „für die Schule", das andere für Lehrer[3].

Die ersten nach dem Zusammenbruch des kommunistischen Regimes erschienenen Unterrichtstexte zur Geschichte sind außerordentlich karg und knapp gehalten und ganz offensichtlich relativ kurzfristig produziert worden, um die als politisch belastet empfundenen Lehrbücher bisherigen Stils möglichst rasch zu ersetzen.

Zur ersten Schulbuchgeneration nach 1989 gehört das von Miroslav Tejchman 1991 publizierte Heft(!) über den Zweiten Weltkrieg in dem mittlerweile dreiteiligen Grundschulwerk mit dem aufschlußreichen Reihentitel „Geschichte im nicht gekrümmten Spiegel"[4]. Nach einer kurzen Beschreibung der mit dem Münchener Abkommen beginnenden Vorgeschichte des Zweiten Weltkriegs sowie des Kriegsverlaufs vom deutschen Überfall auf Polen bis zum Sieg der Anti-Hitler-Koalition in Europa und Übersee konzentriert sich Tejchman im Hauptteil auf den „Kampf der Tschechen und Slowaken um die Erneuerung der tschechoslowakischen Republik". Obwohl es sich um einen in seiner Aufmachung nüchternen 32-Seiten-Text im A4-Format handelt, der keinerlei Abbildungen enthält, lassen eindringliche Passagen sowie die jedem der Kapitel über die tschechische Geschichte vorangestellten Verse zeitgenössischer Lyriker, die sich auf die geschilderten Ereignisse beziehen, die Emotionen des Autors erahnen.

Zu den ersten Lehrbüchern für den Gymnasialunterricht nach 1989 zählt das unter Leitung von Jaroslav Marek von einem Autorenkollektiv verfaßte dreibändige Geschichtsbuch „Tschechische und tschechoslowakische Geschichte". Die schlichte Aufmachung des Bandes, in dem Jan Gebhart 1991 den Zweiten Weltkrieg von den „Märzereignissen" (1939) bis zur deutschen Kapitulation und der Befreiung Prags übersichtlich und knapp beschreibt, spricht für die Situation, in der das Werk konzipiert worden war.[5] Innerhalb des anschließenden Kapitels über die Nachkriegstschechoslowakei stellt Karel Kaplan die Vertreibung der Deutschen (*odsun*) dar[6]; ausführlicher bearbeitet

---

[3] Den Mitarbeitern des Georg-Eckert-Instituts für internationale Schulbuchforschung in Braunschweig und Herrn Robert Luft im Collegium Carolinum in München danke ich sehr herzlich für ihre geduldige Hilfe bei der Beschaffung der Schulbücher.

[4] Miroslav Tejchman: Druhá světová válka [Der Zweite Weltkrieg] (1939–1945). Praha: Fortuna 1991 (Historie v nepokřiveném zrcadle) [Geschichte im nicht gekrümmten Spiegel]. Fortan: Tejchman.

[5] Jan Gebhart: Druhá světová válka [Der Zweite Weltkrieg], in: České a československé dějiny. II. Od roku 1790 do současnosti [Tschechische und tschechoslowakische Geschichte. II. Vom Jahre 1790 bis zur Gegenwart]. Praha: Fortuna 1991. Fortan: Gebhart.

[6] Karel Kaplan: Poválečné Československo [Die Nachkriegstschechoslowakei] (1945–1968), in: České a československé dějiny. II. Od roku 1790 do současnosti [Tschechische und tschechoslowakische Geschichte. II. Vom Jahre 1790 bis zur Gegenwart]. Praha: Fortuna 1991, S. 95 ff. Fortan: Kaplan I.

Kaplan dieses Thema im ersten Band des für Lehrer verfaßten dreibändigen Werkes „Die Tschechoslowakei 1945-1966".[7]

Auch das 1991 als „Hilfe für die Schule" vom Historischen Institut der Tschechoslowakischen Akademie der Wissenschaften veröffentlichte Schreibmaschinenmanuskript von Jiří Doležal über den „Zweiten Weltkrieg und die Erneuerung der Tschechoslowakei" gehört zu den ersten Publikationen auf diesem Gebiet[8]. Das Heft spiegelt auf seinen 61 Seiten die solide Sachkenntnis und die wissenschaftliche Distanz des Autors. Ohne sich in Details zu verlieren, stellt Doležal die tschechoslowakische Geschichte des Zweiten Weltkriegs in den Gesamtzusammenhang der europäischen Ereignisse und erörtert anhand von ausführlich zitierten in- und ausländischen Quellen die politischen Bedingungen für die Erneuerung des Staates nach der deutschen Niederlage.

Die Geschichtsbücher der zweiten Generation nach der politischen Wende von 1989 unterscheiden sich von denen der ersten durch ihr „attraktives" Layout und durch die größere Ausführlichkeit der Darstellung, weniger durch den interpretatorischen Ansatz.

Hierzu gehört das 1993 in der Grundschulbuch-Reihe „Geschichte" von Jiří Jožák verfaßte Buch „Der Zweite Weltkrieg und der tschechoslowakische Widerstand"[9]. Der zweispaltige Text weist Hervorhebungen in Fettdruck oder Farbe auf, nahezu jede Seite ist durch die Beigabe von farbigen Karten, Graphiken oder Abbildungen abwechslungsreich gestaltet. Die Darstellung ist chronologisch aufgebaut; sie beginnt mit dem „Weg in den Krieg", d. h. mit der Situation nach dem Münchener Abkommen, und endet mit der „Niederlage des Faschismus" in Europa und Asien. Sowohl die Diktion der Darstellung als auch manche subjektiv formulierten Bildunterschriften lassen allerdings bezüglich der Objektivität zu wünschen übrig. Die zahlreichen Illustrationen stehen kaum in einem engeren Zusammenhang mit dem Text; die Pressefotos von Truppen und Kampfgerät im Kriegseinsatz wären in einem Militaria-Bildband besser aufgehoben.

In moderner Aufmachung liegt auch das 1995 erschienene jüngste Grundschulbuch „Geschichte der Neuzeit 1850-1993" von Věra Olivová vor[10]. Die geradezu üppige Bebilderung – neben Fotos viele farbige, teilweise großformatige Reproduktionen von Werken zeitgenössischer Maler und Karikaturisten – ist eher informativ. Quellenzitate sind farbig hervorgehoben. Die Autorin schreibt einen eindringlichen Stil, zuweilen allerdings nicht frei von Pathos.

Im anspruchsvollen Oberstufen-Lehrbuch „Die Geschichte der Länder der böhmischen Krone", einem zweibändigen Unterrichtswerk, das über die Schu-

---

[7] Karel Kaplan: Československo v letech 1945-1948 [Die Tschechoslowakei in den Jahren 1945-1948]. 1. Praha: SPN 1991. Fortan: Kaplan II.

[8] Jiří Doležal: Druhá světová válka a obnova Československa [Der Zweite Weltkrieg und die Erneuerung der Tschechoslowakei]. Praha: SPN 1991. Fortan: Doležal.

[9] Jiří Jožák: Druhá světová válka a československý odboj [Der Zweite Weltkrieg und der tschechoslowakische Widerstand]. Praha: SPL 1993 (Dějepis. 3. díl). Fortan: Jožák.

[10] Věra Olivová: Dějiny nové doby [Geschichte der Neuzeit] 1850-1993. Praha: Scientia 1995. Fortan: Olivová.

le hinaus beim Leser ein großes Echo gefunden hat und seit seinem ersten Erscheinen 1992 mittlerweile in der dritten Auflage vorliegt, stammen die Kapitel über die Jahre 1939 bis 1945 von Josef Tomeš, Jaroslav Hrbek und Petr Mareš[11]. Die Wahl der Bildquellen ist wohl überlegt, die Verfasser behandeln ihr Thema klar und sachlich. Übrigens weisen sie – als einzige unter den hier angeführten Schulbuchautoren – auf den problematischen Ursprung des bisherigen tschechischen Geschichtsbildes hin: Das kommunistische Regime habe nur eine einseitige Interpretation der Periode zwischen 1938 und 1945 zugelassen; deshalb lasteten auf der Geschichte des Landes im Zweiten Weltkrieg, diesem „tragischen Kapitel" der tschechischen Geschichte, „Halbwahrheiten, Legenden und gewandte Retuschen ..., mit denen sich die Geschichtswissenschaft und das nationale historische Bewußtsein mit der Zeit noch auseinandersetzen" müsse.[12]

Die Darstellung der militärischen Ereignisse des Zweiten Weltkriegs bildet in den untersuchten Geschichtsbüchern meist nur den Hintergrund, vor dem vor allem die Geschichte des Protektorats Böhmen und Mähren, weniger ausführlich diejenige des von Berlin abhängigen slowakischen Staates behandelt wird. Die Autoren, manche von ihnen Hochschullehrer, einige in den 20er Jahren geboren – also noch der „Erlebnisgeneration" zuzurechnen – geben anschaulich Trauer, Angst, Entsetzen und Haß der unter den „Nazi-Okkupanten" leidenden Zeitgenossen sowie deren schließliche Enttäuschung über die politische Wendung nach dem Kriegsende wieder. Nur gelegentlich klingen Tendenzen an, die 1938 im Lande durchaus nicht einhellig akzeptierte Kapitulation der Prager Führung vor dem „Diktat von München" gegenüber der heutigen jungen Generation (letztlich auch gegenüber der eigenen?) zu rechtfertigen.

Der „Weg in den Krieg"

„Manchmal heißt es, daß der Krieg eigentlich in Böhmen begann, auf jeden Fall jedoch endete er hier (zumindest, soweit es sich um Europa handelt)", formuliert Tejchman in seinem Grundschulbuch[13]. Aus verständlichen Gründen beginnt das Kapitel über den Zweiten Weltkrieg in den meisten untersuchten Texten in der Tat nicht erst mit dem deutschen Überfall auf Polen, sondern bereits mit dem von England und Frankreich unter Mitwirkung Italiens mit Deutschland abgeschlossenen Münchener Abkommen, dem zufolge

---

[11] Dějiny zemí koruny české. II. Od nástupu osvícenství po naši dobu [Geschichte der Länder der böhmischen Krone. II. Vom Beginn der Aufklärung bis in unsere Zeit]. Praha: Paseka 3. Aufl. 1995. Fortan: Tomek bzw. Hrbek bzw. Mareš.

[12] „Vládnoucí komunistický režim ... pak připouštěl pouze jediný výklad období 1938-45 ... A tak na obraze této tragické kapitoly našich dějin postupně ulpěly nánosy lží, polopravd, legend i obratných retuší, s nimiž se historická věda i národní historické povědomí musí s odstupem času vypořádat", Tomeš 204.

[13] „Někdy se říká, že válka v Čechách vlastně začala, v každém případě tu však skončila (alespoň pokud jde o Evropu)", Tejchman 26.

die überwiegend von Deutschen bewohnten Grenzgebiete an das Deutsche Reich abgetreten wurden. Mit dem ohne Beteiligung der Tschechoslowakei zustandegekommenen Abkommen habe die demokratische ČSR de facto aufgehört, als unabhängiger Staat zu existieren. In der Zerschlagung der sogenannten Zweiten Republik, die nur ein halbes Jahr – bis zur Besetzung durch die deutschen Truppen im März 1939 – Bestand hatte, sehen die Verfasser mit Recht nur eine konsequente Fortführung von Hitlers Eroberungspolitik, die mit der Einverleibung des Sudetenlandes nicht zu bremsen war.

Nach Ansicht aller Autoren bedeutet „München" für das tschechische Volk ein „Trauma", das aus heutiger Sicht um so schwerer wiegt, als auf „München" nicht nur die Zeit der deutschen Okkupation, sondern insgesamt mehr als ein halbes Jahrhundert folgen mußte, bis man wieder dort habe anknüpfen können, wo die Prager Demokratie von Hitler zerschlagen worden sei. Einige Grundschulbücher heben die psychologische Wirkung des Vertrags auf die tschechische Bevölkerung hervor: „Das tschechische Volk fiel in tiefe Hoffnungslosigkeit", charakterisiert Tejchman die Stimmung nach dem September 1938[14]. Das Diktat von München „schrieb sich tief in das Unterbewußtsein des Volkes ein, in dem die natürliche Grenze, welche jahrhundertelang die uns vor dem deutschen Expansionsdrang beschützenden Grenzgebirge gebildet hatten, immer eine bedeutende Rolle gespielt hatte. Jetzt war diese Grenze weg"[15]. Die Kapitulation der tschechoslowakischen Regierung unter dem Druck der Großmächte hatte eine „staatliche, politische, moralische und sittliche Krise" ausgelöst[16]. Tejchman spricht von einem „Münchener Komplex" im Bewußtsein des tschechischen Volkes, der in den Handelnden selbst ein Schuldgefühl und einen Rechtfertigungszwang ausgelöst habe. Die „komplizierte Psychologie der Schuld" lasse sich am Rücktritt von Staatspräsident Beneš im Oktober 1938 konkret nachweisen, der sich mit ihr „nie restlos abfinden konnte"[17].

In erster Linie erörtern die Autoren der Schulbuchtexte die außenpolitische Situation, welche das Münchener Abkommen ermöglichte und die ČSR in die „Vereinsamung"[18] trieb. Mehr oder weniger direkt üben fast alle Verfasser scharfe Kritik an der Appeasement-Politik Frankreichs und Großbritanniens gegenüber dem Dritten Reich. In dem Bemühen, die Aggression des NS-Regimes nach Osten zu lenken und „in der eitlen Hoffnung"[19], dadurch selbst einem Krieg auszuweichen, hätten sie „beschlossen, die Tschechoslowakei

---

[14] „Český národ upadl do hluboké beznaděje", Tejchman 13.
[15] „Zapsal se hluboko i do jeho podvědomí, ve kterém přírozená hranice, kterou po staletí tvořily pohraniční hory ochraňující nás před německou rozpínavostí, vždy hrála svou významnou roli. Nyní byla tato hranice pryč", Tejchman 13.
[16] „Kapitulace vyvolala státní, politickou, morální a mravní krizi ...", Jožák 8.
[17] „V Československu v té době vznikl doslova 'mnichovský komplex'. ... Vznikla tak komplikovaná psychologie viny, konkrétně prokazatelná na případu prezidenta Beneše, který se s ní nikdy beze zbytku nedokázal vyrovnat", Tejchman 13.
[18] „Osamocenost Československa", Doležal 4.
[19] „v bláhové naději", Doležal 4.

149

Hitler zu opfern"[20]. Chamberlain und Daladier hätten „bereitwillig" Hitlers Lügen vom tschechoslowakischen Terror gegenüber der deutschen Minderheit angenommen[21]. Frankreich habe „versagt", bemerkt Jožák schlicht[22], während Doležal die Nachgiebigkeit dieses wichtigsten tschechoslowakischen Verbündeten mit der Angst und Unlust der französischen Bevölkerung nach den Verlusten des Ersten Weltkriegs zu erklären sucht[23]. Von Moskau Unterstützung zu erhoffen, sei unrealistisch gewesen[24]. Die Sowjetunion habe sich schrittweise – wie Olivová kritisch anmerkt – „gleichfalls Deutschland genähert"[25]. Angesichts des von den damaligen Westmächten ausgeübten politischen und diplomatischen Drucks habe sich die ČSR in einer ausweglosen Situation befunden und keine Chance gehabt, gegen das „Urteil" zu „appellieren"[26].

Daß die tschechoslowakische Innenpolitik bereits durch ihren Umgang mit der „Minderheitenfrage", insbesondere mit der Behandlung der über drei Millionen zählenden deutschen Bevölkerung des Landes der Hitler-Propaganda einen willkommenen Anlaß für die von ihm geforderte „Lösung der Sudetenfrage" geboten hatte, bringt nur Doležal zum Ausdruck: „Der junge Staat hatte nicht geringe innenpolitische Probleme, namentlich auf dem Gebiet der Nationalitätenbeziehungen ... Die Tschechoslowakei brachte es nicht fertig oder war nicht dazu imstande, die tschechisch-deutschen und die tschechisch-slowakischen Probleme zu lösen, was auch einer der Gründe für ihre Zerschlagung war"[27]. Die Mehrzahl der Autoren begnügt sich lediglich mit der kryptischen Formulierung, daß die ČSR von innen heraus „zerrüttet" wurde. „Mehr als ein Drittel der Bevölkerung bildeten Angehörige nationaler Minderheiten, die im Prinzip feindlich gesonnen waren"; dagegen habe sich der tschechoslowakische Staat nicht schützen können, äußert z. B. Tejchman[28], versäumt es jedoch, die Gründe für die von ihm konstatierte Gesinnung zu diskutieren bzw. die „Minderheiten" beim Namen zu nennen. Derselbe Autor beklagt wenige Zeilen später den „Verlust von einem Drittel der Einwohner zugunsten Deutschlands und seiner Satelliten"[29].

---

[20] „Proto bylo ... rozhodnuto obětovat Československo Hitlerovi", Doležal 2.
[21] „Chamberlain a ... Daladier ochotně přijali Hitlerovy lži o československém teroru vůči německé menšině ...", Tejchman 13. Ähnlich Olivová 114 nicht ohne Bitterkeit.
[22] „Francie selhala v Mnichově", Jožák 7.
[23] Doležal 2.
[24] Jožák 7; ähnlich Tejchman 13.
[25] „... Sovětský svaz ... postupně se rovněž sblížil s Německem", Olivová 114.
[26] Jožák 7.
[27] „Mladý stát měl nemalé vnitropolitické problémy především na poli národnostních vztahů. ... Československo nedokázalo, nebo nebylo s to česko-německý a česko-slovenský poměr vyřešit, což bylo též jednou z příčin jeho rozbití", Doležal 2.
[28] „Více než třetinu obyvatelstva tvořili příslušníci národnostních menšin, které byly v zásadě nepřátelské", Tejchman 13.
[29] „Ve prospěch Německa a jeho satelitů ztratilo [Československo] jednu třetinu obyvatel ...", Tejchman 13.

Die Zerschlagung der Zweiten Republik

„Das slowakische Problem, nicht das sudetendeutsche", sei die Hauptursache für den Zerfall des gemeinsamen Staates gewesen, soll Präsident Beneš – nach Darstellung von Hrbek im Gymnasialbuch von 1995 – einmal geäußert haben[30]. Tatsächlich wurde der slowakische Staat am 14. März 1939 unter massiver Berliner Einflußnahme ausgerufen. Die von der Slowakischen Volkspartei unter Führung von Jozef Tiso betriebenen slowakischen Separationsbestrebungen hatte Hitler für seine auf die Zerschlagung der Rest-Tschechoslowakei abzielende Eroberungspolitik 1939 ebenso instrumentalisiert wie die „Heim-ins-Reich"-Politik der Sudentendeutschen Partei 1938.

Ohne den vom Dritten Reich auf Preßburg ausgeübten Druck zu erwähnen[31], geben die Schulbuchtexte der slowakischen Regierungspartei die Hauptschuld an der Zerschlagung des Staates. Es ist bemerkenswert, daß alle tschechischen Schulbuchtexte nun hervorheben, der slowakische Staat habe von Anfang an die Unterstützung durch einen „bedeutenden Teil der <slowakischen> Bevölkerung" genossen; mit der Verwirklichung der Eigenstaatlichkeit sei für das slowakische Volk ein „uralter Traum" in Erfüllung gegangen[32]. Jožák spricht ironisch vom „ersten slowakischen Staat in der Geschichte" als „irgendeinem Nebenprodukt der nazistischen Zerschlagung der ČSR"[33]. Man gewinnt den Eindruck, als habe dem Autor seine Ablehnung der am 1. Januar 1993 vollzogenen neuerlichen Trennung der Slowaken von den Tschechen die Feder geführt. Hingegen beschreibt Gebhart die Entstehung des Tiso-Staates ohne antislowakische Spitzen. Dieser Text, der allerdings vor der jüngsten slowakischen Staatswerdung verfaßt worden war, gibt offensichtlich noch die euphorische Sicht des Neubeginns nach der „samtenen Revolution" wieder; so konnte Gebhart noch 1991 behaupten, daß die „Idee der tschechoslowakischen Staatlichkeit ... alle Teilung, harte Erfahrung und aufgezwungenen Bedingungen stets überdauert" habe[34]. Doležal sah das Problem im selben Jahr bereits kritischer, wenn er feststellte, daß der „Vorkriegs-Tschechoslowakismus" für viele Slowaken auch nach Kriegsende unannehmbar blieb[35].

---

[30] „[Beneš] vinil slovenské politické představitele z hlavního podílu na rozbití Československa a ve svém zaujetí proti nim vyslovil dokonce názor, že slovenský problém, nikoliv sudetoněmecký, byl hlavní příčinou rozpadu společného státu", Hrbek 226.

[31] Hierzu neuerdings: Jörg K. Hoensch, Grundzüge und Phasen der deutschen Slowakei-Politik im Zweiten Weltkrieg, in: Detlev Brandes/Václav Kural (Hrsg.): Der Weg in die Katastrophe. Deutsch-tschechoslowakische Beziehungen 1938–1947. Essen 1994 (Veröffentlichungen des Instituts für Kultur und Geschichte der Deutschen im östlichen Europa. 3.), 215 ff.

[32] „Zpočátku měl nový stát nespornou podporou značné části obyvatelstva", Tejchman 16; ähnlich Olivová 147. „.... značná část společnosti spatřovala ve slovenském státě naplnění dávných snů o samostatnosti ...", Hrbek 210.

[33] „První slovenský stát v dějinách vznikl jako jakýsi vedlejší produkt nacistického rozbití Československá'", Jožák 15.

[34] „Přes rozdílné i trpké zkušenosti ... přetrvávala idea československé státnosti", Gebhart 80.

[35] „Byly zde složky, které souhlasily s obnovou Československa, ale též jiné, pro které byl předválečný čechoslovakismus nepřijatelný", Doležal 10.

Das Protektorat Böhmen und Mähren

Dem am 16. März 1939 per Erlaß errichteten „Protektorat Böhmen und Mähren" hatte Hitler Autonomie und Selbstverwaltung zugesichert; in der Realität war das Protektorat jedoch Teil des Großdeutschen Reiches – „eine Form von kolonialer Einrichtung"[36].

Alle Schulbücher konzentrieren sich darauf, die Lage der Protektoratsbevölkerung – hauptsächlich allerdings nur die der tschechischen – darzustellen. „Das tschechische Leben wurde rasch nach deutschem Vorbild gleichgeschaltet"[37]. Die Grundschulbücher, hier insbesondere Jožák, zeigen detailliert das perfekte, alle Bereiche durchdringende Organisations- und Kontrollnetz von Armee, Polizei, Gendarmerie und Gerichten, das „Deutsche aus dem Reich und den tschechoslowakischen Grenzgebieten" schnell aufbauten[38]. Die Atmosphäre der Angst vor Verfolgungen, Verhaftungen und Enteignungen und des brutalen Terrors, der von der Gestapo gegenüber der tschechischen Bevölkerung ausgeübt wurde, schildern vor allem Jožák und Olivová eindringlich. Die Einvernahme von Industrie und Wirtschaft für die Zwecke der Besatzungsmacht charakterisiert Jožák mit dem Begriff „Plünderung der böhmischen Länder"[39]. Trotz aller Detailfreudigkeit lassen aber – mit Ausnahme von Tejchman – die Autoren unberücksichtigt, daß auch die deutsche Bevölkerung des Protektorats gleichgeschaltet wurde und deutsche Regimegegner unter Verfolgung und Terror litten[40]. In keinem der Texte wird darauf hingewiesen, daß die deutsche Besatzungspolitik im Protektorat durchaus keine einheitliche Linie verfolgte, gab es doch bekanntlich nicht nur zwischen Hitler und der Protektoratsspitze Meinungsunterschiede, sondern auch zwischen den nachgeordneten Behörden und den Parteiorganen. Reichsprotektor von Neurath, ein Diplomat alter Schule, der in vielen Fragen eine mäßigende Haltung einnahm, wird von den Autoren meist unterschiedslos zusammen mit Scharfmachern wie dem Exponenten der Sudetendeutschen Partei Karl Hermann Frank genannt.

Daß die Schuld von Angehörigen der deutschen Bevölkerung des Landes am NS-Terror der Okkupationszeit nicht spezifiziert wird, darf man den Schul-

---

[36] „Protektorát byl formou koloniálního zřízení ... ", Tomeš 201.
[37] „Vlastní život české společnosti byl rychle glajchšaltován podle německého vzoru", Hrbek 207.
[38] Jožák 13; ähnlich Olivová 139. Nach Tejchman waren die „Deutschen am Ort, deren Mehrzahl Tschechisch sprach und die Tschechen hinlänglich haßte" die „Hauptstütze der Okkupationsverwaltung" („Hlavní oporou okupační správy byli místní Němci, kteří většinou uměli česky a dostatečně Čechy nenáviděli"), Tejchman 15.
[39] „Drancování českých zemí: Okupanty rovněž všestranně drancovali české země", Jožák 29.
[40] „Gegen ihre Gegner gingen die Deutschen hart vor. Schon in den ersten Tagen des Protektorats wurden einige Tausend deutsche Antifaschisten und Kommunisten verhaftet." („Proti svým odpůrcům Němci tvrdě zakročili. Již v prvních dnech existence protektorátu bylo pozatýkáno několik tisíc německých antifašistů a komunistů"), Tejchman 15. – Zur Situation im Protektorat: Detlef Brandes, Die Tschechen unter deutschem Protektorat. Tl 1 München 1969, Tl 2 München 1975.

buchautoren nicht anlasten; das Problem ist – 50 Jahre nach Kriegsende – noch immer nicht hinreichend untersucht.[41]

Auf das Schicksal der jüdischen Protektoratsbevölkerung gehen nur zwei Unterrichtswerke ausführlicher ein: Jožák und Olivová, die Autoren der Grundschulbücher, widmen diesem Thema jeweils eine ganze Passage, während die Mehrzahl der Schulbuchverfasser wesentlich knapper – oft nur in einem Satz davon berichtet. Alle Autoren machen deutlich, daß „die Nazis", „die Okkupations- und Protektoratsämter", mithin die Deutschen, die Urheber von Judenverfolgung und -vernichtung im Protektorat waren. Bei der Darstellung der slowakischen Judenpolitik herrscht hingegen die Tendenz vor zu erklären, daß die slowakische Regierung nach dem Vorbild des nazistischen Deutschland, doch aus eigenem Willen, gehandelt habe[42]. Doležal, der übrigens die Judenverfolgung im Protektorat überhaupt nicht erwähnt, resümiert angesichts der slowakischen Judenverfolgung, daß „das slowakische Volk ... für seine staatliche Selbständigkeit auf diese Weise moralisch und sittlich teuer bezahlen" mußte"[43].

Der Widerstand

„Die größte Hoffnung, der die nationale Freiheit und staatliche Selbständigkeit entspringen konnte, war der Anti-Hitler-Krieg", schreibt Doležal; die Tschechen seien „wohl das einzige Volk in Europa gewesen, das sich den Anti-Hitler-Krieg wünschte"[44]. Den Anteil des tschechischen Exils an diesem Krieg und die Aktionen des tschechischen Widerstands im Protektorat in allen seinen Formen und Phasen schildern die Schulbuchtexte ausführlich, dem Thema ist in der Regel ein eigenes Kapitel gewidmet, im Grundschulbuch von Jožák, das sich auf Weltkrieg und tschechoslowakischen Widerstand konzentriert, sind es mehrere Kapitel.

Allgemein wird betont, daß der Widerstand der Tschechen im Protektorat von Anfang an spontan gewesen und von breitesten Schichten der tschechischen Bevölkerung getragen und unterstützt worden sei.

Während die Autoren einhellig die Aktivitäten der verschiedenen bürgerlichen und militärischen tschechischen Gruppen im Protektorat, welche die Idee der Wiederherstellung des Vormünchener Staates einte, positiv hervorhe-

---

[41] Zur Forschungslage neuerdings kritisch Jan Křen, Tschechisch-deutsche Beziehungen in der Geschichte: Von Böhmen aus betrachtet, in: Aus Politik und Zeitgeschichte, Beilage zur Wochenzeitung Das Parlament, 5. Juli 1996, S. 21 ff.
[42] „Slovenský stát se přizpusoboval třetí říši i vnitropoliticky. Jeho autoritativní režim ... neváhal uplatňovat protižidovské zákony a vyhánět své židovské příslušníky do plynu" (Der slowakische Staat paßte sich auch innenpolitisch dem Dritten Reich an. Sein autoritatives Regime ... zögerte nicht, die antijüdischen Gesetze anzuwenden und seine jüdischen Angehörigen ins Gas zu schicken), Doležal 8.
[43] „Slovenský národ za svou státní ‚samostatnost' musel proto draze morálně a mravně platit", Doležal 8.
[44] „Největší nadějí, ze které mohla vzejít národní svoboda a státní samostatnost, byla protihitlerovská válka", Doležal 8; „Češi byli pravděpodobně jediným národem v Evropě, který si protihitlerovskou válku přál", Doležal 9; ähnlich Tejchman 16.

ben, urteilen sie über den Sonderweg der Kommunisten in diesem Zusammenhang kritisch[45]. Vor 1941 habe die Kommunistische Partei nur den Aufbau ihrer eigenen Machtposition betrieben und sich nicht am Widerstand beteiligt. Nach dem Bruch des Hitler-Stalin-Pakts und dem deutschen Überfall auf die Sowjetunion seien die Kommunisten zwar zum Widerstand übergegangen, allerdings nicht aus nationalen Motiven, sondern um der bedrängten Sowjetunion Hilfe zu leisten.

Das Attentat auf Heydrich vom 27. Mai 1942 wird von allen Schulbuchautoren als ein erster Höhepunkt im Kampf der Tschechen gegen den NS-Terror dargestellt. Die Tat habe nach außen ein eindrucksvolles Zeichen für die Weltöffentlichkeit gesetzt[46] und nach innen das Selbstbewußtsein der tschechischen Bevölkerung gestärkt[47]. „Sie demonstrierte praktisch die Verlautbarung von Beneß Regierung aus London ..., wonach sich das tschechische Volk im Kriegszustand mit Deutschland befand", formuliert Olivová[48]. Die Tat rief unter den Tschechen im Protektorat „ein Gefühl der Erleichterung und Vergeltung für den Heydrich-Terror" hervor.[49]

Während die Schulbücher die Entschlossenheit und Effektivität des tschechischen Widerstands betonen, schätzen sie den slowakischen weniger positiv ein; das slowakische Volk habe sich anfangs mehrheitlich mit der Politik des Tiso-Staates identifiziert und erst nach dem Scheitern des Rußlandfeldzugs zum Widerstand gefunden. Der deutsche Widerstand im Protektorat[50] wird nicht erwähnt.

Allein Tomeš merkt an, daß unter den schweren Alltagsbedingungen der Okkupationszeit bei den Tschechen eine Besinnung auf nationale und geistige Traditionen, auf die patriotisch-politische Bedeutung von Kultur und Sport, zu verzeichnen gewesen sei[51].

---

[45] „in der Zeit zwischen 1939 und 1941" habe „der tschechoslowakische kommunistische Widerstand eher eine negative Rolle gespielt" („... v období 1939–1941 československý komunistický odboj sehrál spíše negativní roli"), äußert z. B. Tejchman 18.

[46] „Es war überhaupt das erste erfolgreiche Attentat auf einen so hochgestellten Nazi-Funktionär und hatte ein riesiges Echo in der ganzen Welt" („Byl to první úspěšný atenát na tak vysoce postaveného nacistického funkcionáře vůbec a měl obrovský ohlas na celém světě") Tejchman 19; ähnlich Jožák 54; „Die Beseitigung eines der bedeutendsten Nazis wurde von der ganzen demokratischen Welt als außerordentliche Heldentat bewertet" („Odstranění jednoho z nejvýznamnějších nacistů bylo v celém demokratickém světě hodnoceno jako mimořádně hrdinský čin"), Olivová 145.

[47] „Úspěch atentátu posiloval sebevědomí českého národa", Olivová 145. Dem Text ist ein Auszug aus den Memoiren von Prokop Drtina, einem der Hauptorganisatoren des Widerstands im Protektorat, beigegeben, in welchem Drtina die Wirkung des Attentats auf die tschechische Bevölkerung beschreibt und an die zahllosen Opfer infolge der deutschen Vergeltungsaktion erinnert.

[48] „Atenát ... prakticky demonstroval prohlášení Benešovy londýnské vlády, že český národ je ve válečném stavu s Německem", Olivová 145.

[49] „Atentát přivítalo české obyvatelstvo s pocitem úlevy a odplaty za Heydrichův teror", Olivová 145.

[50] Zum Widerstand an der Prager deutschen Universität neuerdings Alena Míšková in einer z. Zt. in Vorbereitung befindlichen Geschichte der Prager Universitäten.

[51] Tomeš 237 und 240 ff.

Kollaboration

Fälle von Kollaboration der tschechischen Protektoratsbevölkerung mit dem NS-Regime werden in den Schulbüchern kaum zitiert. Die Autoren sind eher bemüht, hervorzuheben, daß die tschechische öffentliche Meinung „in ihrer absoluten Mehrheit einmütig gegen die deutsche Okkupation" eingestellt gewesen war[52]. Olivová erwähnt allerdings, daß nach Kriegsende „auch tschechische und slowakische Kollaboranten vor Gericht gestellt wurden, die den deutschen Okkupanten bei deren Verfolgungsmaßnahmen geholfen hatten[53]". Entsprechend berichtet Jožák über die Unterstützung der Deutschen „durch Kollaboranten (tschechische Helfershelfer) und Konfidenten (tschechische Mitarbeiter der deutschen Sicherheitsorgane)"[54]. In Emanuel Moravec, dem Schul- und Propagandaminister der Protektoratsregierung Krejčí, sehen Tejchmann und Tomeš das „Symbol nationalen Verrats"[55].

Die Sowjetunion und die Rolle Benešs

Da die Sowjetunion – die als einzige europäische Großmacht an der Zerschlagung des tschechoslowakischen Staates in den Jahren 1938/39 nicht beteiligt war – den entscheidenden Anteil an der Befreiung des Landes im Jahre 1945 bis hin zur Entsetzung Prags hatte, stand sie in der unmittelbaren Nachkriegszeit bei Tschechen und Slowaken in hohem Ansehen. Daß Moskau freilich handfeste weltmachtpolitische Interessen verfocht, mußten Tschechen und Slowaken erst allmählich erfahren. „Es war tragisch, daß die UdSSR lange als einziger Befreier gefeiert wurde und darauf auch ihr Vorgehen gegenüber der wiederbefreiten und selbständigen Republik begründete"[56], urteilt Doležal.

In Beneš, dem Hauptinitiator der Annäherung an Moskau, sehen die Schulbücher eine tragische Figur; er sei von Stalin getäuscht, als dessen Werkzeug mißbraucht worden. Allerdings sei sich der Repräsentant des nach Westen orientierten, demokratischen Vormünchner Staates der mit der Hinwendung zu Moskau verbundenen Risiken durchaus bewußt gewesen. In der Anlehnung an die Sowjetunion habe er, von den Westmächten in München enttäuscht, eine „wirksame Garantie gegen die traditionellen deutschen Expansi-

---

[52] „[české veřejné mínění] v naprosté většině jednoznačně odmítalo německou okupaci", Olivová 140. In diesem Sinne auch Tomeš 238, der die Versuche von Emanuel Moravec, die tschechische Bevölkerung auf die deutsche Seite zu ziehen, beschreibt und resümiert, daß solche Bemühungen, „in der tschechischen Öffentlichkeit im Ganzen ohne Echo" blieben („Podobné snahy však zůstaly v české veřejnosti zcela bez ohlasu").
[53] „Před soud byli postaveni i čeští a slovenští kolaboranti, kteří napomáhali perzekučním zásahům německých okupantů", Olivová 158.
[54] „Němci byli od kolaborantů (českých přisluhovačů) a konfidentů (českých spolupracovníků německých bezpečnostních složek) poměrně dobře informováni ...", Jožák 29.
[55] „Symbolem národní zrady se stal bývalý československý důstojník Emanuel Moravec", Tejchman 15. Ähnlich Tomeš 238.
[56] „Bylo tragické, že ... SSSR byl dlouho oslavován jako jediný osvoboditel a na tom také zakládal svůj postup vůči znovusvobodné a samostatné republice", Doležal 61.

onsbestrebungen" gesucht⁵⁷. Einmischungen der Sowjetunion in die inneren Angelegenheiten der ČSR glaubte er, vertraglich ausschließen zu können; zudem habe er sich auf die künftige Demokratisierung der UdSSR verlassen. Nicht zuletzt habe Beneš seine Hoffnungen in die Befreiung eines großen Teils von Westböhmen durch die USA gesetzt, Hoffnungen, die sich nach der Konferenz von Jalta freilich nicht mehr realisieren ließen. Tejchman macht für das Zustandekommen des tschechoslowakisch-sowjetischen Vertrags vom 12. Dezember 1943 auch geltend, daß Beneš innenpolitisch auf das Anwachsen radikaler Kräfte in der tschechischen Gesellschaft Rücksicht nehmen mußte. Auch hätten die Kommunisten, hinter denen ja die Sowjetunion stand, durch ihre aktive Beteiligung am Widerstand zunehmend Sympathien unter den Tschechen gewonnen.⁵⁸

Doležal und Olivová heben Benešs großes Ansehen bei der tschechischen Bevölkerung hervor, das während seines Londoner Exils noch zugenommen habe. „Kein anderer europäischer Politiker konnte auf soviel Autorität pochen wie er"⁵⁹. Sie sehen – ohne auf die problematischen Momente seiner Politik einzugehen – Benešs Leistung in der Anerkennung der Ungültigkeit von „München" durch die Großmächte, letztlich in der Wiederherstellung der ČSR nach dem Kriege.

Das Kriegsende

In der Tat war die Erneuerung des tschechoslowakischen Staates nach Kriegsende weder im Hinblick auf die „Lösung" seiner „Minderheitenfrage" noch hinsichtlich seiner außenpolitischen Orientierung eine Wiederherstellung der Vormünchener Republik.

Olivová gibt die freudige Stimmung der Tschechen und Slowaken im Mai 1945 sehr anschaulich wieder. Ihr Kapitel „Die neue tschechoslowakische Freiheit" leitet sie mit den Worten ein: „Die Maitage des Jahres 1945 erlebten die Tschechen und Slowaken mit Freude über die wiedergewonnene Freiheit. Unter blühenden Kastanien und duftendem Flieder tanzte und sang man in den Straßen. Die Soldaten – sowjetische und in Westböhmen amerikanische – wurden mit der Sympathie der Bevölkerung überschüttet"⁶⁰. Dem Text ist das Gemälde eines Fliederstraußes und das Gedicht des Lyrikers František Hrubín (1910–1971) „Prager Mai" beigegeben. Jožák, der die „erneut geteilte Welt" kritischer sieht und eine Bilanz der Kriegsopfer liefert⁶¹, beschließt dennoch sein Grundschulbuch über den Zweiten Weltkrieg mit einem Gedicht des

---

57 „Viděl v něm účinnou záruku proti tradiční německé rozpínavosti ..." Jožák 71. Ähnlich Hrbek 225.
58 Tejchman 23
59 „Žádný jiný z evropských politiků nemohl počítat s takovou autoritou jako on", Doležal 5.
60 „Květnové dny roku 1945 prožívali Češi a Slováci v radosti z nově nabyté svobody. Pod květoucími kaštany a vonícími šeříky se na ulicích tančilo a zpívalo. Vojáci - sovětští a v západních Čechách američtí - byli zahrnováni přízní obyvatelstva", Olivová 157.
61 Jožák 98.

Lyrikers Oldřich Mikulášek (1910–1985) „Über die neue Welt" und mit dem Ölbild von Cyril Bouda (1901–1984) „Feuerwerk am 10. Mai 1945". Tejchman hingegen ergänzt: „Die Freude über den Sieg trübte allerdings der Gram über die Verluste. Über jeden, der im Kampf mit den Hitlerfaschisten fiel, sei es an der Heimat- oder an der Auslandsfront. Alle starben für ihr Vaterland, beim Schutz ihrer Heimat. Wir werden es nicht vergessen"[62].

Die Vertreibung der deutschen Bevölkerung

Die Vergeltungsaktion, welche die Besatzungsmacht nach dem Heydrich-Attentat im Protektorat eingeleitet hatte, gipfelte bekanntlich in der „Auslöschung" von Lidice und Ležáky am 9. bzw. 24. Juni 1942; die Bluttat trug nach Ansicht von Olivová entscheidend zum Entschluß von Benešs Londoner Exilregierung bei, daß „der Abschub (*odsun*) der deutschen Bevölkerung aus der Nachkriegs-Tschechoslowakei ... unerläßlich" sei. Die „Widerstandsbewegung war durch deutschen Terror zerschlagen ... Ihre führenden Akteure verbluteten auf den Richtplätzen und in den Konzentrationslagern. Der vielfache Tod steigerte den Haß der tschechischen Bevölkerung gegen die Okkupanten. Er grub zwischen der deutschen und der tschechischen Bevölkerung einen unüberschreitbaren, mit Blut gefüllten Abgrund[63].

„In der Tschechoslowakei, und nicht nur hier" sei laut Doležal in den Kriegsjahren der Haß auf die Deutschen gewachsen. „Der deutsch-tschechische Antagonismus wuchs namentlich mit der Ankunft Heydrichs an. Die Forderung nach einer radikalen Lösung der deutschen Frage gewann Oberhand, vor allem, als das Attentat auf ihn verübt worden war. Die Anhänger Jakschs ignorierten die Situation, die sich in den böhmischen Ländern entwickelt hatte, und bezeichneten die Projekte eines *odsun* der deutschen Bevölkerung als ‚reaktionären tschechischen Chauvinismus'. Mit dem Fortgang des Krieges, als die Öffentlichkeit von den NS-Verbrechen erfuhr, wuchs und erstarkte der Wunsch nach einem *odsun* der deutschen Bevölkerung"[64] – „eine natürliche Reaktion auf den Verrat der Mehrheit der ‚Tschechoslowakei-Deutschen'", wie Tejchman meint[65].

---

[62] „Radost z vítězství kalil jen zármutek nad ztrátami. Nad každým, kdo padl v boji s hitlerovci, ať na frontě domácí nebo zahraniční. Všichni zahynuli pro svou vlast, při obraně svého domova. Nezapomeneme", Tejchman 26.

[63] „Hnutí odporu bylo německým terorem rozbito ... Jeho přední činitelé vykrváceli na popravištích a v koncentračních táborech. Mnohonásobná smrt vystupňovala nenávist českého obyvatelstva k okupantům. Vyhloubila mezi německým a českým obyvatelstvem nepřekročitelnou propast naplněnou krví. Rozhodujícím způsobem přispěla k rozhodnutí Benešovy londýnské vlády o nezbytnosti odsunu německého obyvatelstva z poválečného Československa", Olivová 146.

[64] „V Československu, a nejen zde, vzrostla ve válečných letech protiněmecká nenávist. ... Německo-český antagonismus vzrostl zejména na příchodu Heydricha. Požadavek radikálního řešení německé otázky nabýval převahy, zvláště když byl na něj spáchán atentát. Jakschovci ignorovali situaci, která se vytvořila v českých zemích a projekty odsunu německého obyvatelstva charakterizovali jako ‚reakční český šovinismus'. S postupem války, jak byla veřejnost informovaná o nacistických zločinech, rostlo i sílilo přání odsunu německého obyvatelstva", Doležal 56.

[65] „... jako přirozená reakce na zradu většiny ‚československých'Němců", Tejchman 23.

Besonders eingehend befassen sich die Autoren der Gymnasiallehrbücher mit dem Thema. Kaplan und Hrbek erläutern, wie der Vertreibungsgedanke während des Krieges allmählich heranreifte. Hrbek stellt die unterschiedlichen Konzeptionen von heimischen Widerstandsgruppen und tschechischer Auslandsregierung unter Beneš Führung dar. Zu Beneš Entscheidung, seinen anfänglichen Plan einer teilweisen Abschiebung in Kombination mit Abtretung von Landesteilen an Deutschland zugunsten des „kompletten Transfers der Deutschen ohne irgendwelche Gebiete" aufzugeben, habe sein Zerwürfnis mit dem Führer der sudetendeutschen Sozialdemokratie im Exil, Wenzel Jaksch, beigetragen[66]. Übrigens ist dies die einzige Erwähnung von Kontakten zwischen einer „sudetendeutschen antifaschistischen Emigration" und der tschechischen Exilregierung.

Doležal betont, daß Tschechen und Slowaken bei Kriegsende den einhelligen Wunsch gehabt hätten, wieder in einem Staat zusammenleben zu wollen[67]. Ähnlich argumentiert auch Kaplan, wenn er die Vorstellung vom Nationalstaat der Tschechen und Slowaken zu den Hauptpunkten der Politik der Wiedergutmachung von München zählt.[68] Einem solchen Nationalstaat habe die deutsche Minderheit im Wege gestanden; ihr Abschub bedeutete gewissermaßen eine notwendige Voraussetzung für die Erneuerung des Staates, erklärt Mareš[69].

Kaplan stellt dar, daß sich „der Staat nach den Erfahrungen der Vorkriegs- und der Kriegszeit bemühte, sich der Minderheiten durch Abschiebung über die Grenze oder durch Entnationalisierung zu entledigen"[70]. Der Vertreibungsgedanke sei sowohl von den Widerstandsorganisationen „zu Hause und im Exil als auch von den politischen und gesellschaftlichen Organisationen nach der Befreiung" angenommen worden und habe „Unterstützung durch die Bevölkerung" gefunden[71]. Dazu habe – so Mareš – eine Welle von „Nachkriegsnationalismus" wesentlich beigetragen, dem „sich auch nicht eine der existierenden politischen Parteien wirksam entgegenzustellen vermochte"[72].

Alle Texte legen Wert auf die Feststellung, daß der *odsun* auch von den Großmächten gebilligt, wenn nicht gar entschieden worden sei, wobei der Sowjetunion meist die maßgebliche Entscheidungsfunktion zugesprochen wird. Allerdings erörtern nur die Gymnasiallehrbücher diesen Punkt eingehender. Beneš habe sich um die internationale Anerkennung des *odsun* bemüht und bis 1943 eine Zustimmung von Großbritannien, den USA und der

---

[66] Hrbek 226.
[67] Doležal 59.
[68] Kaplan II 13.
[69] Mareš 252.
[70] „Po předválečných a válečných zkušenostech se stát snážil zbavit národnostních menšin at' odsunutím za hranice, nebo odnárodněním", Kaplan I 95
[71] „Program likvidace národnostních menšin přijímaly jak odbojové organizace doma i v exilu, tak politické a společenské organizace po osvobození", Kaplan II 14.
[72] „Vlna poválečného nacionalismu, které se ani jedna z existujících politických stran nedokázala účinně postavit ...", Mareš 252.

Sowjetunion erlangt. Mitte 1945 sei sich die tschechoslowakische Regierung bewußt gewesen, daß „der *odsun* international gefährdet ist, dennoch war sie zu seiner Durchführung entschlossen"[73]. Da die Westalliierten Vorbehalte äußerten, habe die ČSR 1945 nur noch auf die sichere Unterstützung der Sowjetunion rechnen können. Auch die Auslandsführung der Kommunistischen Partei der Tschechoslowakei habe anfangs gegen einen umfassenden Transfer der Deutschen Bedenken gehabt, im Laufe seines Moskau-Besuchs habe aber Beneš Stalins Zustimmung erlangt[74]. Stalin habe die Vertreibungsidee aus eigenem Interesse begrüßt, weil er in seiner Einflußsphäre einen Störfaktor, wie ihn Minderheiten darstellten, ausschließen wollte[75].

Daß die in Potsdam versammelten Großmächte die „Überführung" der deutschen Bevölkerung „oder von Bestandteilen derselben ... in ordnungsgemäßer und humaner Weise" forderten[76] und damit keineswegs die wilde Vertreibung legalisierten, die bereits bei allen westlichen Verbündeten Kritik hervorgerufen hatte, stellen nur Kaplan und Mareš korrekt dar[77]. Beide Autoren liefern Daten und Fakten über die „revolutionäre Gesetzlosigkeit", die sich in vollem Maße auf die „Lösung des Nationalitätenproblems", „eines der traurigsten Kapitel unserer modernen Geschichte", auswirkte[78]. Erstmalig werden hier in tschechischen Schulbüchern das Massaker auf der Brücke von Aussig und der Brünner Todesmarsch genannt.

Während Olivová erwähnt, daß „deutsche Antifaschisten ... die Möglichkeit ... hatten, in der ČSR zu bleiben"[79], präzisiert Jožák die Wandlung des Vertreibungsgedankens: „Aus politischen und juristischen Erwägungen entwickelte sich die Vorstellung von der Absicht, die aktiven Funktionäre und Mitglieder der nazistischen Partei und ihrer Organisationen zu bestrafen und auszusiedeln bis zum Prinzip der kollektiven Schuld der Deutschen als Gesamtheit. Diesen Schritt wählte die tschechoslowakische Seite schließlich, obwohl durch ihn auch Unschuldige betroffen waren"[80].

Kaplan nennt im Gymnasiallehrbuch auch die für die ČSR negativen Folgen der Vertreibung: Zwar sei innenpolitisch die Nationalitätenfrage vereinfacht worden, aber diese „Lösung" habe nicht nur eine weitreichende Änderung der Sozial- und Wirtschaftsstruktur der Tschechoslowakei bewirkt. „Die

---

[73] „Československá vláda si v polovině roku 1945 uvědomovala, že odsun je mezinárodně ohrožen, ale byla rozhodnuta jej provést", Kaplan II 14.
[74] „Zahraniční vedení KSČ mělo zprvu výhrady k takto široce pojatému transferu německého obyvatelstva, během sve návštěvy v Moskve však dr. Beneš získal pro tuto koncepci ... naprostý souhlas J.V. Stalina", Hrbek 226.
[75] „... SSSR měl na odsunu vlastní zájem, chtěl se v zemích svého vlivu zbavit menšin, které Stalin považoval za zdroj nepokojů a destability", Kaplan II 14; zu den sowjetischen Interessen auch Hrbek 226, Doležal 60.
[76] Potsdamer Abkommen, 2. August 1945, XIII.
[77] Mareš 252; Kaplan II 14.
[78] Mareš 252/3.
[79] „Němečtí antifašisté měli možnost v československém státě zůstat", Olivová 158.
[80] „Z politického a právního hlediska se představa vyvíjela od úmyslu potrestat a vystěhovat aktivní funkcionáře a členy nacistické strany a její organizací až po princip kolektivní viny Němců jako celku. Tento přístup československá strana nakonec zvolila, i když jím byli postižení i nevinní", Jožák 91. Kaplan spricht von „diesem allgemein unrichtigen Prinzip" („tento obecně nesprávný princip"), Kaplan II 14.

Massenvertreibung ... und namentlich die Art ihrer Durchführung prägte die politische Kultur der Gesellschaft negativ"[81].

Während die Geschichtsbücher der kommunistischen Tschechoslowakei die nach 1918 erlangte Eigenstaatlichkeit des Landes wohl oder übel akzeptierten, das Geschehen unseres Jahrhunderts jedoch unter internationalistischen Prämissen eher als eine Geschichte der von der kommunistischen Partei geführten Arbeiterbewegung interpretierten, greifen die modernen tschechischen Schulbücher nach 1989 wie selbstverständlich auf die Tradition des Vormünchener „Staates der Tschechen und Slowaken" (sic!) zurück. Hatte man vor der politischen Wende bei der Schilderung des NS-Regimes von der führenden Rolle der kommunistischen Partei im Widerstand gesprochen, werden nun erhebliche Zweifel an ihr geäußert. Hingegen wird die Exilregierung Beneš und der mit ihr kooperierende bürgerliche Widerstand im Lande nun eindeutig positiv belegt. Bei der Diskussion der Haltung der Slowakei in den Krisenjahren 1938/39 und der Bewertung des slowakischen Staates sind die modernen tschechisch-slowakischen Dissonanzen hörbar.

Die Geschichte der deutschen Bevölkerung der böhmischen Länder bleibt auch in den jüngsten Texten für die Zeit zwischen 1938 und 1945 – nicht zuletzt wohl angesichts der Forschungslage – weithin ausgeklammert. Die deutschen Mitbürger sind unter NS-Besatzung zwar nicht mehr schlechtweg „Verräter", die Frage, inwieweit sie Täter oder Opfer waren, wird jedoch nicht diskutiert. Um so anerkennenswerter ist die Tatsache, daß sich die neuen Schulbuchtexte – erstmalig – von der These der Kollektivschuld der deutschen Bevölkerung distanzieren und – bei allen Versuchen, die Motivation der Entscheidungsträger im Exil und im heimischen Widerstand für die Vertreibung zu verstehen – Kritik an der Behandlung der deutschen Bevölkerung nach Kriegsende deutlich wird. Man darf mit Spannung erwarten, wie sich die Arbeitsergebnisse der deutsch-tschechischen bzw. deutsch-slowakischen Historikerkommission auswirken werden, nicht nur auf die Schulbücher östlich, sondern auch auf diejenigen westlich des Böhmerwaldes.

---

[81] „Hromadný odsun ... a zejména způsob jeho provedené negativní poznamenal politickou kulturu společnosti", Kaplan II 15.

Thomas Berger-v. d. Heide

Vom Münchner Abkommen bis zum Ende des Zweiten Weltkrieges
Ein Blick in neuere Geschichtsschulbücher der Sek. I und II

Veränderte Lehrplansituation

Die Analyse der Darstellung der Vorgeschichte des Zweiten Weltkrieges und seiner Folgen unter Berücksichtigung des Verhältnisses von Deutschland und der Tschechoslowakei muß die gewandelten Rahmenbedingungen des Geschichtsunterrichts in Deutschland seit dem Beginn der neunziger Jahre berücksichtigen. In fast allen Bundesländern sind nach 1989/1990 neue Rahmenrichtlinien für den Geschichtsunterricht in Kraft getreten, die zum einen den Themenkomplex der Deutschen Einheit ausweisen und zum anderen eingreifende curriculare Veränderungen vornehmen. Gleichzeitig wurden die Stundentafeln für das Fach Geschichte gekürzt. In einigen Bundesländern ist es auf eine Stunde in der Woche reduziert oder es existiert neuerdings als Teil eines Integrationfaches in Verbindung mit Sozialkunde und Erdkunde[1], das ingesamt 2-3 Stunden in der Woche unterrichtet wird. Rechnet man die Stundenkürzungen und den Stundenausfall in der Praxis zusammen, kann man davon ausgehen, daß in der Haupt- und Realschule in den meisten Bundesländern Geschichte nur noch einstündig, im Gymnasium noch 1½stündig unterrichtet wird. Dies gilt besonders, wenn Geschichte und Erdkunde in einen Schulhalbjahr alternierend erteilt werden (z. B. NRW 9. Klasse). Drei Beispiele sollen die Veränderungen der Curricula stellvertretend verdeutlichen.

In den neuen Rahmenrichtlinien „Geschichte" für die Realschule in NRW von 1994 ist Geschichte ein primär sozialwissenschaftlich orientiertes Fach. Dies schlägt sich in den verbindlichen „Thematischen Stichwörtern" und den eine Unterrichtseinheit strukturierenden Zugriffsweisen nieder. Die Einheit „TE 16 Faschismus Nationalsozialismus Rassismus" hat das verbindliche *thematische Stichwort* „Entstehungs- und Entwicklungsbedingungen sowie Auswirkungen faschistischer Herrschaft als historisch-praktischer Rassismus und menschenentmündigender Elitenwahn". Die „Erfahrungs- und Handlungsorientierung", die den gewünschten Zugriff im Unterricht angibt, nennt

---

[1] Dies ist etwa der Fall in den neuen niedersächsischen Rahmenrichtlinien für Haupt- und Realschulen. In den Integrierten Gesamtschulen der meisten Bundesländer ist Geschichte generell ein Teilfach des Faches Gesellschaftslehre. Auf Grund der Stundenkürzungen geht der Trend hin zum Integrationfach unabhängig von den ideologischen Auseinandersetzungen um das Fach Geschichte in den einzelnen Bundesländern. Neuestes Beispiel ist der Lehrplan für Hauptschulen in Bayern für ‚Geschichte, Sozialkunde, Erdkunde' von 1997.

„Erfahrung mit Über- und Unterordnung und mit dem „Recht" des Stärkeren; Disposition für Solidarität mit Schwachen und Kopieren von Starken (Vorbilder) [...]". Von den zehn für den gesamten Geschichtsunterricht in NRW verbindlichen Qualifikationen werden genannt: „Sinnstiftung", „Identifikation", „Weltperspektive- und Verantwortung" und „Handlungsspielräume wahrnehmen". Für die 12 Stunden, die in der Regel für diese Einheit vorgesehen sind, werden keine weiteren stofflichen Vorgaben gemacht, es bleibt der Lehrerin, dem Lehrer überlassen, an welchen historischen Beispielen sie/er das *thematische Stichwort* verdeutlicht. Die Frage, ob das Münchner Abkommen im Geschichtsunterricht behandelt wurde, läuft nach diesen Richtlinien ins Leere, da die historischen Beispiele beliebig austauschbar sind (Anlage A).

Die Rahmenrichtlinien für die Realschule in Niedersachsen, die 1996 in Kraft getreten, strukturieren den Geschichtsunterricht durch *Schlüsselprobleme*, die zu verbindlichen *Intentionen* und verbindlichen *thematischen Aspekten* für den Unterricht führen. Für das Thema Nationalsozialismus lauten die *Schlüsselprobleme* „Herrschaft und politische Ordnung" und „Frieden und Gewalt" (Anlage B). In der verbindlichen *Intention* heißt es: „Schülerinnen und Schüler erleben, daß rechtsextremistische Gruppen das NS-System und seine Greultaten verleugnen. In der Auseinandersetzung mit dem Nationalsozialismus wird deutlich, wie demokratisch legitimierte Herrschaft beseitigt und durch ein auf Aggression und Gewalt ausgerichtetes System ersetzt wird. [...]". Sechs verbindliche *thematische Aspekte* sind in dem auf 11 Stunden angelegten Unterricht zu behandeln: „Untergang der Weimarer Republik, Grundzüge der NS-Ideologie, Errichtung der Diktatur, Ausrichtung von Staat und Wirtschaft auf Eroberungskrieg, Widerstand gegen Hitler, Rechtsextremismus heute". Im Rahmen dieser Vorgaben kann die Lehrerin, der Lehrer an selbst zu bestimmenden Beispielen ihren/seinen Unterricht planen. Die Behandlung des Münchner Abkommens und seine Folgen und das deutsch-tschechische Verhältnis sind mögliche Themen, sie sind aber nicht zwingend vorgeschrieben. Ein zusätzliches Thema „Menschen mit dem gelben Stern" und einem Zeitrichtwert von 8 Stunden ergänzt den Themenbereich in der Realschule um den Aspekt der Judenverfolgung und Vernichtung. In der Hauptschule Niedersachsens wird das Thema Judenverfolgung innerhalb der Einheit Nationalsozialismus behandelt.

Die Rahmenrichtlinien Geschichte von Rheinland-Pfalz für das Gymnasium und die Realschule von 1993 sehen für das Thema „Die Herrschaft des Nationalsozialismus" 9 Stunden vor (Anlage C). Die *leitenden Aspekte* heißen: „Entwürdigung des Menschen durch Umsetzung einer unmenschlichen Weltanschauung in die politische Realität, Wissenschaft im Dienste der Massenvernichtung". Verbindlich vorgeschrieben sind vier *Themen*: 1. „Machtsicherung durch Gleichschaltung und Verfolgung, 2. Die Rassenlehre und ihre Umsetzung, 3. Der Zweite Weltkrieg, 4. Der deutsche Widerstand". Diesen *Themen* sind *Inhalte* zugeordnet, deren Anzahl die Behandlung in der vorgegebenen Stundenzahl als unmöglich erscheinen läßt. Zusätzlich haben die Richtlinien ein zusätzlich neues Element: auf den „Rechten Seiten" der Richtlinien werden alternative Themen und Zugriffsweisen formuliert, die Schülerinnen und Schüler einen weniger stofforientierten Zugang zur Geschichte ermöglichen sollen. Im Bereich des Nationalsozialismus ist dies zum Beispiel das Thema „Der Aufmarsch". Unklar bleibt ob die „Rechten Seiten" die Vorgaben der „Linken Seiten" ergänzen oder ersetzen sollen bzw. können.

Allen neuen Rahmenrichtlinien ist gemeinsam, daß sie versuchen den Stoff zu strukturieren und zu reduzieren, und daß sie Zugriffsweisen – besonders auch unter dem Aspekt der knappen Stundenzahl – vorgeben. Dabei wird oft eine praxisfremde Mindeststundenzahl ausgeworfen. Neu ist auch die verstärkte Orientierung an einem idealsierten „Schülerinteresse", in dem sich sowohl die gesellschaftlichen wie die subjektiven Interessen an historischer Bildung wiederfinden sollen.

In der Sekundarstufe II ist die Bandbreite der Richtlinienvorgaben ähnlich breit wie in der Sekundarstufe I. Während viele Bundesländer einen verbindlichen Kurs zum Nationalsozialismus in der Kursstufe (Klasse 12 und 13) vorschreiben, werden in den RRL Geschichte des Landes Niedersachsen von 1994 nur noch *Rahmenthemen* vorgegeben, die behandelt werden müssen (*Rahmenthema 1*: Die Auseinandersetzung um Frieden, Freiheit und Einheit. Deutsche Perspektiven historischer Erfahrung, *Rahmenthema 2*: Zusammengehörigkeit und Vielfalt. Europäische Perspektiven historischer Erfahrung, *Rahmenthema 3*: Die Eine Welt in ihren Widersprüchen. Globale Perspektiven historischer Erfahrung). Die Fachkonferenzen können theoretisch Kursfolgen beschließen, in denen der Nationalsozialismus nicht mehr vorkommt (Anlage D).

Beispiele aus Geschichtsschulbüchern nach 1987

Die Untersuchung der Geschichtsschulbücher beschränkt sich auf Bücher, die in der Analyse der deutsch-tschechischen Schulbuchgespräche von 1979/1980 nicht erfaßt wurden, auch wenn diese Bücher mittlerweile fortgeschrieben und angepaßt wurden.[2] Sie konzentriert sich auf typische und relativ weit verbreitete Geschichtsschulbücher der Sek. I und Sek. II, die zwischen 1987 und 1993 erschienen sind. Die allerneueste Generation, die seit 1995 auf Grund neuer Richtlinien erscheint, war zum Zeitpunkt der Analyse noch nicht bis zur Zeitgeschichte vorgedrungen. (HISTORIA, RÜCKSPIEGEL, ZEITAUFNAHME, ANNO, GESCHICHTE UND GESCHEHEN, Neuauflage 1995 ff.). Die Schulbücher werden

---

[2] STEPHAN DOLEZEL: Die Kathastophe im deutsch-tschechischen Verhältnis (1938–1945) und ihre Voraussetzung im Spiegel tschechoslowakischer und bundesdeutscher Lehrbücher, und HEINRICH BODENSIEK: Tschechoslowakische Zeitgeschichte seit 1945 in westdeutschen Schulgeschichtsbüchern, beide in: HANS LEMBERG, FERDINAND SEIBT: Deutsch-tschechische Beziehungen in der Schulliteratur und im populärem Geschichtsbild, Braunschweig 1980.

an Hand folgender Kriterien geprüft, wobei die Untersuchung sich im Sinne des Tagungsthemas auf die deutsch-tschechischen Zusammenhänge konzentriert.
1. Allgemeine Einbettung der deutsch-tschechischen Geschichte in den Rahmen der Darstellung des Weges zum Zweiten Weltkrieg,
2. Darstellung des Münchner Abkommens und seiner Folgen,
3. Deutscher Einmarsch und Besatzungspolitik in der Tschechoslowakei,
4. Kollaboration und Widerstand in der Tschechoslowakei,
5. Kriegsende und Geschichte der Tschechoslowakei nach 1945.
Stichprobenhaft wird untersucht, wie die Vertreibung der Deutschen aus dem Sudetenland im Jahre 1945 dargestellt wird.

GESCHICHTE UND GEGENWART [3] ist als ein Leitfadenbuch konzipiert. In den Leitfaden sind Quellenauszüge, Bilder und Arbeitsaufträge integriert. Verschiedene Regionalausgaben sind mit fast identischem Text erschienen, seine Verbreitung hat es vor allem in der Realschule.

Ein größerer Abschnitt „Peace for our time" (82 ff.) schildert die Stationen des Weges zum Zweiten Weltkrieg über die Darstellung des Spanischen Bürgerkrieges, den Anschluß Österreichs und das Münchner Abkommen und seine Folgen für die Tschechoslowakei. Der Zweite Weltkrieg wird in den folgenden Abschnitten als Ergebnis der von den Nationalsozialisten planmäßig betriebenen Expansionspolitik dargestellt. Der Schwerpunkt der Darstellung liegt auf den Ereignissen in Polen und der Ausweitung des Krieges zu einem europäischem Krieg. Die Folgen des Krieges für die deutsche Bevölkerung wird am Beispiel des Luftkrieges relativ breit geschildert, dagegen bleibt die deutsche Besatzungherrschaft auf wenige Zeilen beschränkt. Erwähnt wird der Partisanenkrieg in der Sowjetunion, in Jugoslawien und Frankreich. Als Beispiel für deutsche Terroraktionen in Reaktion auf die Partisanenaktionen werden Lidice und Oradour mit knappen Hinweisen auf die vorangegangenen Aktionen der Partisanen genannt.

Flucht und Vertreibung werden in einem neuen größeren Kapitel „Die Koalition der Sieger: Höhepunkt und Zerfall" am Beispiel Polens geschildert, die Vertreibung der Deutschen aus dem Sudetenland können die Schüler nur aus einer Karte entnehmen.

Die Darstellung des Münchner Abkommens (Kriterium 2) betont die Einigung der Westmächte mit Hitler auf Kosten der Tschechoslowakei und die Machtlosigkeit der Tschechoslowakei gegenüber dieser Politik und schildert Hitlers Bruch des Vertrages durch den Einmarsch in die Tschechei und die Unterstützung der Selbständigkeit der Slowakei (84/85).

Der deutsche Einmarsch in die Tschechei (Kriterium 3) wird nur durch das bekannte Pragbild und eine Karte über die deutsche Expansion dargestellt, die

---

[3] GESCHICHTE UND GEGENWART, Arbeitsbuch Geschichte, hg. v. H. G. Kirchhoff und Klaus Lampe, Verlag F. Schöningh, Schroedel Schulbuchverlag, Paderborn 1989, Ausgabe N 10, Nr. 24774, (fast textgleich Ausgabe A 4 NRW).

aber in einen Text über das deutsch-sowjetische Abkommen eingeklinkt sind. Ein Arbeitsauftrag regt den Vergleich des deutschen Einmarsches in Prag mit dem in Österreich an. Die Kriterien 4–5 werden in „GESCHICHTE UND GEGENWART" nicht abgedeckt.

ENTDECKEN UND VERSTEHEN[4] ist als Arbeitsbuch konzipiert, das jeweils auf einer Doppelseite das Thema für eine Stunde anbietet, wobei durch ein Einstiegsimpuls (Bild oder Quelle) der Versuch gemacht wird, entdeckendes Lernen anzuregen. Der Darstellung der Autoren sind Quellen, Bilder und Arbeitsaufträge beigefügt. Die untersuchte Ausgabe ist für Realschulen und Gesamtschulen konzipiert, die Textbasis findet sich auch in den zahlreichen Regionalausgaben für Hauptschulen und Realschulen.

Im Rahmen eines größeren Abschnittes „Die Vorbereitung des Krieges" werden auf einer Doppelseite unter dem Thema „Die gewaltsame Erweiterung Deutschlands" die Zielsetzung der Aufrüstungspolitik Hitlers, der Anschluß Österreichs und auf einer ganzen Seite der „Griff nach der Tschechoslowakei" dargestellt. Die Situation der Tschechoslowakei wird knapp skizziert unter Nennung des Minderheitenproblems und der besonderen Rolle der Sudetendeutschen. Das Münchner Abkommen wird als Versuch der Westmächte geschildert, mit einem letzten Zugeständnis an Hitler auf Kosten der Tschechoslowakei noch einmal den Frieden in Europa zu retten. Ein Bild über den deutschen Einmarsch in Prag und ein Augenzeugenbericht verdeutlichen die Perspektive der betroffenen Tschechen.

Der Zweite Weltkrieg wird als planmäßige Expansion der Nationalsozialisten dargestellt, das Schwergewicht der Materialien liegt beim Krieg gegen Polen und der UdSSR. Die deutsche Besatzungspolitik wird am Beispiel des Rußlandfeldzuges behandelt. Auf der Doppelseite „Das Gesicht des Zweiten Weltkrieges" wird unter der Überschrift „Unmenschliche Verbrechen im deutschen Namen" Lidice mit einer knappen Erläuterung der Ursachen erwähnt.

Auf die Kollaboration und den tschechischen Widerstand wird nicht eingegangen. Auf der Doppelseite „Der Kalte Krieg" im Rahmen des Kapitels „Konflikte und Konfliktlösungen nach 1945" wird in wenigen Sätzen erwähnt, daß nach 1945 in der Tschechoslowakei eine Koalitionsregierung aus bürgerlichen und kommunistischen Politikern bestand, die 1948 auf Drängen der UdSSR in eine rein kommunistische Regierung umgewandelt wurde (114). Die Flucht und Vertreibung der Deutschen aus dem Sudetenland wird nur durch eine Karte (154) im Rahmen des Kapitels „Deutschland nach 1945" dargestellt, das Thema selbst wird am polnischen Beispiel abgehandelt.

Die Kriterien 1–3 werden in ENTDECKEN UND VERSTEHEN erfüllt. Die Kriterien 4 und 5 werden nicht behandelt.

---

[4] ENTDECKEN UND VERSTEHEN, Geschichtsbuch für Realschulen und Gesamtschulen, hg. v. Thomas Berger, Karl-Heinz Müller, Hans-Gert Oomen, Cornelsen Verlag, Berlin 1991, Bd. 4, Nr. 641147.

Das GESCHICHTSBUCH[5] ist als Leitfaden konzipiert. Nach größeren Abschnitten folgen Arbeitsteile mit Quellen und anderen Materialien unter ergänzenden Fragestellungen. Das Buch wird in Gymnasien der Sek. I eingesetzt, es erscheint in verschiedenen Regionalausgaben. Innerhalb des Kapitels „Die Außenpolitik – Von der Aufrüstung zum Krieg" wird in der breiten Schilderung auf die Eingliederung Österreichs und die „Zerschlagung der Tschechoslowakei" eingegangen. Die Darstellung betont beim Münchner Abkommen die Zwangssituation der tschechoslowakischen Regierung und die Hoffnung der Westmächte, durch das Eingehen auf Hitlers Forderungen, den Frieden in Europa retten zu können. Die aggressive Politik Hitlers wird am Bruch des Münchner Abkommen und der Besetzung der Tschechei verdeutlicht. Der Zweite Weltkrieg wird an dem Kriegsverlauf in Polen, Frankreich und der UdSSR dargestellt. Die Kriterien 3 und 4 werden durch den Text nicht abgedeckt. Flucht und Vertreibung der Deutschen werden am Beispiel von Polen und der UdSSR als Racheakt für die grausame deutsche Besatzungsherrschaft dargestellt. In einem Arbeitsteil über „Deutsche und Polen im 20. Jahrhundert" zeigt eine Karte auch die Vertreibung der Deutschen aus dem Sudetenland. Im Kapitel „Die Sowjetunion und Osteuropa" wird in knappen Zügen die Nachkriegsgeschichte der Tschechoslowakei behandelt und ihre wachsende Abhängigkeit von der Sowjetunion nachgezeichnet.

GESCHICHTE UND GESCHEHEN[6] ist als Leitfaden mit einer Marginalspalte, auf der wichtige Begriffe ausgeworfen werden, konzipiert. Nach größeren Abschnitten folgen jeweils Materialien (Quellen, Bilder, Karten), die durch Arbeitsaufträge erschlossen werden. Das Buch erscheint in verschiedenen Regionalausgaben. Der Text der Grundausgabe unterscheidet sich stark z. B. von der Niedersachsen-Ausgabe, die ausführlicher und anschaulicher ist.

Im Rahmen des Kapitels „Friedenszeit oder Vorkriegszeit" der allgemeinen Ausgabe, das die Expansionspolitik der Nationalsozialisten darstellt, wird auf die Sudetenkrise und das Münchner Abkommen nach der Schilderung des Anschlusses von Österreich an das Deutsche Reich eingegangen. In zwei knappen Absätzen werden die Motive der Appeasementpolitik Großbritanniens und die Tatsache, daß die Tschechoslowakei zum Münchner Abkommen nicht befragt wurde, erwähnt. Der Absatz endet mit dem Hinweis auf den Einmarsch deutscher Truppen in Prag im März 1939. Im anschließenden Quellenteil wird aus den SOPADE-Berichten die Reaktion der deutschen Bevölkerung auf die Besetzung der Tschechoslowakei zitiert.

Der Zweite Weltkrieg wird am Beispiel Polens, Frankreichs und der UdSSR geschildert. Auf die deutsche Besatzungsherrschaft wird so gut wie nicht eingegangen, dagegen gibt es in der Niedersachsen-Ausgabe einen eigenen Ab-

---

[5] GESCHICHTSBUCH, Die Menschen und ihre Geschichte in Darstellungen und Dokumenten, hg. v. Peter Hüttenberger, Bernd Mütter, Norbert Zwölfer, Cornelsen Verlag Berlin 1993, Bd. 4, Nr. 53776.
[6] GESCHICHTE UND GESCHEHEN, Geschichtliches Unterrichtswerk für die Sekundarstufe I, hg. v. Peter Alter, Klaus Bergmann, Gerhard Hufnagel, Ulrich Mayer, Joachim Rohlfes, Eberhard Schwalm, Klett Verlag Stuttgart 1988, Bd. IV, Nr. 4126.

schnitt. Im Rahmen des Abschnitts „Wer leistete Widerstand? Wer leistete keinen Widerstand?" wird die Zerstörung von Lidice als Reaktion der SS auf die Ermordung Heydrichs durch tschechische Partisanen genannt. Das Kriterium 3 wird nur knapp, die Kriterien 4–5 werden in der allgemeinen Ausgabe nicht angesprochen. Das Thema Flucht und Vertreibung wird im Unterschied zur Niedersachsen-Ausgabe, sieht man von einer sehr verwirrenden Karte „Bevölkerungsbewegungen" (131) einmal ab, nur kurz erwähnt.

Aus dem Bereich der Kompendien für die Sekundarstufe II soll nur auf ein weitverbreitetes Werk, das 1991 in einer überarbeiteten Fassung erschien, eingegangen werden.

Der GRUNDRIß DER GESCHICHTE[7] ist ein klassischer zweibändiger Leitfaden, der durch zwei Quellenbände ergänzt wird. Im Rahmen des Kapitels „Europa und der Nationalsozialismus bis zum Kriegsbeginn" wird die Entstehung des „Großdeutschen Reiches" als planmäßige und aggressive Expansion der Nationalsozialisten geschildert und die Sudetenkrise als Beispiel für die maximalen Forderungen Hitlers an seine Verhandlungspartner analysiert. Das Münchner Abkommen wird als Versuch der Friedensrettung durch die Westmächte beschrieben, ohne daß auf die Nichtbeteiligung der Tschechoslowakei eingegangen wird. Detaillierter als in den Sekundarstufen I-Büchern heißt es dann: „Obwohl Hitler seine Forderungen erfüllt sah, gab er der Wehrmachtsführung bereits drei Wochen später den Befehl, die ‚Resttschechei zu zerschlagen'. Zunächst nutzte er die Gegensätze zwischen Tschechen und Slowaken aus. Mitte März proklamierten die Slowaken ihre Autonomie. Der tschechoslowakische Staatspräsident Emil Hácha wurde nach Berlin beordert, wo Hitler von ihm die Erklärung erpreßte, er lege ‚das Schicksal des tschechischen Landes und Volkes vertrauensvoll in die Hände des Führers.' Für den Fall einer Weigerung hatte Hitler die Bombardierung Prags angedroht.

Am 15. März besetzten deutsche Truppen die westliche Tschechoslowakei. Zur gleichen Zeit verleibte sich Ungarn die Karpato-Ukraine ein. Aus der ‚Resttschechei' machte Hitler das vom Reich abhängige *Protektorat Böhmen und Mähren* und setzte einen Reichsprotektor ein." (303, 2. Bd.)

Der Zweite Weltkrieg wird am polnischen und russischen Beispiel behandelt, die Schrecken der deutschen Besatzungspolitik werden im Abschnitt „Gewaltverbrechen an den Menschen und Völkern Europas" breit dargestellt. Allerdings wird hier nicht auf die Tschechoslowakei eingegangen, wenn auch Lidice als Beispiel nationalsozialistischer Besatzungsherrschaft und Reaktion auf den Partisanenkrieg genannt wird. (314). In einem Absatz wird dann auf die Leiden der deutschen Zivilbevölkerung in den besetzten Gebieten am Beispiel der Tschechoslowakei eingegangen, dessen Akzentsetzung angesichts der Nichtbehandlung der Besatzungsherrschaft in der Tschechoslowakei und dem Problem der tschechischen Kollaboration für Schülerinnen und Schüler

---

[7] GRUNDRIß DER GESCHICHTE, hg. v. Peter Alter, Gerhard Hufnagel, Eberhard Schwalm, Bernd Sösemann, Peter Steinbach, Maria Würfel, Klett Verlag Stuttgart 1991, Bd. 2, Nr.40122.

nur schwer nachvollziehbar ist. „Gegen Kriegsende versuchte die Bevölkerung in den besetzten Gebieten zunehmend, die NS-Herrschaft aus eigener Kraft abzuschütteln. Dabei schreckte sie auch nicht vor erbarmungslosem Vorgehen gegen Deutsche zurück. Besonders hohe Opfer brachte die deutsche Zivilbevölkerung in der Tschechoslowakei. Die Tschechen verfolgten viele deutsche Einwohner Prags und Böhmens, die schon vor 1938 dort gelebt hatten, vergriffen sich an ihnen und vertrieben sie über die Grenzen. Auch bei dem Vormarsch der sowjetischen Truppen hatte die deutsche Zivilbevölkerung schwer zu leiden [...]" (315).

Problematisch ist m. E. die Gliederung des Abschnitts „Gewaltverbrechen an den Menschen und Völkern Europas" in soweit, als die Verfolgung und Ermordung der Juden Europas erst nach der Darstellung der deutschen Besatzungspolitik erfolgt.

Ergebnis

Bewertet man die durchgesehenen Schulbücher auf die Darstellung der deutsch-tschechischen Geschichte in der Zeit von 1938–1945, auch im Vergleich mit den Rahmenrichtlinien, kann man feststellen, daß die Ereignisse um das Münchner Abkommen und die Okkupation der Tschechoslowakei durchweg dem Stand der Forschung und den Intentionen der Richtlinien, aber auch dem Konsens über die Aggressionspolitik des Nationalsozialismus, entsprechen. Bedauernswert ist die Tatsache, daß in allen Büchern die übrige deutsch-tschechische Geschichte, besonders aber die deutsche Besatzungsherrschaft, die tschechische Kollaboration und die Bedeutung der tschechischen Rüstungswirtschaft für Deutschland nicht behandelt werden. Ohne die Erwähnung der tschechischen Partisanen- und Widerstandsbewegung und die deutsche Besatzungpolitik bleiben die Ereignisse bei der Vertreibung der Deutschen nach der Niederlage Deutschlands für Schülerinnen und Schüler unverständlich. Auffällig ist die Aussparung der Motive der Siegermächte bei der Zustimmung und Billigung der Vertreibung. Flucht und Vertreibung der Deutschen werden durch einen meist nur knappen Hinweis auf die Beschlüsse der Potsdamer Konferenz nicht genügend erklärt. Wenn die Vertreibung nur als ein Problem eines schwierigen Alltags im westlichen Nachkriegsdeutschland behandelt wird, wie dies in fast allen Büchern geschieht, öffnet sich interessierten Kreisen die Möglichkeit, ihre Interpretation vom „Unrecht" an den Deutschen zu verbreiten.

Ebenso schlecht wie es der Geschichte der anderen Nachbarn Deutschlands im deutschen Geschichtsunterricht ergeht, ergeht es auch der Geschichte Böhmens, der Tschechoslowakei bzw. Tschechiens. Die Möglichkeit eines Längsschnittes mit der Behandlung eines Vielvölkerstaates als Modell für heutige Probleme von Vielvölkerstaaten bleibt ungenutzt. Die Verantwortung hierfür liegt aber nicht bei den Autorinnen und Autoren der Geschichtsschulbücher, sondern bei den Verfassern der Rahmenrichtlinien und den dafür zuständigen Ministerien.

Nachtrag

Eine Überprüfung des aufgezeigten Befundes im November 1997 anhand der bis dahin erschienenen Bände der Geschichtsbücher der Generation von 1995 ANNO (Bd. 4, Das 20. Jahrhundert, hrg. B. Askani, E. Wagener, Westermann Verlag Braunschweig 1997) und RÜCKSPIEGEL (Bd. 4, Vom Ersten Weltkrieg bis zur Gegenwart, hrg. H.-J. Lendzian, R. Schörken, F. Schöningh Verlag Paderborn 1996) bestätigt das Ergebnis der Analyse aus den Büchern von 1993. Allein das Münchner Abkommen wird in den beiden als Leitfaden konzipierten Büchern breiter und korrekt dargestellt, die übrigen Kriterien werden nicht erfüllt. In ANNO verweisen noch 6 Zeilen auf die Vertreibung, ohne daß ihre Ursachen erwähnt werden. „Der Flüchtlingsstrom schwoll zu einer Völkerwanderung an, als die deutsche Bevölkerung ihre Wohnsitze jenseits der Oder, im Sudetenland sowie anderen osteuropäischen Staaten verlassen mußte" (S. 143). Im RÜCKSPIEGEL findet sich weder ein Stichwort zur Vertreibung, noch eine Karte. Das Flüchtlingsproblem wird im Abschnitt „Deutschland in den Jahren des Kalten Krieges" mit einem Satz erwähnt: „Millionen von Flüchtlingen mußten irgendwo untergebracht werden, täglich zogen etwa 30 000 von ihnen durch Berlin" (S. 231). Eine Nachkriegsgeschichte der Tschechoslowakei findet sich in beiden Büchern nicht, auch nicht in Ansätzen.

Die Neuausgabe des GESCHICHTSBUCH (Bd. 4, Cornelsen Verlag Berlin 1996) übernimmt die Darstellung der früheren Auflage.

Anlage A Nordrhein-Westfalen Realschule 1994

TE 16 Faschismus – Nationalsozialismus – Rassismus

Thematische Stichwörter:
Entstehungs- und Entwicklungsbedingungen sowie Auswirkungen faschistischer Herrschaft als historisch-praktischer Rassismus und menschenentmündigender Elitewahn

Wissenschaftsorientierung:
- lange Dauer
- Multikausalität
- Interdependenz
- Macht
- Ideologie

Erfahrungs- und Handlungsorientierung:
Erfahrung mit Über- und Unterordnung und mit dem „Recht" des Stärkeren; Dispositionen für Solidarität mit Schwachen und Kopieren von Starken (Vorbilder); Disposition zu „einfachen" und schnellen Lösungen; Erfahrung von relativer Ohnmacht auch gegenüber dem Staat heute („Politik von oben"), mediale Erfahrung von Krieg und Unterdrückung; Interesse an Freiheit und höchstmöglicher Sicherheit zugleich; möglicher Handlungsbedarf in der Auseinandersetzung mit neofaschistischen Jugendlichen; mögliche Abneigung gegen negativ besetzte Inhalte des Geschichtsunterrichts ...
Qualifikationen: Q 3: „multikausales Erklären",
Q 5: „Sinnstiftung",
Q 7: „Identifikation",
Q 9: „Weltperspektive und -verantwortung",
Q 10: „Handlungsspielräume wahrnehmen"

Gegenwarts- und Zukunftsorientierung:
- Frieden als individuelle und globale Aufgabe
- Recht des Menschen auf soziale, wirtschaftliche und politische Partizipation
- Gestaltung der Beziehungen zwischen Menschen, Gruppen und Völkern
- Gewährleistung und Wahrnehmung der Menschenrechte

Orientierung der geschichtlichen Untersuchung und Urteilsbildung (Fragen, Hypothesen, Denkanstöße):
- Was fasziniert heute und faszinierte die zeitgenössische Jugend am Nationalsozialismus?
- Erörterung des Geflechts der Ursachen für die Entstehung der nationalsozialistischen Herrschaft (Nationalsozialismus, obrigkeitsstaatliches Denken und Verhalten, Militarismus, Antisemitismus, Führerkult und „Volksgemeinschaft" ...)
- Auseinandersetzung
  - mit der Vernichtung der europäischen Juden und anderer gesellschaftlicher Minderheiten
  - mit dem Umgang mit Tod, Leid und Zerstörung durch die Täter
  - mit Nichtstun und Geschehenlassen
  - mit der Ohnmacht der Opfer
  - mit Zwangsarbeit
- Erörterung der Verpflichtung zum Widerstand
- Was können wir und spätere Generationen aus der Bearbeitung der Geschichte von Faschismus und Nationalsozialismus lernen?
  - Untersuchung und Erörterung der Herrschaftstechniken des Nationalsozialismus auf der Folie der politischen und gesellschaftlichen Verfaßtheit der Bundesrepublik
  - Erörterung der faschistischen Ideologien und Denkweisen als europäische Erscheinung
  - Erörterung der politischen Folgen der NS-Herrschaft für die Welt und für die deutsche Gesellschaft

Historischer Raum:
- Deutschland
- Europa
- eigene Stadt/Gemeinde

Historisch-politische Erlasse:
- „Die Behandlung des Nationalsozialismus im Unterricht" vom 06. 07. 1978, BASS 15 – 02 Nr. 9.3
- „Behandlung der Menschenrechte im Unterricht" vom 24. 10. 1978, BASS 15 – 02 Nr. 9.5
- „Erziehung zu internationaler Verständigung..." vom 15. 11. 1977, BASS 15 – 02 Nr. 9.2
- „Friedenserziehung im Unterricht" vom 01. 03. 1985, BASS 15 – 02 Nr. 9.9

Bemerkungen zu Zugriffen und Materialtypen:
- Fachliche Zugriffe:
  - Längsschnitt (Untersuchung der mentalen und ideologischen Ursachen der NS-Herrschaft)
  - synchrone Untersuchung (Zusammenwirken von Gesellschaft, Wirtschaft und Politik)
- Quellenarbeit: Texte, Filme, Bild- und Tondokumente, Sekundärliteratur
- Zeitzeugen
- Projektunterricht: Spurensuche „NS und Judenverfolgung in der eigenen Gemeinde"; oral history
- Exkursionen: Konzentrationslager, Museen, Gedenkstätten
- Presseauswertung zu neofaschistischen Aktivitäten und Fremdenfeindlichkeit

Hinweise zu fächerübergreifendem Lernen und Lehren:
Politik/Sozialwissenschaften (Herrschaftsanalyse, Ideologiekritik, sozialpsychologische, soziologische und politologische Erklärungsmodelle, Jugendforschung), Religionsunterricht (ethische und moralische Bewertungen, Wurzeln des Antisemitismus), Kunst (Symbolanalyse, Ästhetik von Macht und Gewalt), Deutsch (zeitgenössische und aufarbeitende Literatur, Sprache politischer Systeme), Musik (Propagandamusik)

Anlage B   Niedersachsen Realschule 1996

13 RS	**Themenbereich** Nationalsozialismus - „Führer befiehl ..."	**Zeitrichtwert:** 11 Std. **Schuljahrgang:** 9/10

Schlüsselproblem(e)
- Herrschaft und politische Ordnung
- Frieden und Gewalt

Intentionen
Schülerinnen und Schüler erleben, daß rechtsextremistische Gruppen das NS-System und seine Greueltaten verleugnen. In der Auseinandersetzung mit dem Nationalsozialismus wird deutlich, wie demokratisch legitimierte Herrschaft beseitigt und durch ein auf Aggression und Gewalt ausgerichtetes System ersetzt wird. Sie stellen fest, daß die Nationalsozialisten eine menschenfeindliche Ideologie vertraten und zu deren Verwirklichung eine Gewaltherrschaft errichteten, die bewußt den Krieg als Mittel der Politik einsetzte. Die Schülerinnen und Schüler beurteilen kritisch den Charakter des nationalsozialistischen Herrschaftssystems. Sie untersuchen die Chancen des Widerstandes und können unterscheiden zwischen Nationalsozialismus als historischer Erscheinung und Rechtsextremismus heute.

Thematische Aspekte	**Mögliche Inhalte**
- Untergang der Weimarer Republik	- Versailler Vertrag
	- Weltwirtschaftskrise
	- Strukturelle Probleme der Weimarer Republik: Präsidialverfassung, Notverordnungen
- Grundzüge der NS-Ideologie	- Führerprinzip
	- Rassentheorie
- Errichtung der Diktatur	- „Lebensraum"
	- Alltag im Nationalsozialismus
	- Verfolgung von Sinti und Roma
- Ausrichtung von Staat und Wirtschaft auf den Eroberungskrieg	- Ermächtigungsgesetz
	- Gleichschaltung
	- Gestapo
	- Autarkie
- Widerstand gegen Hitler	- 4-Jahres-Plan
	- Propaganda
- Rechtsextremismus heute	- Austritt aus dem Völkerbund
	- 'Anschluß' Österreichs
	- Zerschlagung der Tschechoslowakei
	- Zweiter Weltkrieg (1939-1945)
	- 20. Juli 1944
- Orientierung in der Zeit: 1933, 1944, 1945	- Rechtsextreme Parteien und Gruppen
	- Rechtsextremismus bei Jugendlichen

Fertigkeiten
- Analysieren von Bild- und Tonmaterial
- Erstellen und „Lesen" von Strukturschaubildern
- Untersuchen und Bewerten von NS-Sprache

Anregungen
- Besuch einer Gedenkstätte, eines Mahnmals oder Museums
- Suche nach Spuren aus der NS-Zeit vor Ort
- Gespräche mit Zeitzeugen
- Gestaltung einer Wandzeitung zum Thema „Widerstand"
- Entwurf eines Flugblattes gegen die NS-Diktatur
- Lesen autobiographischer Berichte
- Untersuchung diskriminierender Alltagsbegriffe („Scheinasylant, Ausländerflut, Überfremdung" usw.)
- v.d. Grün, Max: Wie war das eigentlich? - Kindheit und Jugend im Dritten Reich, Darmstadt 1979

Anknüpfungen

- *Bezüge zu anderen Themenbereichen*
  Migration (Nr. 4)
  Menschen mit dem gelben Stern (Nr. 14, anzuschließen an Nr. 13)
  Extremismus - Auf der Suche nach Identität? (Nr. 5 im Anschluß an Nr. 14)
  Gewalt im Alltag (Nr. 19)

- *Bezüge zu anderen Fächern*
  RRL Deutsch: Literatur- und Filmliste (S. 48)
  RRL Katholischer Religionsunterricht: Zwischen Anpassung und Widerstand - Kirche in der Welt (S. 60)
  RRL Welt- und Umweltkunde: Kinder und Jugendliche zur Zeit des Nationalsozialismus (S. 23)

| 14 RS | **Themenbereich** Menschen mit dem gelben Stern | **Zeitrichtwert:** 8 Std. **Schuljahrgang:** 9/10 |

Schlüsselproblem(e)
- Ungleichheit der Lebensverhältnisse
- Frieden und Gewalt

Intentionen
Schülerinnen und Schüler werden in der Gegenwart mit verschiedenen Formen des Antisemitismus konfrontiert, zum Beispiel mit Zerstörungen und Schmierereien auf jüdischen Friedhöfen; auch erfahren sie von den besonderen Beziehungen Deutschlands zum Staat Israel.
Sie erforschen die Ursachen und die Folgen des nationalsozialistischen Antisemitismus. Dabei setzen sie sich mit der Hinnahmebereitschaft der großen Mehrheit zur Ausgrenzung, zu struktureller und persönlicher Gewalt gegenüber Juden auseinander. An Beispielen erfahren sie den Mut weniger zum Widerstand und zur aktiven Solidarität.
Sie werden ermutigt, gegen Diskriminierung jeglicher Art einzutreten.

Thematische Aspekte	**Mögliche Inhalte**
- Antisemitismus heute	- Rassentheorie und Antisemitismus und ihre Wurzeln
	- Deutsch-israelische Beziehungen
- Auf dem Weg zum Massenmord: Hinnahmebereitschaft oder Widerstand?	- Erste Konzentrationslager
	- Nürnberger Gesetze
	- Pogromnacht 09.11.1938
	- Einsatz der Juden zur Zwangsarbeit
	- „Davidstern"/Alltagsleben
	- Wannsee-Konferenz
- Nicht nur der gelbe Stern - Ausgegrenzte Minderheiten	- Warschauer Ghetto
	- Massenvernichtung/Holocaust
	- Jüdischer Alltag in Deutschland
	- Euthanasie-Programm
- Diskriminierung heute	- Sinti und Roma
	- Kriminelle, „Asoziale", Homosexuelle
	- Politische Gegner
	- Unterdrückte Völker, Zwangsarbeiter
	- Beispiel für Solidarität
- Orientierung in der Zeit: 1935, 1938, 1941	- Außenseiter und Sündenböcke werden gemacht

Fertigkeiten
- Entnehmen und Einordnen von Informationen aus Film- und Tondokumenten
- Beschaffen von Materialien und Durchführen von Befragungen durch Kontaktaufnahme mit Außengruppen
- Suchen, Beschreiben und Auswerten von Spuren vor Ort
- Anlegen einer Chronik als Zeittafel
- Analysieren schwieriger ideologischer Texte
- Verfassen von Stellungnahmen

Anregungen
- Besuch von Gedenkstätten, Mahnmalen in der Umgebung
- Befragen von Zeitzeugen, Mitarbeitern von Aktionsgruppen (z.B. Aktion Sühnezeichen, Friedensdienste; Arbeitskreis für Stadtgeschichte, amnesty international)
- Kontaktaufnahme zur jüdischen Gemeinde vor Ort, Gesellschaft für christlich-jüdische Zusammenarbeit, zu israelischen Vertretungen in Deutschland
- Filme zum Rechtsradikalismus heute
- Vorstellung von Jugendbüchern zum Thema
- Erstellen einer Chronik der Judenverfolgung 1933 - 1945, in der Neuzeit
- Audiovisuelle Medien (vgl. Verzeichnisse der Landeszentrale für Politische Bildung; Kommunale Bildstellen; Filmtheater-Angebote)

Anknüpfungen

- *Bezüge zu anderen Themenbereichen*
  Nationalsozialismus - „Führer befiehl..." (Nr. 13)

- *Bezüge zu anderen Fächern*
  RRL Deutsch: Literatur- und Filmliste (S. 48 f./S. 57 f.)
  RRL Katholischer Religionsunterricht: Die Wurzeln des Christentums entdecken - Das Judentum (S. 20 f.)
  Zwischen Anpassung und Widerstand - Kirche in der Welt (S. 60 f.)
  RRL Evangelischer Religionsunterricht: Judentum und Christentum - zwei Religionen aus einer Wurzel (S. 52)

Anlage C   Rheinland-Pfalz   G/RS/Gy

10. Klasse

Stoffbereich 21: **Die Herrschaft des Nationalsozialismus** **Realschule**
Stundenvorschlag: 9   **und Gymnasium**

Leitende Aspekte	Themen	Inhalte	Daten + Begriffe

Entwürdigung des Menschen durch Umsetzung einer unmenschlichen Weltanschauung in die politische Realität
 	
Wissenschaft im Dienste der Massenvernichtung
	1. Machtsicherung durch Gleichschaltung und Verfolgung	1. Die Gleichschaltung als Mittel zur Durchsetzung des Führerprinzips in der Exekutive
		2. Die Erfassung des Volkes durch die nationalsozialistischen Organisationen und Massenmedien
		3. Willkürliche Inhaftierung bestimmter Bevölkerungsgruppen in den Konzentrationslagern
		4. Machtstabilisierung durch Arbeitsbeschaffung:
		   – Autobahnbau
		   – Aufrüstung
		   – Ausschaltung der Frauen aus dem Arbeitsprozeß
		   – Reichsarbeitsdienst
			1933 – 1945
			
			Antisemitismus
			
			Vernichtungslager

	2. Die Rassenlehre und ihre Umsetzung	1. Die Bildung einer „Volksgemeinschaft" durch Ausschluß, Unterdrückung und Ermordung eines Teiles der Mitbürger 2. Lebensraum- und Weltmachtstreben im Zweiten Weltkrieg als Umsetzung der Rassenlehre in die Außenpolitik 3. Die zunehmende Entrechtung jüdischer Mitbürger 4. Die Einrichtung von Vernichtungslagern im Kriege zur Tötung vor allem der im deutschen Machtbereich befindlichen Juden, Sinti und Roma	

Stoffbereich 21	Rechte Seite	Realschule und Gymnasium
Spurensuche Regionaler Bereich Alltagsgeschichte	Schauplätze in der Geschichte Szenische Verdichtung Existentielle Erfahrungen	Offene Unterrichtsform Fächerübergreifende Aspekte Fachspezifische Methoden
Zeitungsartikel über Auftritte von NSDAP-Politikern Authentische Film- und Tonaufzeichnungen Befragung von Zeitzeugen Fotoalben Massenveranstaltungen heute: – Sportgroßveranstaltungen – Popkonzert – Demonstration	„Der Aufmarsch" 1. Die Formierung von „Massen" als Spiegel der NS-Ideologie: – Volksgemeinschaft (Ausgrenzung Andersartiger aus rassistischen und ideologischen Gründen) 2. Erscheinungsformen – Reichsparteitage – Straßenschlachten – Paraden – Fackelzüge, Fahnenweihe, Totenverehrung – Sportveranstaltung 3. Die „Masse" als Instrument von Ideologie und Politik: – Massenaufmarsch als Legitimation von Herrschaft – Massenaufmarsch als Drohgebärde – „Masse" als Vorwand für Lebensraumerweiterung 4. Verstärkung der „Massenwirkung" mit Hilfe moderner Massenkommunikationsmittel: – Rundfunk – Fotos in Zeitungen – Wochenschau – Film 5. Propaganda und Demagogie als Mittel der Massenbeeinflussung: – Merkmale der Reden von Hitler und Goebbels und ihre Wirkung auf den Menschen – Spiel mit den Emotionen	Untersuchung der Sprache in NS-Reden (D) Film: Hitler über Deutschland Jugendbücher (Noack: Die Webers Richter: Damals war es Friedrich Rhue: Die Welle Orwell: 1984)

Lehrplanverweise: Erdkunde, Deutsch, Sozialkunde

10. Klasse

Stoffbereich 21: **Die Herrschaft des Nationalsozialismus** (Seite 2) **Realschule und Gymnasium**
Stundenvorschlag: 9

Leitende Aspekte	Themen	Inhalte	Daten + Begriffe
	3. Der Zweite Weltkrieg	1. Die militärische Unterwerfung weiter Teile Europas 2. Die planmäßige Unterjochung, Ausbeutung und der Mord an Millionen von Menschen 3. Außereuropäischer Krieg 4. Die Indienstnahme und das völlige Ausgeliefertsein im totalen Krieg (z. B.: Flakhelfer, Werwolf, Rüstungsarbeiterin).	
	4. Der deutsche Widerstand	1. Der Doppelaspekt des Widerstandes: gegen die nationalsozialistische Herrschaft, ohne die Unterstützung des Großteils der Bevölkerung. 2. Der Widerstand gegen Unmenschlichkeit als Ausdruck persönlicher Pflichtauffassung (Georg Elser, Geschwister Scholl)	

Stoffbereich 21	**Rechte Seite**	**Realschule und Gymnasium**
Spurensuche Regionaler Bereich Alltagsgeschichte	Schauplätze in der Geschichte Szenische Verdichtung Existentielle Erfahrungen	Offene Unterrichtsform Fächerübergreifende Aspekte Fachspezifische Methoden

Lehrplanverweise: Erdkunde, Deutsch, Sozialkunde

Anlage D Niedersachsen Sek. II

6 Beispiele für Kursfolgen

Vorstufe bzw. Einführungsphase	Kursstufe bzw. Kurssystem	
	1. Kurshalbjahr	2. Kurshalbjahr
Krisen und Umbrüche. Sachzwänge oder Handlungschancen? – Krisen und Umbrüche in gegenwärtigen Erfahrungswelten – Querschnittsanalyse 1 – Schwerpunkt: Die Industrielle Revolution: Umbruch von der Agrar- zur Industriegesellschaft – Querschnittsanalyse 2 – Vergleich: Die Krise des 16. Jahrhunderts: Reformation und Bauernkrieg – Querschnittsanalyse 3 – Vergleich (Alternative): Die Krisen der Peripherien und der Imperialismus – Vergleich der Querschnittsanalysen, Rückbezug zu gegenwärtigen Erfahrungswelten – Strategien der Zukunftsbewältigung	Rahmenthema 1: Das nationalsozialistische Deutschland – Höhepunkt und Ende des „deutschen Sonderweges"? (Leitprobleme: Herrschaft und Freiheit, Krieg und Frieden)	Rahmenthema 2: Auf dem Wege zur Nachbarschaft: Frankreich – Deutschland – Polen (Leitprobleme: Krieg und Frieden, Menschenbild und Weltdeutung)
	Rahmenthema 2: Armut und Reichtum in Europa: historische Bedingungen für gegenwärtige Ungleichgewichte der Regionen (Leitprobleme: Mensch und Natur, Gleichheit und Ungleichheit)	Rahmenthema 3: Das südliche Afrika: Konflikte infolge der afrikanischen und europäischen Migrationen und ihre Lösungsversuche (Leitprobleme: Mensch und Gesellschaft, Krieg und Frieden)
	Rahmenthema 3: Wandel und Dauer der gesellschaftlichen Stellung der Frauen vorkolonialer Kulturen unter dem Einfluß industrieller Arbeitsverhältnisse (Leitprobleme: Mensch und Natur, Mensch und Gesellschaft)	Rahmenthema 2: Europa im Mittelalter: Einheit und Gegensätze zwischen lateinisch-christl. Westen und griechisch-christl. Osten – Rom und Byzanz (Leitprobleme: Herrschaft und Freiheit, Menschenbild und Weltdeutung)
	Rahmenthema 3: Biafra-Krieg und Konfliktlösung – Modellfall für Bürgerkriegssituationen? (Leitprobleme: Krieg und Frieden, Menschenbild und Weltdeutung)	Rahmenthema 2: Gesellschaftliche Abgrenzungen und Angleichungen im Europa des 19. und 20. Jahrhunderts (Leitprobleme: Mensch und Gesellschaft, Gleichheit und Ungleichheit)
	Rahmenthema 2: Der Balkan als Raum der Begegnung und des Konflikts von byzantinischer, westeuropäischer und islamischer Welt (Leitprobleme: Krieg und Frieden, Menschenbild und Weltdeutung)	Rahmenthema 1: Der Wandel der Geschlechterbeziehungen in Deutschland unter dem Einfluß der liberalen und sozialen Herausforderungen der modernen Industriegesellschaft (Leitprobleme: Mensch und Gesellschaft, Gleichheit und Ungleichheit)

3. Kurshalbjahr	4. Kurshalbjahr
Rahmenthema 3: Weltwirtschaft und „Unterentwicklung": die Entstehung regionaler Unterschiede der Weltmarktabhängigkeiten (Leitprobleme: Mensch und Natur, Gleichheit und Ungleichheit)	Rahmenthema 1: Die Veränderungen der deutschen Gesellschaft durch Migrationsbewegungen im 19. und 20. Jahrhundert (Leitprobleme: Mensch und Gesellschaft, Menschenbild und Weltdeutung)
Rahmenthema 1: Vergleichbarkeit und Unvergleichbarkeit zweier deutscher Vergangenheiten: Menschen im NS- und SED-Herrschaftssystem (Leitprobleme: Herrschaft und Freiheit, Menschenbild und Weltdeutung)	Europa und Afrika: Selbstbilder und Fremdbilder (Leitproblem: Menschenbild und Weltdeutung)
Rahmenthema 1: Krieg und Frieden: der deutsche Nationalstaat und sein Verhältnis zu den Nachbarn (Leitprobleme: Krieg und Frieden, Menschenbild und Weltdeutung)	Sklaven und Sklavenaufstände in der Antike: Menschen als Sachen? (Leitprobleme: Gleichheit und Ungleichheit, Herrschaft und Freiheit)
Rahmenthema 1: Industrialisierung und Demokratisierung – Deutschlands schwieriger Weg in die Moderne (Leitprobleme: Mensch und Natur, Herrschaft und Freiheit)	Die Idee des Fortschritts in der Geschichte (Leitproblem: Menschenbild und Weltdeutung)
Rahmenthema 3: Kolonialwaren für Europa: z.B. der Zucker und die Veränderungen in der Ersten und Dritten Welt (Leitprobleme: Mensch und Natur, Gleichheit und Ungleichheit)	Frauen beanspruchen die Menschenrechte: Freiheit und Gleichheit in modernen Gesellschaften (Leitprobleme: Herrschaft und Freiheit, Gleichheit und Ungleichheit)

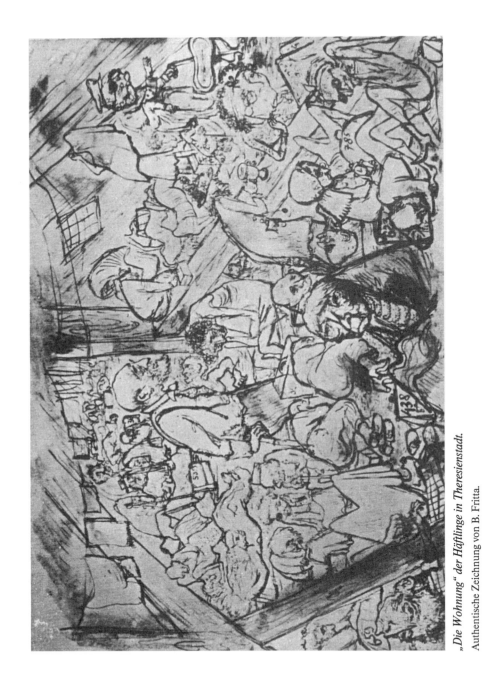

„Die Wohnung" der Häftlinge in Theresienstadt.
Authentische Zeichnung von B. Fritta.

Jaroslava Capmerová, Lenka Dvořáková, Marie Kuttová, Milena Sedlmayerová, Jana Vačkářová, Marie Vránová

Tschechische und deutsche Geschichtslehrbücher in der Praxis

Erfahrungen tschechischer Geschichtslehrer mit dem Unterrichtsthema „Zweiter Weltkrieg" in tschechischen und deutschen Lehrbüchern[*]

Im Rahmen eines Unterrichtsexperiments wurde das Thema „Zweiter Weltkrieg" an sechs tschechischen Schulen unter Benutzung tschechischer und deutscher Geschichtslehrbücher behandelt: an drei Hauptschulen (Oberstufen der tschechischen neunjährigen Grundschule), an einer Fachschule, einer Berufsschule und an einem Gymnasium.

Für das Experiment wurden folgende Lehrbücher herangezogen:
— Vratislav Čapek - Jaroslav Pátek - Otto Zwettler: Světové dějiny II [Weltgeschichte II]. Fortuna. Praha 1993 (ČAPEK/PÁTEK/ZWETTLER)
— Jiří Jožák: Druhá světová válka a československý odboj [Der Zweite Weltkrieg und der tschechoslowakische Widerstand]. Práce. Praha 1994 (JOŽÁK)
— Věra Olivová: Československá republika v letech 1918-1938 [Die Tschechoslowakische Republik in den Jahren 1918-1938]. Sciencia. Praha 1994 (OLIVOVÁ)
— bsv Geschichte. Bd. 4 N. Hrsg. von Karl-Heinz Zuber und Hans Holzbauer. Bayerischer Schulbuch-Verlag. München 1991 (BSV GESCHICHTE)
— Buchners Kolleg Geschichte. Weimarer Republik, Nationalsozialismus. Bernhard Pfändtner und Reiner Schell. Buchners. Bamberg 1994 (BUCHNERS)
— Die Reise in die Vergangenheit. Ausgabe für Hauptschulen in Niedersachsen. Bd. 3. Hans Ebeling und Wolfgang Birkenfeld. Westermann. Braunschweig 1993 (REISE IN DIE VERGANGENHEIT 3)
— Die Reise in die Vergangenheit. Ausgabe für Realschulen in Niedersachsen. Bd. 4. Hans Ebeling und Wolfgang Birkenfeld. Westermann. Braunschweig 1990 (REISE IN DIE VERGANGENHEIT 4)
— Spurensuche Geschichte. Anregungen für einen kreativen Unterricht. Bd. 4 (Von der Weimarer Republik bis zum Ende des Zweiten Weltkrieges). Hrsg. von P. Knoch. Klett. Stuttgart u. a. 1992 (SPURENSUCHE)

---

[*] Der Text wurde von R. Wohlgemuthová und Z. Beneš redigiert. Bearbeitung der deutschen Fassung: S. Dolezel.

- Unsere Geschichte. Bd. 4 (Von der Oktoberrevolution bis zur Gegenwart). Hrsg. von Wolfgang Hug u. a. Diesterweg. Frankfurt am Main 1988 (UNSERE GESCHICHTE)

Zusätzlich wurde im Unterricht eingesetzt:
- Jiří Doležal: Druhá světová válka a obnova ČSR [Der 2. Weltkrieg und die Wiederherstellung der ČSR]. SPN. Praha 1991 (DOLEŽAL)

Die Erfahrungsberichte aus den Schulen werden im folgenden unter Nennung der Autorinnen in gekürzter Form so wiedergegeben, daß die verschiedenen methodologischen Ansätze beim Umgang mit Lehrbüchern und bei der Beurteilung der ausgewählten Lehrbuchtexte nachvollziehbar bleiben.

I. Bericht: Jaroslava Capmerová, Hauptschule, Mělník

Die tschechischen Lehrbücher OLIVOVÁ und JOŽÁK und die deutschen REISE IN DIE VERGANGENHEIT 4 und BSV GESCHICHTE wurden an der Hauptschule in Mělník bei der Wiederholung des Unterrichtsstoffs zu den Ereignissen des Jahres 1938 eingesetzt. Die Lehrbuchtexte wurden sowohl untereinander als auch mit den Forschungsergebnissen der heutigen tschechischen Geschichtswissenschaft verglichen. In die Beurteilung wurden auch die Illustrationen sowie das didaktische Gesamtkonzept mit einbezogen.

Der Vergleich ergab, daß die Ereignisse des Jahres 1938 und ihre Folgen in den tschechischen und deutschen Lehrbüchern im Prinzip objektiv dargestellt sind. Begreiflicherweise wird ihre Schilderung in den tschechischen Lehrbüchern wesentlich emotionaler präsentiert. OLIVOVÁ (S. 82–85) bringt am Ende ihrer Darstellung auch Zitate aus Kunst und Literatur – Bilder von Josef Čapek aus seinem Zyklus Oheň [„Das Feuer"] und die Gedichte *Zpěv úzkosti [Das Lied von der Angst]* von František Halas und *Písnička o Paříži [Das Lied über Paris]* von Jaroslav Seifert – Werke, die auf die Bedrohung der Tschechoslowakischen Republik und auf das Münchner Abkommen unmittelbar reagierten, in ihrer Entstehungszeit die öffentliche Meinung stark beeinflußten und noch heute ihren künstlerischen Rang haben.

Das deutsche Lehrbuch BSV GESCHICHTE behandelt das Jahr 1938 in den Kapiteln „Die Sudetenkrise und das Ende der Tschechoslowakei". Es bringt neben der politischen Geschichte auch Angaben zur nationalen Zusammensetzung der Tschechoslowakischen Republik in den Jahren 1918–1938. Nach dem Anschluß Österreichs im März 1938 behandeln die Autoren die Tätigkeit Konrad Henleins und seiner Partei. In der Darstellung der Ereignisse um das Münchner Abkommen hebt das Lehrbuch die Politik der europäischen Großmächte und ihren Versuch hervor, durch ihre Appeasement-Politik einen Ausweg aus der Krise zu finden. Kritisch wird die Haltung Polens bewertet, das die Krise zur Besetzung des Teschener Gebiets nutzte, eines Territoriums, das nur zu etwa 50 % von tschechoslowakischen Bürgern polnischer Nationalität besiedelt war; die ungarischen Forderungen gegenüber der

ČSR werden hingegen nicht erwähnt. Nur kurz, in einem einzigen, die slowakische Frage behandelnden Absatz, wendet sich das Lehrbuch der Endphase des dramatischen Zerfalls der Tschechoslowakei im März 1939 zu. Es erinnert daran, daß die slowakische Regierung am 14. 3. 1939 die Selbständigkeit der Slowakei proklamiert hatte, so daß dem damaligen tschechoslowakischen Präsidenten Emil Hácha nichts anderes übrigblieb, als am nächsten Tag bei seinem Berlinbesuch das Schicksal der Resttschechoslowakei vertrauensvoll „in die Hände des Führers des Deutschen Reiches" zu legen.

Bei der Sichtung des Kartenmaterials fiel auf, daß im Lehrbuch BSV GESCHICHTE auf einer Europakarte 1939–1945 (S. 113) die im September 1938 an Deutschland angeschlossenen tschechoslowakischen Gebiete farblich abgesetzt und folglich nicht als unmittelbarer Bestandteil des Reichsgebiets dargestellt werden.

Die Lehrbücher JOŽÁK und BSV GESCHICHTE führen bei der Darstellung des Kriegsendes 1945 im Unterricht gut einsetzbares Zahlenmaterial zu den Kriegsopfern an. Hier ihre Angaben im Vergleich:

	tschechisches Lehrbuch	deutsches Lehrbuch	
	–	Soldaten	Zivilbevölkerung
Deutschland	6 500 000	4 192 000	2 674 000
UdSSR	28 000 000	13 600 000	7 000 000
Frankreich	650 000	340 000	470 000
Großbritannien	375 000	326 000	60 000
Italien	500 000	330 000	
Polen	6 000 000	320 000	4 200 000
Jugoslawien	1 700 000	410 000	1 128 000
USA	400 000	259 000	
Japan	2 500 000	1 200 000	600 000
ČSR	360 000		

Interesse und Reaktion der Schüler lassen auf ein sehr gutes didaktisches Niveau der tschechischen und deutschen Lehrbücher schließen. Die tschechischen Schulbücher sind in ihrer Darstellung anschaulicher, wohl deswegen, weil sie für jüngere Schüler bestimmt sind. Zitate von Kunstwerken und politischen Karikaturen tragen in beiden Schulbuchgruppen zur Motivation bei. Die Schüler fanden auch Niveau und Stil der Fragen und Aufgaben in den Lehrbüchern beider Länder gut, insbesondere die Tatsache, daß sie nicht nur fakten-, sondern auch problemorientiert waren.

II. Bericht: Marie Vránová, Hauptschule, Karlovy Vary

An der Hauptschule[1] in Karlovy Vary wurde das Thema „Der Zweite Weltkrieg" in zwei Klassen anhand eines tschechischen (JOŽÁK) und eines deutschen Lehrbuchs REISE IN DIE VERGANGENHEIT 3 parallel behandelt.

JOŽÁK stellt den Zweiten Weltkrieg auf 100 Seiten dar und liefert deshalb wesentlich mehr Informationen als alle anderen Lehrbücher. Allein 42 Seiten sind den Ereignissen auf dem Gebiet der ČSR gewidmet, 32 Seiten schildern den tschechoslowakischen Widerstand. JOŽÁK führt Namen von 70 Persönlichkeiten an; 10 sind Vertreter der faschistischen Großmächte, alle anderen kommen aus dem antifaschistischen Bereich, vorwiegend aus dem tschechischen und slowakischen Widerstand. Die Ereignisse sind chronologisch gegliedert und werden nach dem Schema Ursache – Verlauf – Ergebnis geschildert. Reiches Begleitmaterial, Karten, Skizzen, Fotografien und Abbildungen von Kunstwerken ergänzen den Text.

Leider bietet JOŽÁK keine Übersichtstabelle zu den beschriebenen Ereignissen. Gegen JOŽÁKs Terminologie ist einzuwenden, daß die Bezeichnung „Deutsche" häufig synonym für „Faschisten, Nationalsozialisten" verwendet wird: „... die Deutschen besetzten", „die Deutschen haben angegriffen" usw. Diese Wortwahl ist zwar meiner Meinung nach aus dem Zeitgeschehen verständlich, läuft jedoch heute Gefahr, im Bewußtsein der Schüler entsprechende Konnotationen auch auf die Gegenwart oder Zukunft zu projizieren. Im Unterricht muß man sich gegen solche Vereinfachungen entschieden wehren. In Karlovy Vary habe ich in jeder Klasse einen oder zwei Schüler, deren Eltern oder Großeltern deutscher Nationalität waren und in der Nachkriegstschechoslowakei geblieben sind. Ich möchte nicht, daß sich diese Kinder für etwas verurteilt fühlen, womit sie nicht in Verbindung gebracht werden können.

Das deutsche Lehrbuch REISE IN DIE VERGANGENHEIT 3 ist in der Darstellung des Stoffes und der Menge der Informationen weitaus bescheidener als das tschechische; es schildert diesen Abschnitt der Geschichte des 20. Jahrhunderts auf nicht mehr als 22 Seiten, Fotografien und weiteres Begleitmaterial mit eingeschlossen. Übersichtlich und methodisch vielseitig anwendbar sind eine chronologische Tabelle der Kriegsereignisse sowie entsprechende Europakarten (S. 92–93).

Auf der Suche nach Übereinstimmungen bei der Bewertung des Krieges in beiden Lehrbüchern wird man bereits bei der Gliederung fündig; einen Unterschied findet man nur bei der Periodisierung des Übergangs zwischen der zweiten und dritten Kriegsphase: Das deutsche Lehrbuch legt diesen Übergang auf den Anfang der Schlacht bei Stalingrad, das tschechische auf ihr Ende. Auch im deutschen Lehrbuch wird der meiste Platz dem eigenen Widerstand gegen den Nationalsozialismus eingeräumt (bei REISE IN DIE VERGANGENHEIT 3 insgesamt 5 Seiten); hier wird zwischen dem Widerstand in der

---

[1] Hauptschule mit erweitertem Mathematikunterricht

Arbeiterbewegung, dem jüdischen, dem kirchlichen Widerstand sowie dem Attentat auf Hitler vom 20. Juli 1944 unterschieden. Vier Seiten sind dem Rassismus und vor allem dem Holocaust gewidmet. Der Text nennt etwa 15 Persönlichkeiten, davon 4 Vertreter des nationalsozialistischen Regimes.

Wir haben im Unterricht anhand von REISE IN DIE VERGANGENHEIT 3 zunächst mit Hilfe der chronologischen Tabelle und des Kartenmaterials den Kriegsverlauf behandelt. Es folgten die Themenkreise Land-, See- und Luftkrieg, das Industrie-Duell der kriegführenden Großmächte, die Konzentrationslager, der Widerstand, schließlich die Gesamtbilanz des Krieges. Da die Texte verhältnismäßig kurz sind, habe ich sie um weitere Angaben ergänzt. Ausführlicher haben wir den Kriegsanfang in Polen, die Kapitulation und Besetzung Frankreichs, den Luftkrieg gegen England, den Angriff auf die UdSSR, die Schlacht bei Stalingrad und die Landung in der Normandie besprochen. Bei der Darstellung des Rassismus haben wir auf der Karte die Konzentrationslager lokalisiert und die Umstände ihrer Entstehung erklärt. Bei der Schilderung des antifaschistischen Widerstands habe ich den deutschen Widerstand weniger ausführlich behandelt und das Kapitel um Angaben zum tschechischen und slowakischen Widerstand erweitert.

Aus dem deutschen Lehrbuch gewinnen die tschechischen Schüler ein relativ einseitiges Bild vom Zweiten Weltkrieg. Aus tschechischer Sicht – natürlich nicht aus deutscher – räumt das deutsche Lehrbuch dem innerdeutschen Geschehen zuviel Platz ein, während die Darstellung der Geschehnisse in anderen Ländern unausgewogen bleibt. Über die Sudetengebiete wird hier ebenso wenig gesprochen wie über Böhmen, Mähren und die Slowakei. Unzulänglich scheint mir auch die Darstellung der Geschehnisse in Polen oder in der Sowjetunion. Ich meine, deutsche Kinder sollten auch erfahren, daß nicht nur deutsche Städte bombardiert wurden, sondern daß es zuerst die deutsche Luftwaffe war, die Bombenteppiche auf eine Reihe europäischer Städte gelegt hatte.

Gerade das Thema des Luftkriegs fesselte die Schüler am meisten; sie haben beispielsweise Referate über die Teilnahme tschechoslowakischer Flieger an der Schlacht um Großbritannien übernommen, selbst angefertigte Modelle von Flugzeugen aus dieser Zeit in die Schule mitgebracht usw. Über die Bombenschäden waren die Schüler schockiert.

III. Bericht: Milena Sedlmayerová, Hauptschule Středokluky bei Prag

Ich habe in der 8. Klasse der Hauptschule den Zweiten Weltkrieg anhand zweier tschechischer (JOŽÁK, OLIVOVÁ) und zweier deutscher Lehrbücher UNSERE GESCHICHTE und BSV GESCHICHTE behandelt. Bei ihrem Einsatz hat mich vor allem interessiert, wieviele Informationen sich die Schüler aneignen und wie sie den Stoff mit Hilfe des Lehrbuchs bewältigen sollen.

Das Bildmaterial stellt einen didaktisch bedeutenden Bestandteil von Geschichtslehrbüchern dar, es erregt die Aufmerksamkeit – insbesondere der jüngeren – Schüler zuerst. In der folgenden Tabelle hierzu die tschechischen und deutschen Lehrbücher im Vergleich:

	tschechische Schulbücher			deutsche Schulbücher
	OLIVOVÁ	JOŽÁK	insgesamt	deutsche
Fotos	9	82	91	28
Bilder und Plakate	5	10	15	–

Der Vergleich fällt eindeutig zugunsten der tschechischen Lehrbücher aus. Ihr größerer Bildanteil erklärt sich aus der Tatsache, daß sie für jüngere Schüler bestimmt sind.

Anders fällt der Vergleich der Texte aus. Der darstellende Text kommt mir in den tschechischen Lehrbüchern zu anspruchsvoll vor, einzelne Kapitel sind zu lang und mit den verschiedensten Angaben überfrachtet. Da die benutzten tschechischen und deutschen Lehrbücher ein ähnliches Layout haben, konnte ich einen quantitativen Vergleich anstellen:

	tschechische Schulbücher			deutsche Schulbücher
	OLIVOVÁ	JOŽÁK	insgesamt	deutsche
Anzahl Kapitel zum Zweiten Weltkrieg	1	16	17	4
Anzahl Seiten zum Zweiten Weltkrieg	11	100	111	42
Umfang des Darstellungsteils: – Seiten – Zeilen	11 320	86,5 2869	97,5 3189	8 827
Umfang der Informationen – Zeitangaben – davon präzise Daten – Personennamen	30 16 13	268 64 89	298 80 102	75 27 34

Der Vergleich zeigt, daß der Umfang des darstellenden Textes in den deutschen Lehrbüchern 2,6mal kleiner ist als in den tschechischen. Dies resultiert daraus, daß deutsche Lehrbücher einen weit größeren Nachdruck auf die Arbeit mit Geschichtsquellen legen. Hierzu die folgende Tabelle:

	deutsche Lehrbücher			
Kapitel	Darstellung	Quellen, ergänzt durch Fragen und Aufgaben		
	Anzahl Seiten	Anzahl Seiten	Anzahl Quellenzitate	Anzahl Aufgaben zu den Quellen
1.	2	5,5	16	14
2.	2	4,3	13	14
3.	2	7,5	15	18
4.	2	7,5	14	14
Summe	8	24,8	58	60

Die zur Interpretation der Quellen in den Text integrierten Fragen und Aufgaben finde ich gut. Sie führen durch ihre Formulierung (Erkläre ..., sprich über ..., berichte ... oder interpretiere direkt den Inhalt des Dokumentes!) die

Schüler zum selbständigen Denken und zur Herausbildung einer eigenen Meinung.

Die tschechischen Lehrbücher zitieren als Quellen nicht nur amtliche und private Dokumente, sondern auch Material, das von der Mentalität der zu behandelnden Zeit zeugt, Textproben aus der Belletristik, Anekdoten etc. Quellen dieser Art fanden wir in den deutschen Lehrbüchern nicht. Aus einem Vergleich der Gesamtzahl der in den Lehrbüchern zitierten Quellen gehen die deutschen Lehrbücher ganz eindeutig als Sieger hervor:

	tschechische Schulbücher			deutsche Schulbücher
	OLIVOVÁ	JOŽÁK	insgesamt	deutsche
Anzahl der Quellenzitate – Belletristik – Dokumente	3 3	4 13	7 16	1 58

Die deutschen Lehrbücher sind auch insofern didaktisch gut konzipiert, als sie – jeweils am Ende eines Kapitels – ein Glossar der wichtigsten Begriffe, eine Tabelle der Hauptdaten und ein Verzeichnis der im Text zitierten Quellen sowie Angaben zu weiterführender Literatur enthalten.

Tschechische Lehrer wie Schüler interessiert selbstverständlich, wie und inwieweit tschechische Geschichte in deutschen Lehrbüchern präsent ist. In dieser Hinsicht kann ich mit den deutschen Lehrbüchern keineswegs zufrieden sein. Von der Geschichte der Kriegszeit auf dem Gebiet der Tschechoslowakei ist in ihnen eigentlich nicht die Rede. Die einzige Ausnahme bildet die Darstellung des Kriegsausbruchs (UNSERE GESCHICHTE), im Rahmen derer auf einer halben Seite (was jedoch ein Viertel des gesamten Kapitels ausmacht) die Lage in den Sudetengebieten, das Münchner Abkommen, die Okkupation der Tschechoslowakei im März 1939 sowie die Errichtung des Protektorats Böhmen und Mähren behandelt werden. Hier werden auch die beiden Fotografien wiedergegeben, die oft auch in tschechischen Lehrbüchern erscheinen: ein Gruppenfoto der Signatare des Münchner Abkommens und ein Foto vom Einmarsch der deutschen Wehrmacht in Prag am 15. 3. 1939.

Ich fasse zusammen: Die deutschen Lehrbücher sind didaktisch besser durchdacht als die tschechischen. Diese hingegen bringen mehr Fakten und ergänzen das Kriegsbild durch die Reflexion des Krieges in Literatur und bildenden Künsten sowie im Alltagsleben (zeitgenössische Anekdoten); darin darf man ihren Vorteil sehen. Der Nachteil der deutschen Lehrbücher besteht darin, daß sie nur mangelhaft Informationen über Ereignisse der tschechischen Geschichte liefern, die für die Geschichte des Zweiten Weltkriegs von allgemeiner Bedeutung waren, z. B. die Schließung der tschechischen Hochschulen am 17. 11. 1939, das Attentat auf R. Heydrich oder die Vernichtung von Lidice.

IV. Bericht: Jana Vačkářová, Berufsschule, Plzeň

Für den Vergleich tschechischer und deutscher Lehrbücher standen mir folgende Werke zur Verfügung: ČAPEK/PÁTEK/ZWETTLER, JOŽÁK, SPURENSUCHE, REISE IN DIE VERGANGENHEIT 4, BUCHNERS und BSV GESCHICHTE.

Die Texte der Lehrbücher SPURENSUCHE, REISE IN DIE VERGANGENHEIT 4, BUCHNERS und BSV GESCHICHTE unterscheiden sich voneinander zwar in ihrem Umfang, stimmen jedoch in ihrer Gliederung und Auffassung des Stoffes überein, was von einer durchdachten Konzeption des Geschichtsunterrichts in Deutschland zeugt. Der Lehrstoff zum Zweiten Weltkrieg knüpft organisch an das vorangegangene Kapitel „Der Nationalsozialismus" an; nur bei BSV GESCHICHTE ist der Lehrstoff zu beiden Themen in einem einzigen Kapitel („Der Nationalsozialismus und der 2. Weltkrieg") zusammengefaßt. In allen Lehrbüchern ist der Behandlung des Nationalsozialismus ein weit größerer Raum gewidmet als der Schilderung des Zweiten Weltkriegs. Auch die Strukturierung des Stoffs ist in allen Lehrbüchern ähnlich: Es werden zuerst der Kriegsverlauf, dann das Leben im NS- besetzten Europa und zuletzt der antifaschistische Widerstand erläutert. Der Kriegsverlauf wird chronologisch geschildert, der Text ist immer knapp, prägnant, objektiv. Er wird in kurze Absätze gegliedert, die entweder durch Überschriften oder Marginalien übersichtlich gekennzeichnet sind. Die Darstellung der militärischen Operationen wird durch zahlreiche Karten, Pläne und Diagramme ergänzt. Dem Krieg in Asien widmen REISE IN DIE VERGANGENHEIT 4 und BSV GESCHICHTE ein wenig mehr Aufmerksamkeit als die anderen Lehrbücher.

Alle Lehrbücher, mit denen ich gearbeitet habe, ziehen in starkem Maße Erkenntnisse der Alltagsgeschichte heran. Dies ist insbesondere bei der Darstellung des Geschehens in Deutschland und in den besetzten europäischen Ländern der Fall. Die Betonung der Alltagsgeschichte wird – über die Darstellung des Geschichtsverlaufs hinaus – auch in der Auswahl der Quellen (Briefe, Zitate aus der Kriegs- und Nachkriegspresse) sowie im begleitenden Bildmaterial deutlich. Mit großer Aufmerksamkeit wird auch die jüdische Frage und der Holocaust behandelt. Unter den Lehrbüchern für ältere Schüler befaßt sich ein nicht geringer Teil mit dem innerdeutschen antifaschistischen Widerstand; in dieser Hinsicht sind die Passagen bei BUCHNERS die ausführlichsten.

Alle Lehrbücher haben ein sehr gutes didaktisches Konzept. Sie sind übersichtlich gegliedert und reich an Text- und Bildbeilagen. In jedem Lehrbuch kann man eine übersichtliche Zusammenfassung des Kriegsverlaufs und seiner Folgen finden. Die zum Einprägen bestimmten Grunddaten sowie Kontrollfragen und Anregungen für die selbständige Arbeit werden hervorgehoben. Das Layout der Lehrbücher ist von hohem Niveau.

Ich unterrichte an einer Berufsschule, an der es ein fünfjähriges Curriculum mit Abitur mit zwei Jahren Geschichte bei drei Unterrichtseinheiten pro Woche und ein Curriculum ohne Abitur (mit zwei Jahren Geschichte bei zwei Unterrichtseinheiten pro Woche) gibt; ich interessierte mich vor allem für die Lehrbücher REISE IN DIE VERGANGENHEIT 4 und BSV GESCHICHTE, weil sie diesem Schultyp am meisten entsprechen. Man kann diese Lehrbücher allerdings für das Thema „Der Zweite Weltkrieg" an tschechischen Schulen nicht systematisch einsetzen, da sie fast völlig die tschechische Geschichte, vor allem die Protektoratsgeschichte, ausblenden.

Am Lehrbuch REISE IN DIE VERGANGENHEIT 4 schätze ich vor allem seine knappe und übersichtliche Darstellung. Im Unterricht ist insbesondere eine Tabelle sehr gut verwendbar, die markante Wendepunkte des Kriegsverlaufs zusammenfaßt (S. 86–87) und von vier übersichtlichen kleinen Karten ergänzt wird. Eine Behandlung des gleichen Themas können die tschechischen Schüler auch im Lehrbuch ČAPEK/PÁTEK/ZWETTLER oder im Schulatlas der Weltgeschichte finden; das deutsche Lehrbuch ist jedoch knapper und übersichtlicher. Instruktiv wirken auch weitere Tabellen (Vergleich der Rüstungsproduktion der kriegführenden Staaten, Opfer von Krieg und Verfolgung). Die Bilder- und Quellenzitate sind für den Unterricht besonders wertvoll. Hervorzuheben ist die Objektivität bei der Auswahl der Fotografien.

Meine Aufmerksamkeit hat auch das verhältnismäßig große Interesse an der jüdischen Problematik erregt (6 von insgesamt 31 Seiten des Kapitels „Der Zweite Weltkrieg" im Buch REISE IN DIE VERGANGENHEIT 4). In diesem „Der Rassenvernichtungskrieg" bezeichneten Abschnitt nehmen Fotografien, Dokumente und Zahlenangaben über die jüdischen Opfer den meisten Platz ein. Aus der Darstellung geht deutlich hervor, daß der Holocaust in der BRD ein Thema von besonderem Gewicht ist. Da die Darstellung in diesem Lehrbuch vor allem emotional ausgerichtet ist, kann man sie auch an tschechischen Schulen sehr gut benutzen.

Den innerdeutschen antifaschistischen Widerstand (der in REISE IN DIE VERGANGENHEIT 4 46 Seiten einnimmt) kann man hingegen nicht so ausführlich behandeln, wie es an deutschen Schulen notwendig ist. Das Kapitel kann freilich für einen Vergleich mit dem Widerstand im Protektorat oder in anderen okkupierten Ländern herangezogen werden (siehe z. B. die Aufgabe auf der S. 105). Der Schluß dieser thematischen Einheit („Ein Rückblick nach 40 Jahren") ist auch aus tschechischer Sicht sehr hilfreich: Das Lehrbuch zitiert hier die Rede R. von Weizsäckers und fordert die Schüler auf, sechs Fragen zur Beurteilung des Krieges zu beantworten. Ich schätze vor allem die Möglichkeit einer retrospektiven Sicht, aus der die Schüler die Kontinuität eines geschichtlichen Prozesses besser begreifen können. Mit einer geeigneten

Rede eines tschechischen Politikers ließe sich natürlich derselbe Effekt erzielen.

Trotz aller Übereinstimmungen bei der Darstellung des Zweiten Weltkriegs in den deutschen Lehrbüchern findet man unter ihnen auch wesentliche Unterschiede. Das Lehrbuch REISE IN DIE VERGANGENHEIT 4 widmet beispielsweise dem Thema 31 Seiten, BSV GESCHICHTE hingegen nur 18. Dieses Lehrbuch enthält auch weniger ganzseitige Bilder; Quellen und Dokumente sind mit kleiner Schrift am Rand der Darstellung untergebracht. Vom Inhalt her ist die Darstellung des Zweiten Weltkriegs in drei Teile gegliedert: Kriegsverlauf, „Europa unter nationalsozialistischer Herrschaft" und „Die Deutschen und der Nationalsozialismus". In jedem Kapitel folgt eine weitere Untergliederung mit Überschriften und Marginalien. Der Kriegsverlauf wird übersichtlich auf den ersten sechs Seiten erläutert. Neben der Beschreibung der militärischen Aktionen werden hier auch wichtige diplomatische Verhandlungen angeführt.

Im Abschnitt „Europa unter nationalsozialistischer Herrschaft" behandeln die Autoren den antifaschistischen Widerstand, den totalen Einsatz der Zwangsarbeiter, den Alltag der Deutschen einschließlich ihres Leidens unter den Bombardierungen gegen Kriegsende. Der Text wird durch Tabellen und Dokumente ergänzt. Sehr beeindruckend ist das Foto junger Soldaten – die eigentlich noch Kinder sind – vor ihrem Kriegseinsatz sowie Zitate aus einem während der Schlacht bei Stalingrad geschriebenen Brief eines deutschen Soldaten. Das Lehrbuch gibt keine Urteile vor, zu ihnen soll der Schüler in Zusammenarbeit mit dem Lehrer gelangen.

Als ich den Vergleich mit den neuen tschechischen Lehrbüchern zog, waren die Lehrbücher JOŽÁK und ČAPEK/PÁTEK/ZWETTLER bereits erschienen, Světové dějiny 20. století ["Die Weltgeschichte des 20. Jahrhunderts"] von J. und J. Kuklík im Druck. JOŽÁK verbindet die Geschichte des Zweiten Weltkriegs mit der Realität im Protektorat Böhmen und Mähren in adäquater Weise. Es handelt sich um ein anschauliches, sprachlich und stilistisch verständliches Lehrbuch, das ein gutes didaktisches Konzept hat und in seinem Layout mit den deutschen Lehrbüchern vergleichbar ist. Von ähnlicher Qualität ist auch das Lehrbuch ČAPEK/PÁTEK/ZWETTLER.

Die deutschen Lehrbücher sind knapper und übersichtlicher als die tschechischen; ihnen geht ein besser durchdachtes inhaltliches und methodisches Konzept des Geschichtsunterrichts – und somit der Stoffauswahl – voraus. Sie entsprechen deshalb auch besser den konkreten Alltagsbedürfnissen der Lehrer.

Am Ende meines Referats möchte ich noch auf das Lehrbuch SPURENSUCHE eingehen. Es ist wohl – wie ich aus den einleitenden Bemerkungen zum ersten der didaktischen „Spiele" schließe – vor allem für einen Unterricht in Seminarform bestimmt, der bereits solide Kenntnisse der Epoche voraussetzt. Die Schüler sollen die Bestialität des Nationalsozialismus begreifen, sich ihrer bewußt werden, sie empfinden. Dazu dienen einige Modellsituationen, die beispielsweise die Zwangsarbeit von Juden, die letzten Tage einer Strafgefangenen in der Todeszelle oder das Konzentrationslager zum Thema haben. Die Idee eines kreativen Unterrichts ist zweifellos anregend; mir scheint sie jedoch in diesem Fall kaum realisierbar.

Gewiß haben Modellsimulationen keine geringe erzieherische Bedeutung. Geschichte ist zwar ein wissenschaftliches Fach, aber auch sehr gefühlsgeladen. Der tschechische Schüler lernt freilich Empathie, d. h. die Fähigkeit, sich mit anderen zu identifizieren, nicht nur im Geschichtsunterricht. In höherem Maße begegnet er ihr in Unterrichtsfächern mit größerem erzieherischen Effekt, in der ästhetischen und literarischen Ausbildung und in der Psychologie. Die Ergebnisse dieser Unterrichtsfächer kann auch der Geschichtslehrer nutzen. Ich meine, daß in Unterrichtsstunden mit literarischer Thematik eine ähnliche Wirkung erzielt werden kann wie bei einem didaktischen „Spiel" im Fach Geschichte. Trotz meiner Skepsis möchte ich einige dieser „Spiele" praktisch erproben und das Ergebnis mit den Resultaten vergleichen, die mit Hilfe traditioneller Methoden erreicht werden.

Ich bin mir dessen bewußt, daß die Schule bei weitem nicht allein Erziehung und Bildung beeinflußt und daß die jeweiligen Unterrichtsfächer zur Erziehung und Bildung auf verschiedene Weise beitragen. Der Geschichtsunterricht sollte die Schüler dazu anleiten, über Geschichte vor allem nachdenken zu können – und dadurch auch über unsere (seine) Gegenwart und über den Platz, den jeder Einzelne (also auch er selbst) einnimmt bzw. einnehmen will. Die Lehrbücher, die mir zur Verfügung standen, helfen entschieden, dieses Ziel zu erreichen.

V. Bericht: Marie Kuttová, Fachschule für Maschinenbau, Kladno

Ich habe an der Fachschule in Kladno das Thema „Der Zweite Weltkrieg" parallel in zwei Klassen des ersten Jahrgangs behandelt, in einer Klasse (26 Schüler) anhand tschechischer Lehrbücher (ČAPEK/PÁTEK/ZWETTLER und DOLEŽAL), in der anderen (22 Schüler) anhand eines deutschen (REISE IN DIE VERGANGENHEIT 4). Ein einfacher Vergleich zeigt bereits, daß sich die zitierten tschechischen Lehrbücher vom deutschen deutlich in der Darstellung des Stoffes unterscheiden. REISE IN DIE VERGANGENHEIT 4 schildert den Krieg nicht als bloße Folge von Ereignissen, sondern als ein Ergebnis verschiedener Prozesse und „Teilkriege".

Für die Diskussion der Ambivalenz des technischen Fortschritts in unserem Jahrhundert kann man beispielsweise den Abschnitt „Der Luftkrieg" gut einsetzen. Hier wird in übersichtlicher Form über die militärische Bedeutung des Luftkriegs sowie über seine Zerstörungskraft informiert. Der Abschnitt schließt mit einer detaillierten Schilderung der Bombardierung von Heilbronn, die sehr beeindruckend ist, weil sie auf Kontrasten aufbaut. Auf Kontrasten basieren auch weitere Teile des Lehrbuchs, so z. B. die Darstellung des Industriekriegs. Hier wird den Schülern gezeigt, welche Bedeutung die Industrieproduktion für die Kriegführung und deren Erfolg hatte. Es ging nicht mehr um einen Krieg der Menschen, sondern um einen Krieg organisierter technisch-sozialer Komplexe. Im Kontrast hierzu steht das Kapitel über den Rassenkrieg gegen die Juden mit dem ausführlichen Auschwitz-Bericht von R. Hess. Das Kapitel schließt mit statistischen Details über die „Ergebnisse" des Holocaust. Nüchterne Zahlen über den schrecklichen Untergang der jüdischen Bevölkerung in Europa beleuchten so in einem weiteren Kontrast die schrecklichste Seite des Krieges.

Aufmerksamkeit verdient auch das Kapitel „Der Krieg in Asien 1941–1945", nicht zuletzt, weil diese Region hierzulande in den vergangenen Jahrzehnten kaum behandelt wurde. Die von diesem Schulbuch gelieferte knappe Übersicht über das Kriegsgeschehen in Asien ist für das Verständnis des gesamten Kriegsverlaufs wertvoll. Den Höhepunkt dieser Darstellung bildet der Abwurf der Atombombe auf Hiroschima, der den Beginn einer qualitativ neuen Kriegsgefahr markierte.

Auch das gute sprachliche Niveau des deutschen Lehrbuchs sollte nicht unerwähnt bleiben. Der Dramatik der Schilderung entspricht stilistisch z. B. der Wechsel langer Satzgefüge mit kurzen, bisweilen sogar eingliedrigen Sätzen. Eine solche Stilistik ist in tschechischen Lehrbüchern bisher nicht üblich.

Ich hatte den Stoff in drei Unterrichtseinheiten gegliedert. Von Anfang an zeigte sich, daß die anhand des deutschen Lehrbuchs unterrichtete Klasse aufnahmefähiger war. Die Schüler reagierten beispielsweise sehr sensibel auf die Schilderung des Konzentrationslagers Auschwitz oder des Atombombenabwurfs auf Hiroschima. Selbstverständlich kannte bereits mehr als die Hälfte der Schüler zumindest die Grundfakten, doch trugen die emotional gefärbte Schilderung im Text sowie das gut ausgewählte Quellenmaterial dazu bei, daß die Schüler sich in weit größerem Maß dessen bewußt wurden, wie ambivalent die Entwicklung von Technik und Zivilisation im 20. Jahrhundert ist.

Als für die Bewältigung des Stoffs sehr gut geeignet und als erzieherisch wirksam scheinen mir die Fragen und Aufgaben; sie werden durch gut ausgewählte Quellen ergänzt, so z. B. durch Fotografien von Kriegsgefangenen oder vom Luftangriff auf Berlin im Jahre 1943. Zur erstgenannten Fotografie gehört die Aufgabe: Versuche dich, in das Schicksal der Menschen hineinzuversetzen! Was haben sie wohl hinter sich, was vor sich? Andere Fragen sind begriffsorientiert: die Schüler sollen erklären, was sie unter den Begriffen Eid, Ehre, Treue, Würde, Freiheit verstehen.

Zum Abschluß des Themas habe ich in beiden Klassen in Anlehnung an die Aufgaben des deutschen Lehrbuchs einen aus sechs Fragen bestehenden Kontrolltest durchgeführt.
1) Bis wann hatte die „Blitzkrieg-Strategie" Hitlers Erfolg?
2) Warum gab es für Deutschland keine Chance, den Krieg zu gewinnen?

3) Aus welchen Gruppen und Schichten des deutschen Volkes wurde Widerstand geleistet?
4) Welchen Sinn konnten die Mitglieder der „Weißen Rose" in ihrem Handeln sehen?
5) Jeder Soldat, jeder Offizier ist durch einen Eid zum Gehorsam verpflichtet. Wie siehst du das Problem Eid und Widerstand?
6) Wie unterschied sich der Widerstand in Deutschland gegen den Nationalsozialismus von dem in den besetzten Gebieten?

Für die Fragen 2–6 habe ich mich entschieden, weil sie für tschechische Schüler ungewohnt sind; man erfährt aus tschechischen Lehrbüchern nichts über einen innerdeutschen Widerstand gegen den Nationalsozialismus. An der Problematik „Treue", „Eid" und „Widerstand" waren die Schüler sehr interessiert. Ihre Antworten auf die ersten vier Fragen waren nahezu völlig identisch. Auf Frage 5 antworteten vier von 48 Schülern, ein Eid sei einzuhalten; die anderen waren sich darin einig, daß man ihn brechen dürfe, wenn seine Einhaltung einen Schaden nach sich zieht. Alle Schüler stimmten in ihrer Antwort auf Frage 6 überein, daß der antifaschistische Widerstand in Deutschland nur schwach gewesen sei und sich vorzugsweise in gewaltlosen Formen geäußert habe (z. B. Flugblattaktionen); in den besetzten Ländern hingegen habe man bewaffneten Widerstand geleistet. Am meisten diskutierten die Schüler die Fragen 5 und 6.

Obwohl mir für die Behandlung des Zweiten Weltkriegs nur ein knappes Zeitkontingent zur Verfügung stand, bin ich davon überzeugt, daß dieser Geschichtsunterricht die Schüler über das bloße Memorieren von Fakten hinaus zum Nachdenken gebracht hat. Welchen erzieherischen Wert hat das Nachsprechen auswendig gelernter Sätze wie „unter den Konzentrationslagern gelangte Auschwitz, in dessen Gaskammern rund 4 Millionen Menschen starben, zu trauriger Berühmtheit" oder „die amerikanischen Luftstreitkräfte warfen am 6. 8. 1945 eine Atombombe auf Hiroschima und am 9. 8. 1945 eine zweite auf Nagasaki"? Solchen Sätzen sollten wir die Überlegungen zu Hess' Bericht über Auschwitz oder die dramatische Schilderung des ersten Atombombenabwurfs gegenüberstellen. Die Wirkung in den Klassen war – angesichts der absoluten Stille beim Vorlesen dieser Texte – offenkundig; die Schüler wurden sich dessen bewußt, was sich hinter den nüchternen Zahlen verbirgt.

VI. Bericht: Lenka Dvořáková, Gymnasium Arabská ulice, Praha

Mein Beitrag muß von denjenigen meiner Kolleginnen insofern abweichen, als mir in meiner Gymnasialklasse aus besonderen Gründen für den Schulbuchtest nur sechs Schüler zur Verfügung standen, die allerdings ein besonderes persönliches Interesse für das Fach Geschichte hatten; vier von ihnen wollten nach dem Abitur Geschichte studieren, zwei sogar in der Fächerkombination Geschichte-Germanistik. Aus dem deutschen Lehrbuchangebot habe ich UNSERE GESCHICHTE ausgewählt.

Alle Schüler stellten übereinstimmend fest, daß sich die tschechischen und das deutsche Lehrbuch weder im Umfang noch in der Darstellung allzusehr unterscheiden. Sie hielten es für selbstverständlich, daß im deutschen Lehrbuch mehr Aufmerksamkeit dem Geschehen in Deutschland gewidmet ist, in den tschechischen Lehrbüchern wiederum mehr Platz dem Geschehen im Protektorat und in der Slowakei sowie dem tschechischen Widerstand im Ausland eingeräumt wird. Neu waren für die tschechischen Schüler die Informationen über den antifaschistischen Widerstand in Deutschland. Sie bewerteten positiv, daß sich ein Viertel des Kapitels über den Zweiten Weltkrieg mit der Vernichtung der unterjochten Nationen sowie mit Äußerungen des Widerstands gegen die nationalsozialistische Unterdrückung nicht nur in Deutschland, sondern auch in den okkupierten Ländern befaßt.

Allen Schülern gefiel das didaktische Niveau der Lehrbücher. Sie hoben hervor, daß der Darstellungsteil durch Karten, Tabellen, Quellenzitate sowie Fragestellungen und Aufgaben vorzüglich ergänzt war und ihnen ermöglichte, sich selbst an der Interpretation zu beteiligen.

Abschließend stellten die Schüler zu ihrer Überraschung fest, daß die Darstellung von UNSERE GESCHICHTE im Vergleich zu tschechischen Lehrbüchern einfacher – geradezu erzählerisch – konzipiert und für Schüler, die nicht Deutsch als Muttersprache haben, gut verständlich ist. Während einer der Schüler bezweifelte, daß dieses Lehrbuch tatsächlich für den Gymnasialunterricht verfaßt worden sei, hielt ein anderer den eingängigen Text dieses Lehrbuchs für seinen Vorteil: es erleichtere den Schülern die Interpretation und Beurteilung der Vergangenheit. Tschechische Lehrbücher tendierten hingegen – so war die allgemeine Meinung – dazu, fertige Urteile vorzugeben.

Obwohl man aus den Äußerungen dieser kleinen Schülergruppe keine weitreichenden Schlußfolgerungen ziehen kann, bin ich doch der Meinung, daß sie nicht ohne einen gewissen Aussagewert sind. Genauere Ergebnisse könnte man nur von einer koordinierten und wesentlich breiter angelegten Forschung erwarten.

Die Vertreibung der Deutschen aus dem Zentrum von Prag-Modřany. Aufnahme vom 16. Mai 1946
Quelle: ČTK 67489/4

Diskussionsverlauf II

Themenfeld: Lehrpläne, Schulbücher, Unterrichtspraxis

F. SEIBT:
Ich muß zunächst einmal sagen, daß ich die Referate von Herrn Beneš und Herrn Berger-v. d. Heide für mich selber ganz aufregend fand. Das will ich schnell erklären. Sie reflektieren nämlich, daß in unseren beiden national sehr unterschiedlichen Gesellschaften zunächst einmal sehr unterschiedliche Probleme die Diskussion kennzeichnen. Ich bin sicher, daß der Herr Kollege Beneš im Bewußtsein eines viel stärkeren Engagements tschechischer Schüler am Geschichtsunterricht ganz andere Gedankengänge verfolgt, als solche, die uns Herr Berger-v. d. Heide präsentierte. Sein anregender Vortrag war geprägt von einer gewissen Hintergründigkeit: Unsere Schüler sind durchaus zu motivieren, aber es muß vielleicht nicht gerade nur der Unterricht sein.
　Zweitens will ich Ihnen sagen, daß ich auch einen ganz persönlichen Grund habe, mich sehr zu engagieren. Ich war nämlich 10 Jahre Studienrat in München, und ich war Geschichtslehrer. Am Schluß war ich sogar Seminarleiter und Herr Berger-v. d. Heide hat ja schon auf seine amüsante Weise einmal eine Bemerkung gemacht, die den weiter nördlichen deutschen Raum geradewegs polarisiert hat zum bayerischen Schulwesen. In Bayern ist nämlich zu meinen Zeiten konsequent an der Lernschule festgehalten worden. Ich kann mich erinnern, daß es eine Diskussion gab um den Fremdsprachenunterricht. Da hat man die bayerischen Lehrbücher kritisiert, weil sie zu sehr auf das Lernen abgestellt waren. Die Antwort des Autors, das war auch zufällig mein Direktor, war: Sie haben das nicht richtig verstanden; was Sie kritisieren, ist kein Fehler, sondern Absicht. [...]
　Aus meinen Erfahrungen sollte man einen Geschichtslehrer wirklich nicht überschätzen. Wenn man das alles richtig machen will, was hier in den vorgelegten Papieren steht, dann erfordert dies einiges! Unter den vorgestellten Richtlinien finde ich keine, mit der ich ganz zufrieden wäre, ganz abgesehen von der, bei der man Grund- und Leistungskurse liefern kann ohne den Nationalsozialismus – das halte ich für nicht erträglich. Aber davon abgesehen, ein intelligenter Lehrer kann wirklich mit so etwas schon mehr anfangen, als wenn er am Rückgrat der Chronologie sich entlang hangelt und dann in der Situation ist, die eine Schülerumfrage von 1956 und 1957 an den Tag brachte: Die langweiligsten Unterrichtsfächer sind Geschichte und Religion. Daß sie langweilig sind, ist ein Fehler. Und doch glaube ich, daß die Probleme denen ähneln, die der tschechischen Situation entspringen, obwohl diese eine völlig andere ist. Sie fangen jetzt an, einen bestimmten Kreis – und das hat Herr Dr. Beneš doch sehr schön gezeigt – von ideologischen Verdächtigungen zu besprechen. Das ist eine ganz wichtige Angelegenheit. Es geht um die Aufarbei-

tung der letzten 56 Jahre. Und dennoch entsteht das gleiche Grundproblem. Nicht weil ich mich dieses Fach einigermaßen zu vertreten bemühe, sondern aus meiner menschlichen Erfahrung würde ich sagen: Geschichte ist das Unterrichtsfach, das einem heranwachsenden Menschen am wenigsten angemessen ist. Es ist am schwersten. Sie können einen Schüler sehr genau in der biologischen Physiologie belehren; es gibt Leistungskurse an unseren Schulen, die haben ohne weiteres Universitätsniveau. [...] Oder anders gesagt: In Geschichte ist alles furchtbar schwer, da sie nicht Zahlen unterrichten können, sondern über das menschliche Verständnis arbeiten müssen, und das menschliche Verständnis der Zeit, das vor allem, scheint das allerschwierigste. Abgesehen davon: Noch schwieriger ist vielleicht überhaupt das Verständnis der menschlichen Psyche. Ohne das geht es aber nicht. Und der Unterricht in Politik setzt vielfach eben da an, wo Geschichte aufhört. Für sehr schlimm halte ich die zeitliche Reduktion des Unterrichts auf eine Stunde in der Woche. Ein Fach, das sie in der Woche nur einmal unterrichten, ist für den Kontakt zwischen Lehrer und Schüler nutzlos. In diesem Sinne ist es jetzt eben für unsere Überlegungen und für unsere Begegnung so interessant zu sehen: Im Grunde haben die tschechischen Kollegen die gleichen Probleme, aber auf einer ganz anderen Entwicklungsstufe. Sie haben ja in den letzten 50 Jahren auch eine besondere Entwicklung gehabt; sie sind nicht zurück, sie sind nur woanders.

Seit 200 Jahren gibt es eine wachsende Anzahl von jungen Menschen, die die gesamte Gesellschaft umformen wollen. Das wollten sie tun durch fundamentale Bildung, durch fundamentale Politisierung und durch eine intellektuelle Elitenauswahl. Hier an diesem Haus, dem Collegium Carolinum in Prag, haben nicht zuletzt viele an dieser Aufgabe mitgewirkt. [...] Kurzum: Die Intellektuellen, die politischen Intellektuellen haben die jeweilige Gesellschaft umformen wollen, jetzt wurde sie umgeformt und jetzt dürfen wir fragen: Wie steht's denn mit der Fundamentalisierung der Bildung? Haben wir wirklich eine neue Entwicklung geschaffen? Ich hoffe, daß es Ihnen gelungen ist, meine tschechischen Kolleginnen und Kollegen. Uns ist es nicht gelungen, weil wir aus politischer Nachlässigkeit und aus Angst versäumt haben, der generellen, finanziellen Bildungsförderung ein gehöriges Ausleseverfahren an die Seite zu stellen. [...] Überlegen Sie doch einmal, was das bedeutet, wirklich eine intellektuelle Eliteauslese zu betreiben. Ich bin weit davon entfernt, den Optimismus oder die Utopie der Intellektuellen der letzten 200 Jahre zu verfolgen. Aber eine entsprechende Auswahl unserer politischen Eliten, die fehlt ja eigentlich. [...]

Im ganzen muß ich sagen – und ich lobe sehr ungern mein eigenes Land, noch dazu das eigene Fach – mir scheint eine Umsetzung der anspruchsvollen Lernziele des heutigen Geschichtsunterrichts durchaus möglich zu sein – bei einem sehr, sehr guten Lehrer. Damit ist im Prinzip das Erfordernis von Lehre sehr hochzustellen. Wenn man sich vorstellt, was man so unter Demokratie nach diesem Gesichtspunkt vermitteln kann, halte ich heutige Unterrichtskonzeptionen jedenfalls für den besseren Weg, als den, an dem wir seinerzeit vor 40 Jahren gekaut haben. Und wir kommen nun zurück zu dem Vortrag von Herrn Berger-v. d. Heide und Herrn Beneš: Ich kann nur hoffen, daß Sie in Tschechien manche Irrwege vermeiden, die bei uns nicht vermieden worden sind, daß Sie nicht auf den Gedanken kommen, den Geschichtsunterricht so sehr einzuschränken. Dafür hat die Geschichte im öffentlichen Bewußtsein der tschechischen Gesellschaft eine viel zu große Bedeutung. Ich hoffe dann noch, daß Sie die Öffnung vom kleinen tschechischen Geschichtsraum, der ja noch das Denken der Fachkollegen beherrscht, auf den weiten Raum Europas und der Welt bewerkstelligen. Dann wird es gutgehen.

CHR. STORCK:
Mir ist bei den beiden Vorträgen ein scharfer Kontrast aufgefallen. Und zwar habe ich den Eindruck, daß es Ihnen, Herr Beneš, eigentlich noch stärker um die inhaltliche pädagogische Aufgabe von Geschichte geht, d. h. um Geschichte, die Wirklichkeit schafft, eine Wirklichkeit, die die Gegenwart und die Zukunft beeinflussen wird – so oder so, gut oder schlecht. Das stimmt völlig mit meiner Auffassung überein. Ich bin relativ entsetzt über ihren Vortrag, Herr Berger-v. d. Heide, nicht weil es ein schlechter Vortrag gewesen wäre, sondern über den Inhalt, der darin zur Geltung kommt. Denn für mich ist das nur noch eine reine Verwaltung von Schülern, eine Möglichkeit, wie die Lehrer ihren Unterricht über die Bühne bekommen können, aber nicht diese große Aufgabe, die meinem idealistischen Verständnis nach der Geschichtsunterricht haben sollte: Nämlich junge Menschen auf das vorzubereiten, was in der Welt passiert, ihnen zu helfen, ein eigenes Weltbild zu entwickeln. Gerade in einer Zeit – ich weiß nicht, wie es in der tschechischen Gesellschaft ist, zumindest in der deutschen ist das so – in der diese Hilfestellung vom Elternhaus immer weniger kommt, müßte die Schule eigentlich die Aufgabe übernehmen, das noch zusätzlich zu vermitteln und zu kompensieren. Und sie haben gerade mit dem Thema, über das wir sprechen, die Jahre 1938-48, ein gutes Beispiel angesprochen. Das fundamentale Problem, das die Ereignisse dieser Jahre gerade im Zusammenhang mit Nachbarländern, aber durchaus auch in der eigenen Gesellschaft hinterlassen haben, ist als Problem überhaupt nicht mehr bewußt: D. h. die Bürger können später dazu keinen sachlich fundierten Standpunkt mehr einnehmen, sie können darüber eigentlich nicht sinnvoll nachdenken, und ich halte das für ausgesprochen gefährlich. Den Ansatz von Dr. Beneš, wenn er sich so realisieren läßt, erscheint mir deshalb sehr wichtig. Ich halte den Geschichtsunterricht nicht für etwas, was man jungen Schülern nicht sehr gut vermitteln kann. Ich glaube, da haben Sie, Herr Seibt, recht, es ist die Frage, ob der Lehrer es gut macht oder nicht. Ich lebe jetzt seit einem halben Jahr hier in Prag, und es gibt ein großes Problem im Miteinander von Deutschen und Tschechen. Und ich kann nicht sehen,

daß ein Geschichtsunterricht, der solche Problematiken, ob es nun die tschechische oder die holländische oder die polnische ist, überhaupt gar nicht mehr aufgreift, gar nicht mehr vermittelt, daß der etwas dazu beitragen soll, daß man zu einem besseren Miteinander findet.

M. ALEXANDER:
Ich fand die Komposition der beiden Vorträge aufregend und gespenstisch. Auf der einen Seite die Reflexion, was eigentlich erreicht werden sollte, und da stimme ich Ihnen, Herr Beneš, soweit ich Sie verstanden habe, in allem zu. Und auf der anderen Seite die humorvolle, aber auch zynische Bestandsaufnahme, die der Teilnehmer aus der Praxis geliefert hat. Ich meine, da ist die tschechische Gesellschaft wahrscheinlich in einem früheren Stadium dessen, was wir schon haben. Und die Amerikaner sind uns in ihrer TV-Gesellschaft noch weiter voraus, in der das Lesen, die Lesefähigkeit mehr und mehr verschwindet. Und damit verschwindet auch unser Gegenstand, über den wir uns nur mit Lesen verständigen können. Dann fand ich Ihre Bemerkung interessant, daß es Aufgabe des Geschichtsunterrichts sein soll, eigene Erfahrungen unter Bereitstellung von Literatur im Kontext zu ordnen. Wenn wir davon ausgehen, daß junge Menschen im Laufe ihres Älterwerdens sowieso ein Geschichtsbild entwickeln, dann ist die Frage, ob sich dieses unabhängig entwickeln soll oder ob man in irgendeiner Weise Einfluß nehmen kann. Daß Geschichtsunterricht Einfluß nehmen kann – das haben Sie dargestellt –, ist eher die Ausnahme. Aus der Schulerfahrung meiner Kinder weiß ich, daß jedes Interesse an Geschichte, das ich meinen Kindern vermitteln wollte, im Geschichtsunterricht torpediert wurde. Wenn wir also von Filmen und bildlichem Material als Bildungshilfe ausgehen, ist es möglich, daß dann gewissermaßen zu solchen Filmen Material bereitgestellt wird, um dieses Interesse auszuweiten? Oder kann man damit eine filmgestützte Unterrichtsreihe anbieten, ausgehend von solchen Themen wie „Schindlers Liste", mit der man die entsprechenden Fragen auf dezente Weise in der Schule einführt. Ich darf am Schluß sagen, daß ich in einem früheren Stadium, als die Kinder kleiner waren, sagte: „Ich reise in die Tschechoslowakei". Da war das Verständnis minimal. Dann habe ich gesagt, ich fahre in das Land von Pan Tau. Da war alles klar.

R. LUFT:
Der Unterschied zwischen Geschichte, Unterricht, Öffentlichkeit und Politik in beiden Ländern ist, glaube ich, in den Vorträgen sehr deutlich geworden. Geschichte hat 1989 in Prag die Leute auf die Straße gebracht. In Deutschland bringt die Politik Geschichte dann in den Blickpunkt, wenn Jahrestage gefeiert werden. Daß sie gefeiert werden, ist eine politische Entscheidung. Gewisse Jahreszahlen bieten sich nicht unbedingt immer an. Geschichte wird gemacht. Über die Medien kommen dann die Themen. Wir haben in beiden Ländern

also ein ganz entgegengesetzte Entwicklung. Ich frage mich aber wirklich, welche Rolle und natürlich von daher auch, welche unterschiedliche Position Geschichte innehat in der Hierarchie der Wertigkeit von Dingen und in der Bedeutung, sicherlich auch für das Prestige von Lehrern. Das hat Herr Berger-v. d. Heide ja angedeutet. Ich frage mich aber auch, welche Rolle hat der Geschichtslehrer, welches Selbstverständnis hat der Geschichtslehrer in Deutschland heute eigentlich überhaupt noch. Und womit ist er anzusprechen, welche Rolle spielt Geschichtslehrerfortbildung, welche Rolle spielen für den Lehrer weitere Materialien? Gibt es außer den von Ihnen besprochenen noch Materialien, die ihn überhaupt interessieren? Außer den Dingen, die im Fernsehen erscheinen, und gilt auch schon für den Lehrer, daß für ihn das Bild wichtiger wird als die Schrift?

T. BERGER-V. D. HEIDE:
Es gibt eine immense Bandbreite unter den Lehrern. Es gibt Leute, die sich quälen und dann konfrontiert werden mit einem großen Desinteresse, weil ihre Vorbereitung in keinem Verhältnis zu der wirklichen Frage steht: Wo ist das Bedürfnis der Schülerinnen und Schüler? Es gibt auf der anderen Seite Lehrerinnen und Lehrer, die sich sehr stark einstellen auf die Bedürfnisse der Schülerinnen und Schüler. Das kommt daher, daß sie das, was Sie Bildung nennen, zurücknehmen. Die Lehrer selber sind sehr interessiert an Zusatzmaterialien, besonders aus der Alltagsgeschichte, besonders aus dem Bereich der Geschlechtergeschichte, besonders aus all den Bereichen, wo es um handelnde Menschen und Betroffenheit geht. Wo es Möglichkeiten gibt, unmittelbare Verbindungen herzustellen zwischen dem Leben der Schülerinnen und Schüler und dem historischen Geschehen, da läuft der Geschichtsunterricht besonders gut. Unterricht bricht immer dann zusammen, wo eine Anstrengung verlangt wird. Seltsamerweise werden in der Mathematik oder Physik Anstrengungen anstandslos hingenommen, gar nicht diskutiert: $a^2+b^2=c^2$. An einer Gesamtschule ist das so, aber auch am Gymnasium und an der Hauptschule. Die Anstrengung wird häufig in all den Fächern verweigert, die auf den Dialog, auf Kommunikation bauen, etwa Deutsch oder in Geschichte oder in Sozialkunde. Pauschalaussagen sind sehr fragwürdig. Aber in der Tendenz ist es anstrengender, Geschichte, Sozialkunde und Gesellschaftslehre zu unterrichten als ein klar strukturiertes Fach wie Latein, Englisch, Biologie oder Physik, weil hier immer mit der Sache argumentiert werden kann und natürlich mit der Qualifikation der Note. In Geschichte habe ich nichts davon, wenn ich sage: Note 4 oder 5. Ich möchte hier etwas erreichen, eventuell eine Einstellung korrigieren. Ich möchte ein Verständnis herstellen, und diesem Verständnis verweigern sich die Schüler; die lernen natürlich für die Klassenarbeit, aber die ist natürlich sofort vergessen. Dann schreiben sie eben auf: Hitler marschierte in Polen ein. Fertig. Was ich aber erreichen möchte ist, daß sie sich bewußt werden, was da passierte. Unsere Erfahrung ist doch einfach,

daß Geschichte für Menschen interessant wird, je älter sie werden, daß Geschichtsunterricht für Schülerinnen und Schüler zu allen Zeiten immer ganz weit weg war vom eigenen Leben, von Pubertät, Beziehungsproblemen, aktuellen Dingen, Ängsten. Der Boykott eines Atommülltransportes etc. ist zehnmal wichtiger als die Frage: 1945 Potsdamer Konferenz. Da steht man einfach machtlos im Klassenzimmer, wenn auf der Straße der Castor-Transport läuft. Der Mathematiklehrer steht nicht machtlos dort, sondern der sagt: Gleichung, zwei Unbekannte, es geht los. Es ist ein ganz großer Unterschied zwischen einem gesellschaftsbezogenen Unterricht und einem naturwissenschaftlichen Unterricht. Was wir erreichen wollen, das erreichen wir, glaube ich, in höherem Maße als früher. Schülerinnen und Schüler erwerben Qualifikationen; sie können unterscheiden, was gut und schlecht ist und sie lernen, wie sie bestimmte Handlungen beurteilen können: etwa der Krieg in Bosnien-Herzegowina oder den Golfkrieg oder das Elend in der Welt, die Armutfrage etc. Da können Schüler moralische Urteile abgeben oder sich engagieren, und sie engagieren sich ja in ganz großem Maße. Aber sie nutzen dafür nicht die historischen Beispiele. Und Geschichte gilt als etwas, zumindest in allgemeiner Form, was ältere Menschen wirklich für wichtig erachten und worin sie ihre Tradition und ihre Identität suchen. Wir haben zwar das große Lernziel „Identitätsbildung im Geschichtsunterricht", aber wenn wir ehrlich sind, bilden wir diese Identität eigentlich nicht. Zum Beispiel erleben Schülerinnen und Schüler sich als Deutsche nicht im Geschichtsunterricht, sondern im Fußballstadion. Das ist überhaupt nicht zynisch gemeint. Und das ist eigentlich gut so, daß wir nicht mehr Deutschland-Identifikationen in der Schule auslösen, sondern uns im Sport als Nation erleben. Der Sport spielt eine immense Rolle im Bewußtsein der Schülerinnen und Schüler.

Ich glaube, es gibt aber etwas, was auch Hoffnung schöpfen läßt: Die alten Medien werden demnächst abgelöst werden im Rahmen der Multimedia-Entwicklung – auch in der Schule – durch eine neue Form der Vermittlung, nämlich über Dinge, die es jetzt in Amerika schon gibt, also durch Multimediadisketten, in denen Schüler im Selbstlernprozeß ihr Lernprogramm, und ich sage bewußt Lernprogramm, selber gestalten. Diese Dinge sind im Moment so aufgebaut, daß die Benutzer innerhalb des Computers oder der Diskette die Tiefe dessen, was sie lernen wollen, selber festlegen. Sie können an der Oberfläche bleiben oder sie können immer tiefer eindringen. Diese Entwicklung wird dazu führen, daß diejenigen, die dies möchten, sich ein Expertenwissen aneignen können, was ihnen heute in Schulbüchern so nicht geliefert wird. Fast alle großen Schulbuchverlage haben sich mittlerweile einen elektronischen Verlag gekauft und entwickeln für die Jahre 2000 bis 2010 diese Multimedia-Dinge, die dann wahrscheinlich die heutigen Medien ablösen werden. Die Entwicklung wird so sein, daß die Computerindustrie, die ja vor großen Absatzproblemen steht, den Schulen die Hardware schenken wird. Und damit wird dann im Grunde genommen der Markt geschaffen für die

Software, an der Geld verdient werden kann. Ich denke, daß dann das Angebot dessen, was im Schulbereich genutzt werden kann, sich völlig verändern wird. Es wird zwei Dinge geben; einerseits das, was Herr Alexander angeführt hat, also Filme mit Begleitmaterial, in denen ein ganzes Stück emotionaler Ansprache steckt und dann andererseits – auf derselben Diskette – eben ein gewichtiges Originaldokument eines Vertrages, ein anschauliches Stück mit der Bereitstellung verschiedener Interpretationen durch die Fachwissenschaften. Damit werden Sie im Leistungskurs und auch im Grundkurs für die Interessierten einen ganz anderen Unterricht machen können. Sie werden natürlich auch erleben, daß ganz viele auf den Aus-Knopf drücken werden. Mit dieser Situation müssen wir leben.

U. A. J. BECHER:
Vielleicht noch eine Anmerkung. Herr Seibt hat aus seiner Erfahrung einige Konsequenzen gezogen. Ich habe bei Herrn Berger-v. d. Heides Ausführungen über meine Erfahrungen nachgedacht. Ich habe begriffen, daß er nur eine Phase oder auch möglicherweise den Abschluß einer Entwicklungstendenz vorgeführt hat, deren Beginn ich erlebt habe. Ich habe Anfang der 70er Jahre erlebt, wie schwer es war, Geschichte als ein bloßes Lernfach zu verabschieden. Mein Lehrer in Geschichtsdidaktik, Friedrich J. Lucas, war ein begnadeter Hochschullehrer und Verfasser eines Schulbuchs, das Epoche gemacht hat. Er wies immer wieder darauf hin, daß Geschichte nichts Abgeschlossenes, nichts Totes ist, sondern etwas, das uns noch betrifft. Wir haben daher Fragen an die Geschichte und müssen uns diese ganz genau auch im Hinblick auf die Auswahl geschichtlicher Lerninhalte überlegen: Was sind die gegenwärtigen Fragen? Damals war es nicht leicht zu vermitteln, daß die Geschichte, wenn man sie derart didaktisch reflektiert, nicht verloren geht, sondern nun erst die Antworten gibt, die wir brauchen. Es ist notwendig, die Orientierungsbedürfnisse von Schülern und Schülerinnen herauszufinden, auf die hin die Geschichte mit Gewinn befragt werden kann. Wenn aber mit einem solch anspruchsvollen Programm Geschichte nicht mehr allein auf ein bloßes Lernfach reduziert wurde, so sollte freilich Bildung nicht verabschiedet, sondern im Gegenteil allen Schülern und Schülerinnen zugänglich werden.

Nach den Ausführungen von Herrn Berger-v. d. Heide habe ich nun den Eindruck, daß diese Entwicklung an ein betrübliches Ende gekommen ist. Indem man den wichtigen Gedanken der Problemorientierung im Geschichtsunterricht soweit getrieben hat, daß es im Grunde gleichgültig ist, an welchen historischen Beispielen das Problem erörtert werden sollte. Es scheint, daß man zunehmend historischer Erkenntnis für die Bildung des Einzelnen nichts mehr zutraut. Ich sehe darin einen großen Verlust. Müßte man hier nicht noch einmal ansetzen, um genauer zu bestimmen, welcher Gewinn in historischer Erkenntnis liegen kann, um Qualifikationen im Hinblick auf gegenwärtige und zukünftige Lebenssituationen zu gewinnen? Mir scheint, daß historisches Lernen für den Einzelnen mehr bedeuten kann, als wir bisher erörtert haben.

F. SEIBT:
Spontan, Frau Kollegin, würde ich natürlich sagen, das ist ein sehr wichtiges Thema für eine grundlegende Konferenz in Ihrem Haus, eine Konferenz, zu der man auch Leute heranziehen sollte, die die Richtlinien in den Ministerien verfassen.

K. HERZOG:
Ich habe hier eine ganze Weile relativ ruhig zugehört. Ich bin Geschichtslehrerin und möchte nicht beurteilen, wie gut meine Ausbildung ist. Ich weiß, daß ich in den letzten 3 Jahren, seitdem ich auch Leistungskurse unterrichte, mir mehrere Meter neuer Materialien angeschafft habe. Ich weiß, daß ich andere Medien, z. B. Videofilme, Kassetten und ähnliches einsetze und ich schleppe mich auch nach wie vor ab mit dicken Lexika, um den Schülern mehr zu bieten als in den Lehrbüchern steht. Mir ist auf dieser Konferenz einiges aufgefallen. Ich wende mich der Frage nach der Fortbildung zu, denn diejenige nach den Materialien für Lehrer dürfte beantwortet sein. Fortbildung ist bei uns in Sachsen Pflicht. Sechs Mal pro Jahr finden Maßnahmen statt. Ich nehme sogar an mehr teil, weil ich einen gewissen Nachholbedarf sehe, und da bin ich nicht die einzige. [...] Diese Veranstaltungen sind meistens ausgebucht. Man muß sich zeitig genug kümmern, um einen Platz zu bekommen. Viele bei uns sind interessiert an Veranstaltungen, die im Endeffekt vielleicht auch irgendwann mal einen Abschluß dahingehend bringen, daß wir den Lehrern im und aus dem Westen Deutschlands uneingeschränkt gleichgestellt sind. Aber das ist ja ein (ost-)deutsches Problem. Herrn Berger-v. d. Heides Vortrag habe ich entnommen, daß Schule in der Erziehung wieder ein größerer Stellenwert eingeräumt werden soll. Auch mir scheint, daß das Elternhaus in dieser Funktion stark nachläßt. Aber man kann die Sache auch von einer anderen Seite betrachten. Wir sind in Sachsen froh, daß der Punkt der Erziehung relativ stark aus den Lehrplänen herausgenommen worden ist. Sicherlich haben wir als Lehrer immer die Aufgabe, die Kinder in gewisser Weise zu erziehen, und das nehme ich mir auch immer wieder vor; aber ich finde es gut, daß dies vordringlich aus den Lehrplänen heraus ist. Herr Berger-v. d. Heide und Herr Seibt haben sich sehr stark gegen das Faktenwissen bzw. die Lernschule geäußert. Aus meinen paar Jahren Erfahrung, speziell aus meinen Kontakten mit Leuten aus den alten Bundesländern heraus, scheint mir, daß allzu oft nur viel geredet wird, ohne daß eine sachliche Grundlage existiert. Ich bin nach wie vor der Meinung, Geschichte lebt vom historischen Faktum. Das sage ich heute noch nach wie vor meinen Schülern, und ich nehme das Faktenwissen auch als Grundlage, um eventuell Zensuren oder Punkte zu vergeben. Sicherlich ist es notwendig, daß wir die Schüler dazu erziehen oder dazu bringen,

daß sie auf neue Situationen in der Politik reagieren können. Das können wir eigentlich nur gewährleisten, indem wir sie mit Geschichte konfrontieren. Ich finde, es darf einfach nicht sein, daß z. B. die Weimarer Republik aus dem obligatorischen Wissenskanon herausgenommen wird. In Sachsen wird Weimar in der Sekundarstufe II behandelt unter dem Gesichtspunkt: Welche Probleme traten dort auf, welche Fehler wurden im Endeffekt gemacht? Dann wird dies auf die Geschichte nach 1945 projiziert.

Zur der Sache mit „Flucht und Vertreibung": Es wurde gesagt, daß kaum eigene Kapitel in den Lehrbüchern zu finden sind. Ich habe das noch mal in verschiedenen Lehrbüchern überprüft. Das Thema, speziell Sudetendeutsche, ist tatsächlich kaum angeschnitten. An sich gibt es über Flucht und Vertreibung immer wieder ein Kapitel, aber eben nach 1945. Da gibt es Quellenstücke, gibt es eigene Sachkapitel, gibt es eigene Begriffserklärungen, dann gibt es oftmals auch Dokumente, z. B. Sonderbefehle, die abgedruckt werden. Es gibt viele Fotos, aber die tschechische Thematik ist davon nicht berührt.

[...]

T. BERGER-V. D. HEIDE:
Ich fange mal beim ersten Teil der Frage an: Schulbuchautoren schreiben weder für Schüler noch für Lehrer, sondern für sich, auch um Geld zu verdienen. Der zweite Punkt ist: Heute bezahlen in der Bundesrepublik Deutschland nicht mehr die Eltern die Schulbücher, sondern der Staat. Und insofern kann ein Schulbuch sehr teuer sein, weil im Rahmen der Lehrmittelfreiheit der Staat das Buch bezahlt. Die Frage, ob Eltern ein billigeres Buch haben wollen, spielt keine Rolle mehr. Schulbuchverleger wollen einen Markt erobern und deswegen machen sie qualitativ hochwertige Schulbücher. Es geht nicht mehr darum, ein möglichst billiges Buch zu machen, sondern ein erfolgreiches Buch. Und ein erfolgreiches Buch ist ein Buch, das von Lehrerinnen und Lehrern angeschafft wird. Nicht die Eltern, nicht die Schüler, sondern die Lehrer entscheiden über die Anschaffung eines Buches. Und die Entscheidung wird danach getroffen, ob man mit dem Buch guten Unterricht machen kann. Es muß gewährleisten, daß man mit dem Buch Unterricht relativ problemlos gestalten kann und daß der Text nicht für die Schüler übersetzt werden muß. Wenn Autoren das hinbekommen, dann wird ein Buch gekauft. Wenn ein Buch sich in der Praxis als schwer gängig erweist, fliegt es gnadenlos aus dem Markt. Aber im Rahmen der Lehrmittelfreiheit darf man ein Buch erst nach 4 Jahren beschaffen, und neuerdings sogar erst nach 5 Jahren, so daß Lehrer lange mit einem Buch leben müssen, das sie aus Zufall falsch gekauft haben. Autoren sind heute nicht Fachhistoriker, sondern Lehrerinnen und Lehrer, weil die Fachhistoriker aus der Fülle ihres Wissens auf überhaupt nichts verzichten können, während Lehrerinnen und Lehrer vom Verlag gezwungen werden, zweimal 40 Zeilen auf eine Seite zu schreiben. Alles andere streicht

der Redakteur gnadenlos weg. Das ließe sich kein Professor gefallen. Insofern findet man heute als Autor und Autorin von Schulbüchern weitestgehend Leute, die in der Schule tätig sind. Sie haben natürlich auch die Nähe zu den Schülerinnen und Schülern.

Ich wollte auch vermitteln, daß die hermeneutische Analyse von Geschichtsschulbüchern, wie sie im Georg-Eckert-Institut seit vielen Jahren betrieben wird, ergänzt werden muß durch einen Blick auf das, was im Geschichtsunterricht stattfindet. Wir wissen, daß Schulbücher einen Teil dieses Geschichtsunterrichts beeinflussen, aber wir wissen nicht, wie er durch die Geschichtsbücher beeinflußt wird. Dieser Wirkungszusammenhang ist eine große Unbekannte, und auf diese große Unbekannte möchte – wahrscheinlich auch aus politischen Gründen – niemand gerne eine Untersuchung ansetzen. Überhaupt liegt der Erfolg von Schule ja im Bereich der Mythen, weil wir nicht wissen, was Schule wirklich erreicht.

Ganz klar ist, daß es in allen Schulbüchern der Bundesrepublik Deutschland keinen Zweifel daran gibt, daß das nationalsozialistische Regime ein Unrechtsregime war, das den Zweiten Weltkrieg begonnen hat, und daß in den besetzten Ländern, z. B. auch in der Tschechoslowakei, großes Unrecht geschehen ist. Das Beispiel, an dem die nationalsozialistische Unrechtsherrschaft exemplifiziert wird, ist in der Regel Polen und die Sowjetunion und eben weniger die Tschechoslowakei, die nur in einigen Zusammenhängen auftaucht, z. B. im Bereich des Münchener Abkommens. Hier wird deutlich in allen Schulbüchern gesagt, in welcher Unrechtsweise Deutschland gegenüber der Tschechoslowakei vorging. Die Vertreibung wird im Schulbuch nur erwähnt. Sie wird nicht als Problem des Verhältnisses zwischen der Tschechoslowakei und Deutschland behandelt, sondern die Sudetendeutschen sind nur ein kleiner Teil des großen Problems. Es findet im deutschen Schulbuch keine umfassende, man kann sagen, nicht einmal eine minimale Geschichte der Nachbarn statt. Das gilt sowohl für die Nachbarn im Westen wie für die im Osten. Es gibt nämlich auch über Österreich und die Schweiz keine Mitteilung in deutschen Geschichtsbüchern. Das ist aber auch ein Manko aller Richtlinien. Es gibt auch – und das wird Sie eventuell erstaunen – in fast keiner Richtlinie für die Sekundarstufe I mehr eine Geschichte der USA. Es gibt wohl die Geschichte der Sowjetunion, aber die größte Weltmacht der Erde findet im Geschichtsunterricht mit ihrer Geschichte nur selten Berücksichtigung, wohl aber im sozialwissenschaftlichen Unterricht, dann allerdings mit dem Problem der Behandlung von Minderheiten, d. h. der farbigen Bevölkerung. Die Geschichte Amerikas taucht allenfalls noch als Partikel 1776 kurz auf. Es gibt zwar eine Weltmacht, die im Ost-West-Konflikt außerordentlich mächtig ist, aber welche Geschichte die Vereinigten Staaten von Amerika haben, darüber erfahren Schüler nichts. Nun kann man aber in einem Einstundenfach (offiziell 1½–2 Stunden) wirklich nicht alles verlangen, und deswegen muß man auswählen. Auswahl heißt heute: Man muß wichtige Probleme, an denen die Schüler ein politisch-moralisches Bewußtsein – ich sage mal den Ausdruck – entwickeln können, behandeln. Und da trifft die Auswahl etwas anderes als wir es vielleicht bisher gewohnt sind. Und deswegen treten jene Gegenstände zurück und andere nach vorne. Das kann man bedauern, aber ich glaube, daß es einen allgemeinen Trend zur Spezialisierung gibt, der in jedem anderen Fach akzeptiert wird. In den Naturwissenschaften wie Physik wird die Spezialisierung akzeptiert, während wir in Geschichte eigentlich die Utopie vom breiten und umfassenden Wissen haben, weil wir glauben, daß dieses Wissen nötig ist, um Geschichte zu begreifen. Aber Schule kann dies nicht leisten. Und deswegen greift die Schule zu einer Auswahlentscheidung, die in der Einzelfrage bedauerlich ist, aber die eine Notmaßnahme ist. Ich persönlich finde es z. B. deprimierend, wenn die Geschichte der Bundesrepublik Deutschland in der Realschule in Nordrhein-Westfalen nicht als verbindliches Thema mehr vorgeschrieben ist. Nach dem Faschismus kommt dort eine Staatengeschichte, ein Längsschnitt von 1803 bis 1995, aber es gibt keine verbindlich vorgeschriebene Geschichte der Bundesrepublik Deutschland, also des Staates, in dem die Jugendlichen aufwachsen. Auf die Frage, was die Schüler lernen sollen, und welche Erfahrungen der Geschichtsunterricht vermitteln will, gibt es sehr, sehr pluralistische Antworten. Sie sind eigentlich 16 mal verschieden in den Bundesländern und von Klassenzimmer zu Klassenzimmer ganz unterschiedlich, nämlich individuell bestimmt durch Lehrerinnen und Lehrer.

U. A. J. BECHER:
Es gibt ein Forschungsprojekt von Bodo von Borries über Entwicklung von Geschichtsbewußtsein bzw. über Geschichtsbewußtsein sowohl in Deutschland als auch in anderen Ländern. Die Ergebnisse sind im Grunde schon publiziert. Es ist darin kritisch vermerkt, daß die Schüler weitgehend dazu neigen, moralisch zu urteilen, statt über die Komponenten eines historischen Urteils zu reden. Und das finde ich nun schon interessant, wenn Sie sagen, daß dies genau das Ziel des Geschichtsunterrichts ist. Da brauchen Sie sich natürlich nicht zu wundern, daß die Schüler moralisch statt historisch urteilen. Das war nur eine kleine Anmerkung dazu.

[. . .]

J. VALENTA:
Eine der anwesenden tschechischen Lehrerinnen hat die Frage aufgeworfen, ob man in die Schulbücher Wertungen aufnehmen sollte oder nur Daten und Material unterbreiten sollte, aufgrund deren sich der Schüler seine Meinung selbst bildet. Ich bin kein Anhänger der letzteren Methode. Ich glaube sogar, daß die Schulbücher eine bestimmte emotionelle Ladung besitzen sollen. Wir haben doch zur Okkupation z. B. von Malaysia oder Indonesien einen ganz anderen Standpunkt als zur Besetzung der böhmischen Länder. Ich habe mich

übrigens vor kurzem mit der Analyse eines deutschen Textes befaßt. Es handelt sich um die Informationen zur politischen Bildung, welche die Bundeszentrale für politische Bildung bereits in zweiter Ausgabe herausgegeben hat. In diesem Text gibt es überhaupt keine Wortbewertung, man findet darin keinen Satz, der irgendeinen Standpunkt offenlegt. Ich habe große Zweifel an der „Objektivität" einer solcher Methode. Es ist hier z. B. ohne jeden Kommentar das Karlsbader Programm der Sudetendeutschen Partei abgedruckt – und ich zweifle sehr daran, daß der heutige deutsche Gymnasiast imstande ist, dessen Kritik durchzuführen und die zeitgemäße Bedeutung vieler Termine und Begriffe (z. B. Volksdeutsche oder Volksboden) zu erkennen. Ich glaube eher, daß ihm, vielleicht unbeabsichtigt, scheinbar objektiv, d. h. ohne Kommentar, durch die Auswahl der Quellen ein Schluß nahegelegt wird, zu dem er gelangen soll.

Die Diskussion kam weiter auf das Problem der Gestaltung und der Qualität der Erläuterungstexte in den Schulbüchern zu sprechen. Die tschechischen Lehrerinnen schätzten vor allem die Verständlichkeit, Klarheit und Genauigkeit der Texte in den deutschen Schulbüchern; Sie kritisieren im Gegenzug dazu an den tschechischen Schulbüchern, daß diese eine Sprache gebrauchen, die einer wissenschaftlichen Erklärung nahe ist. Die deutschen Schulbücher könnten aus besagtem Grund auch zur selbständigen Vorbereitung der Schüler benutzt werden.

L. DVOŘÁKOVÁ:
Die tschechischen Schulbücher für Grundschulen sind oft faktographisch überhäuft, und der Charakter ihrer Texte entspricht nicht der mentalen Reife der Schüler. Dies verschlechtert dann oft die pädagogische Qualität der sonst sehr sorgfältig vorbereiteten Lehrbücher. Auf die Bücher „Dějiny středověku" („Geschichte des Mittelalters") und „Dějiny novověku" („Geschichte der Neuzeit") aus dem Práce-Verlag trifft dieser Vorwurf am wenigsten zu.

D. BRANDES:
Ich habe in einige tschechische Schulbücher Einblick nehmen können. Mein Eindruck ist auch, daß die tschechischen Schulbuchtexte wissenschaftlichen Texten relativ nahe stehen. Und dadurch – ich bin kein Lehrer – eignen sie sich wahrscheinlich für die Schule nicht so gut.

R. LUFT:
Ich erinnere mich gut an die tschechoslowakischen Schulbücher der 70er Jahre, und wenn ich die vergleiche mit den aktuellen Schulbüchern, die hier vorgelegt wurden, fällt mir auf, daß Abbildungen in jeder Form in den modernen Büchern häufiger sind. Möglicherweise hat das einfach etwas mit den Kosten

zu tun, die heutzutage niedriger sind. Mir scheint beim Vergleich von deutschen und tschechischen Schulbüchern immer noch bei den Abbildungen auffällig, daß tschechische Schulbücher in und mit Bildern Informationen und Faktenwissen vermitteln, jedoch kein exemplarisches Wissen darstellen.

[...]

Die Vertreibung der Deutschen aus dem Zentrum von Prag-Modřany. Aufnahme vom 16. Mai 1946
Quelle: ČTK 67489/17

Autorinnen und Autoren

Prof. Dr. Manfred Alexander
Seminar für osteuropäische Geschichte
Universität zu Köln
Kringsweg 6
D-50931 Köln

Univ. Doz. PhDr. Zdeněk Beneš
Ústav českých dějin FF UK
nám. J. Palacha 2
CZ-116 38 Praha 1

Dr. Thomas Berger-v.d. Heide
Fachleiter für Gesellschaftslehre
Georg-Christoph Lichtenberg Gesamtschule Göttingen-Geismar
priv.: Am Putzberg 11
D-37079 Göttingen

Prof. Dr. Detlef Brandes
Institut für Kultur und Geschichte der Deutschen im östlichen Europa
Heinrich Heine Universität
Universitätsstraße 1
D-40225 Düsseldorf

Jaroslava Capmerová
Slovany 2752
CZ-276 01 Mělník

Heidrun Dolezel M.A.
Mauerhof 8
D-37124 Göttingen

PhDr. Lenka Dvořáková
gymnázium
Arabská 682
CZ-160 00 Praha 6

Ralf Gebel M.A.
Enggasse 7
D-53127 Bonn

PhDr. Miroslav Kárný
Terorova 1356
CZ-140 00 Praha 4

Univ. Prof. PhDr. Jan Křen
Institut mezinárodních studií FSV UK
Rytířská 31
CZ-110 00 Praha 1

PhDr. Václav Kural
Ústav mezinárodních vztahů
Nerudova 3
CZ-110 00 Praha 1

Marie Kuttová
střední průmyslová škola
Jana Palacha 1840
CZ-272 01 Kladno

Univ. Doz. PhDr. Zdeněk Radvanovský
Katedra historie
Pedagogická fakulta UJEP
České mládeže 8
CZ-400 96 Ústí n. L.

PhDr. Milena Sedlmayerová
Lidická 264
CZ-252 68 Středokluky

PhDr. Jana Vačkářová
Macháčkova 56
CZ-300 00 Plzeň

Marie Vránová
Kamyšlovská 9
CZ-360 10 Karlovy Vary

Lehrerfortbildung NRW.

Die tschechisch-deutschen Beziehungen in Geschichte und Gegenwart: Aufgaben für die Zukunft

Česko-německé vztahy v minulosti a přítomnosti: Úkoly pro budoucnost

Landesinstitut für Schule und Weiterbildung
Pädagogisches Zentrum in Prag
Zemský institut pro školu a další vzdělávání
Pedagogické centrum Praha

KONFLIKTGEMEINSCHAFT,
KATASTROPHE,
ENTSPANNUNG

Skizze einer Darstellung der
deutsch-tschechischen
Geschichte seit dem
19. Jahrhundert

KONFLIKTNÍ SPOLEČENSTVÍ,
KATASTROFA,
UVOLNĚNÍ

Náčrt výkladu
německo-českých dějin
od 19. století

Herausgegeben von der
Gemeinsamen deutsch-tschechischen
Historikerkommission

Vydala
Společná česko-německá
komise historiků

OLDENBOURG

INHALT

Einleitung.. 9
1. Die gescheiterte Ausgleichspolitik........................... 15
2. Der Erste Weltkrieg und die Staatsgründung der ČSR........... 19
3. Die Nationalitätenpolitik im politischen System der Ersten
   Tschechoslowakischen Republik............................... 23
4. "Negativismus" und "Aktivismus" der deutschen Parteien
   in der ČSR.. 27
5. Die Weimarer Republik und die Tschechoslowakei.............. 31
6. Die Weltwirtschaftskrise und ihre politischen Auswirkungen.. 35
7. Die Folgen der Machtergreifung Hitlers für die Tschechoslowakei und deren Beziehungen zum Deutschen Reich.......... 37
8. Die deutsche Minderheit und die Wandlungen ihrer Orientierung. 39
9. Das Münchener Abkommen und die Zerschlagung der ČSR......... 41
10. Grundzüge der NS-Besatzungspolitik im "Protektorat
    Böhmen und Mähren"... 45
11. Widerstand und Kollaboration im Protektorat................ 51
12. Die abgetrennten sog. Sudetengebiete....................... 55
13. Das Kriegsende... 57
14. Der Bevölkerungstransfer in den Planungen
    der Alliierten und der tschechoslowakischen Exilregierung.. 59
15. Die Vertreibung und Aussiedlung der Deutschen.............. 67
16. Art und Umfang der materiellen Verluste.................... 71
17. Die Integration der Vertriebenen in die deutsche Gesellschaft
    und die Entwicklung des Grenzlandes der Tschechoslowakei... 71
18. Die Entwicklung des Verhältnisses zwischen den
    beiden deutschen Staaten und der Tschechoslowakei
    und die Bedeutung der deutschen Wiedervereinigung
    für das deutsch-tschechische Verhältnis.................... 75
19. Die tschechisch-deutschen Beziehungen
    in der Geschichtswissenschaft.............................. 81

Anhang.. 87
Mitglieder der Gemeinsamen deutsch-tschechischen und
deutsch-slowakischen Historikerkommission (Stand: Mai 1996)... 87
Publikationen der Gemeinsamen deutsch-tschechischen
und deutsch-slowakischen Historikerkommission................. 90